BIOskop

Sekundarstufe II

Aufgabenlösungen

Autor
Franz Stoppel

westermann

© 2010 Bildungshaus Schulbuchverlage
Westermann Schroedel Diesterweg Schöningh Winklers GmbH, Braunschweig
www.westermann.de

Das Werk und seine Teile sind urheberrechtlich geschützt.
Jede Nutzung in anderen als den gesetzlich zugelassenen Fällen bedarf der
vorherigen schriftlichen Einwilligung des Verlages.
Hinweis zu § 52a UrhG: Weder das Werk noch seine Teile dürfen ohne eine
solche Einwilligung gescannt und in ein Netzwerk eingestellt werden.
Das gilt auch für Intranets von Schulen und sonstigen Bildungseinrichtungen.

Auf verschiedenen Seiten dieses Buches befinden sich Verweise (Links) auf Internet-Adressen.
Haftungshinweis: Trotz sorgfältiger inhaltlicher Kontrolle wird die Haftung für die Inhalte der externen Seiten ausgeschlossen. Für den Inhalt dieser externen Seiten sind ausschließlich deren Betreiber verantwortlich. Sollten Sie bei dem angegebenen Inhalt des Anbieters dieser Seite auf kostenpflichtige, illegale oder anstößige Inhalte treffen, so bedauern wir dies ausdrücklich und bitten Sie, uns umgehend per E-Mail davon in Kenntnis zu setzen, damit beim Nachdruck der Verweis gelöscht wird.

Druck A[1] Jahr 2010
Alle Drucke der Serie A sind im Unterricht parallel verwendbar.

Redaktion: Heidrun Kiene
Herstellung: Mediengestaltung CeZet Claudia Zierenberg
Umschlaggestaltung und Typografie: Jennifer Kirchhof
Druck und Bindung: westermann druck GmbH, Braunschweig

ISBN 978-3-14-159603-8

Inhaltsverzeichnis

Zellen und Stoffwechsel

1 Bau und Funktionen von Zellen
1.1 Ebenen der biologischen Organisation – Systemebenen 7
1.2 Die Reiche der Lebewesen 8
1.3 Die Zellen von Prokaryoten und Eukaryoten 9
1.4 Struktur und Funktion von Zellorganellen 11
1.5 Geschichte der Zellmembranforschung 11
1.6 Struktur und Funktion von Zellmembranen 12
1.7 Aktiver und passiver Stofftransport 13

2 Vererbung und Funktion der DNA
2.1 Der Zellkern enthält Chromosomen 15
2.2 Zellzyklus: Mitose und Interphase 15
2.3 Bildung von Geschlechtszellen: Meiose 16
2.4 Genetische Variabilität durch Meiose 18
2.5 Veränderte Chromosomenzahl: Trisomie 21 19
2.6 Die Vererbung erfolgt nach Regeln 21
2.7 Die Chromosomentheorie der Vererbung 22
2.8 Stammbaumuntersuchungen von genetisch bedingten Krankheiten 23
2.9 DNA: Träger der Erbinformation 24
2.10 Bau der DNA 25
2.11 Identische Verdoppelung der DNA: Replikation 26
2.12 Von der DNA zum Protein: Transkription und Translation 27
2.13 Der genetische Code und Genmutationen 28
2.14 Übersicht: Vom Gen zum Protein 28

3 Regulation der Genaktivität
3.1 Regulation der Genaktivität bei Prokaryoten 29
3.2 Genexpression bei Eukaryoten 30
3.3 Regulation der Genaktivität bei Eukaryoten 31
3.4 Differentielle Genaktivität und die Vielfalt der Zellen 31
3.5 Kontrolle des Zellzyklus 33
3.6 Tumorwachstum durch Fehlregulation der Zellteilungskontrolle 34
3.7 Übertragung von extrazellulären Signalen in intrazelluläre Signale 35
3.8 Biologische Arbeitstechnik: DNA-Microarray-Technologie 36

4 Enzyme beschleunigen biochemische Reaktionen
4.1 Enzyme als Biokatalysatoren 37
4.2 Enzymkinetik: Reaktionsgeschwindigkeit und Substratkonzentration 37
4.3 Hemmungen und Aktivierung der Enzymaktivität 38
4.4 Enzyme: Modelle, Hypothesen, Experimente 39
4.5 Biologische Arbeitstechnik: ELISA und Enzymatik in der Medizin 39
4.6 Weiße Biotechnologie 40

5 Energiestoffwechsel: Zellatmung und Gärung
5.1 Bereitstellung von Energie aus Glucose 41
5.2 Energiestoffwechsel und Mitochondrien 42
5.3 Grundprinzipien von Stoffwechselwegen 42
5.4 Die Glykolyse findet im Cytoplasma statt 43
5.5 Pyruvatabbau zu Kohlenstoffdioxid im Mitochondrium 43
5.6 Elektronentransport und Energiefreisetzung in der Atmungskette 45
5.7 Chemiosmose als Mechanismus der ATP-Synthese 45
5.8 Gärungen: Glucoseabbau unter Sauerstoffmangel 46
5.9 Regulation energieliefernder Stoffwechselwege 47

5.10 Übersicht: Glucoseabbau und Energiebereitstellung 49
5.11 Hormonelle Regulation des Kohlenhydratstoffwechsels 49
5.12 Diabetes 50
5.13 Rote Gentechnik: Herstellung von Insulin 51

6 Atmung und Sauerstoffversorgung der Zellen
6.1 Vergleich von Atmungsorganen 53
6.2 Regelung der äußeren Atmung 54
6.3 Sauerstofftransport – Struktur und Funktion des Hämoglobins 55
6.4 Sauerstoffaffinität des Hämoglobins 56
6.5 Molekulare Angepasstheiten beim Hämoglobin 57
6.6 Biologische Arbeitstechnik: Gelelektrophorese 58
6.7 Sichelzellanämie: Molekulare Ursachen einer Erkrankung 58

Ökologie und nachhaltige Zukunft

7 Fotosynthese – Umwandlung von Lichtenergie in chemische Energie
7.1 Vom Organ zum Molekül: Laubblatt – Chloroplasten – Chlorophyll 61
7.2 Arbeitstechnik: Chromatographie und Autoradiographie 61
7.3 Pigmente absorbieren Licht 62
7.4 Lichtreaktion: Bereitstellung von chemischer Energie 62
7.5 Der Calvin-Zyklus: Umwandlung von Kohlenstoffdioxid in Glucose 63
7.6 Die Fotosyntheserate ist von verschiedenen Faktoren abhängig 64
7.7 Mais – eine C_4-Pflanze als Fotosynthesespezialist 65
7.8 CAM-Pflanzen – angepasst an extreme Trockenheit 66
7.9 Übersicht: Fotosynthese 67
7.10 Die Kohlenstoffbilanz einer Pflanze 67
7.11 Die Vielfalt pflanzlicher Naturstoffe beruht auf genetischer Vielfalt 68

8 Anpassungen und Angepasstheiten von Lebewesen an Umweltfaktoren
8.1 Homöostase: Stabilität in biologischen Systemen durch Regelungsvorgänge 71
8.2 Abiotische und biotische Faktoren wirken auf Lebewesen 72
8.3 Angepasstheiten von Tieren an extreme Temperaturen 73
8.4 Angepasstheiten von Pflanzen an Wassermangel 74
8.5 Angepasstheiten von Lebewesen an Sauerstoffmangel 75
8.6 Abiotischer und biotischer Stress bei Pflanzen 76

9 Wechselwirkungen zwischen Lebewesen
9.1 Konkurrenz, Parasitismus, Symbiose 77
9.2 Auswirkungen von interspezifischer Konkurrenz auf das Vorkommen von Lebewesen 79
9.3 Malaria 80
9.4 Regulation der Individuenanzahl in Populationen 81
9.5 Das Konzept der ökologischen Nische 82

10 Vernetzte Beziehungen in Ökosystemen
10.1 Stoffkreisläufe in Ökosystemen 83
10.2 Energiefluss in Ökosystemen 83
10.3 Stickstoffkreislauf und Überdüngung 85
10.4 Übersicht: Stoffkreisläufe und Energiefluss in einem Ökosystem 86
10.5 Fließgleichgewichte in offenen Systemen 86
10.6 Funktionen des Bodens 87
10.7 Biologische Aktivität im Boden 88
10.8 Bioindikatoren für Bodeneigenschaften 89
10.9 Ökosystem Wald 90
10.10 Ökosystem See 91
10.11 Produktivität von Ökosystemen im Vergleich 93
10.12 Ökosystem Hochmoor 94

11 Anthropogene Einflüsse und nachhaltige Zukunft
- 11.1 Der globale Kohlenstoffkreislauf 95
- 11.2 Der Treibhauseffekt 96
- 11.3 Kohlenstoffdioxid-Bilanzen und Nachhaltigkeit 97
- 11.4 Ökologisches Bewerten: Beispiel Kursfahrt 97
- 11.5 Ökologisches Bewerten: Beispiel Streuobstwiese 97
- 11.6 Bedeutung der Biodiversität 98
- 11.7 Grüne Gentechnik – Fakten 98
- 11.8 Grüne Gentechnik – Chancen und Risiken 100

Nerven-, Hormon- und Immunsystem

12 Bau und Funktion von Nerven- und Sinneszellen
- 12.1 Nervenzellen und Nervensysteme 101
- 12.2 Das Ruhepotenzial 101
- 12.3 Das Aktionspotenzial an Nervenzellen 103
- 12.4 Kontinuierliche und saltatorische Erregungsleitung 104
- 12.5 Multiple Sklerose 105
- 12.6 Informationsübertragung an Synapsen 106
- 12.7 Neuronale Verrechnung 107
- 12.8 Beeinflussung von Nervenzellen durch neuroaktive Stoffe 109
- 12.9 Bau und Funktion der Skelettmuskulatur 110
- 12.10 Muskelkontraktion 111
- 12.11 Neuronale Steuerung der Muskelkontraktion 113
- 12.12 Trainingseffekte 114
- 12.13 Riechen: Vom Reiz zum Aktionspotenzial 115
- 12.14 Molekulare Vorgänge der Signaltransduktion an Sinneszellen 116
- 12.15 Vom Reiz zur Reaktion 118
- 12.16 Vergleich hormoneller und neuronaler Informationsübertragung 120

13 Zusammenwirken von Hormon- und Nervensystem bei Stress
- 13.1 Der Anpassungswert der Stressreaktion 121
- 13.2 Hormonelle und neuronale Grundlagen der Stressreaktion 122
- 13.3 Zelluläre Wirkmechanismen von hydrophilen und lipophilen Hormonen 124

14 Lernen und Gedächtnis
- 14.1 Lernen und Gedächtnis 125
- 14.2 Erfahrungen verändern neuronale Verbindungen 126
- 14.3 Alzheimer-Krankheit 127

15 Immunsystem
- 15.1 Das Erkennen und die Abwehr von Antigenen 129
- 15.2 Unterscheidung von Selbst und Fremd 130
- 15.3 Das HI-Virus und Aids 131

16 Individualentwicklung des Menschen
- 16.1 An den Grenzen des Lebens 133
- 16.2 Ethisches Bewerten: Die Präimplantationsdiagnostik 133
- 16.3 Embryonale und adulte Stammzellen 135
- 16.4 Biologische Aspekte des Alterns 136

Evolution der biologischen Vielfalt

17 Stammesgeschichtliche Verwandtschaft und der Verlauf der Evolution
- 17.1 Ähnlichkeiten zwischen Lebewesen: Homologien und Analogien 137
- 17.2 Verwandtschaftsbelege durch molekularbiologische Homologien 138
- 17.3 Verwandtschaftsbelege aus der molekulargenetischen Entwicklungsbiologie 139
- 17.4 Die Endosymbiontentheorie 139
- 17.5 Evolution der Stoffwechseltypen 142

18 Die Evolution der biologischen Vielfalt
- 18.1 Die Evolutionstheorien von LAMARCK und DARWIN 143
- 18.2 Die synthetische Evolutionstheorie 144
- 18.3 Variabilität 145
- 18.4 Selektionstypen und Selektionsfaktoren 146
- 18.5 Die Bedeutung von Präadaptationen für die Evolution 147

- 18.6 Isolationsmechanismen 147
- 18.7 Das Zusammenwirken der Evolutionsfaktoren im Prozess der Artbildung 148
- 18.8 Adaptive Radiation 149

19 Evolution des Sozialverhaltens

- 19.1 Proximate und ultimate Erklärungsformen in der Biologie 151
- 19.2 Der adaptive Wert von Verhalten: Kosten-Nutzen-Analysen 151
- 19.3 Evolutionsstabile Strategien und Fitnessmaximierung 153
- 19.4 Fortpflanzungsstrategien und Lebensgeschichte 154
- 19.5 Sozialverhalten der Primaten 155

20 Evolution des Menschen

- 20.1 Evolutionäre Geschichte des menschlichen Körpers 157
- 20.2 Molekularbiologische Verwandtschaftsanalyse von Menschen und Menschenaffen 157
- 20.3 Der Stammbaum des Menschen 158
- 20.4 Biologische Arbeitstechnik: PCR 159
- 20.5 Evolution des menschlichen Gehirns 159
- 20.6 Lebensgeschichte und Elterninvestment 161
- 20.7 Evolutionäre Trends in der Menschwerdung 161
- 20.8 Vergleich biologischer und kultureller Evolution 162

1 Bau und Funktionen von Zellen

1.1 Ebenen der biologischen Organisation – Systemebenen

1

Abb. 2:

Information	Ebene
Die Seidenpflanze enthält Herzglykoside.	Moleküle
Die Raupen der Monarchfalter sind auf die Seidenpflanze als Futterpflanze angewiesen.	Lebensgemeinschaft
Herzglykoside sind abhängig von der Konzentration giftig.	Moleküle
Die Raupen der Monarchfalter reichern Herzglykoside im Körper an, ohne sich zu vergiften. Diese Fähigkeit ist genetisch bedingt. Die Herzglykoside bleiben auch im Falter erhalten.	Moleküle, Organe, Organismus
Fressfeinde wie der Blauhäher zeigen nach dem Verzehr von Faltern Vergiftungserscheinungen: Erbrechen, Übelkeit, Gleichgewichtsstörungen. Sie meiden zukünftig die Monarchfalter.	Moleküle, Organe, Lebensgemeinschaft
Monarchfalter besitzen eine Warntracht.	Organe, Art
Andere Schmetterlingsarten ahmen die Warntracht nach und werden daher auch nicht gefressen.	Lebensgemeinschaft

Abb. 3:

Information	Ebene
Marasmus – allgemeine Unterernährung, die Ernährung ist protein- und energiearm.	Moleküle, Organismus
Verbreitet bei Kindern, die zu früh abgestillt wurden. Bei Mangelernährung: Abgemagerter Körper, die Kinder sind apathisch.	Organismus
Kwashiorkor entsteht durch das Fehlen essentieller Aminosäuren.	Moleküle
Grund ist häufig das Fehlen von Lysin in der maisbasierten Ernährung.	Moleküle
Folgen sind eine starke Abnahme von Blutproteinen.	Moleküle
Dadurch kommt es zu verzögertem Wachstum, Anämie, Muskelschwäche, aufgequollenem Bauch und starken Durchfällen.	Organe, Organismus
Kwashiorkor ist durch eine hohe Empfänglichkeit für Infektionen und eine hohe Sterblichkeit gekennzeichnet.	Organismus

1.2 Die Reiche der Lebewesen

1

	Aufbau der Zelle	Stoffwechsel	Vermehrung	Beweglichkeit	Nervensystem
Eubacteria	Ohne Zellkern, keine Zellorganellen	Leben als Destruenten, bauen organische Substanz in anorganische Stoffe um. Stoffwechselwege: Gärung, Bakterienfotosynthese, Chemosynthese	Zweiteilung	Manche Arten haben Geißeln zur Fortbewegung	Nicht vorhanden
Archaebacteria	Ohne Zellkern, keine Zellorganellen	Ernähren sich von anorganischen Stoffen, für die meisten ist Sauerstoff giftig	Zweiteilung	Geißeln zur Fortbewegung	Nicht vorhanden
Protista	Zellkern, Zellen mit Zellorganellen, bestehen aus einer oder wenigen Zellen	Leben autotroph mithilfe von Chloroplasten oder heterotroph	Vermehrung geschlechtlich oder ungeschlechtlich	Geißeln oder Wimpern zur Fortbewegung	Nicht vorhanden
Fungi	Vielzellige eukaryotische Organismen, Zellen mit Zellorganellen, Zellwände aus Chitin	Ernähren sich heterotroph, viele bilden eine Mykorrhiza aus	Vermehrung geschlechtlich oder ungeschlechtlich	Keine Fortbewegung	Nicht vorhanden
Plantae	Vielzellige eukaryotische Organismen, Zellen mit Zellorganellen, Zellwände bestehen überwiegend aus Zellulose, viele Zellen mit Vakuolen	Leben fotoautotroph mithilfe ihrer Chloroplasten	Vermehrung geschlechtlich oder ungeschlechtlich	Keine Fortbewegung	Nicht vorhanden
Animalia	Vielzellige eukaryotische Organismen, keine Zellwände, Zellen mit Zellorganellen aber ohne Chloroplasten	Leben heterotroph, bauen organische Stoffe unter Sauerstoffverbrauch ab	Vermehrung geschlechtlich oder ungeschlechtlich	Die Tiere sind ortsbeweglich	Vorhanden

2

Ursprünglich unterschied man nur die beiden Reiche Animalia und Plantae. Ende des 19. Jahrhunderts gab es die drei Reiche Animalia, Plantae und Protista, wobei alle einzelligen Lebewesen mit Zellkern den Protista zugeordnet waren. In der zweiten Hälfte des 19. Jahrhunderts trennte man die Pilze aufgrund ihres abweichenden Stoffwechsels von den Pflanzen ab. Bakterien waren einem eigenen Reich, den Monera, zusammengefasst. Unterschiede im Stoffwechsel der Archaebakterien und der Bakterien führte Ende des 20. Jahrhunderts zu einer Abtrennung der Archaebakterien, die nun eine eigene Domäne bildeten, die Archaea. Alle eukaryotischen Organismen wurden in der Domäne Eukarya zusammengefasst. Diese Domäne besteht aus den Reichen Animalia, Fungi, Plantae und Protista. Neben den Eukarya und den Archaea gibt es die Domäne Bacteria.

3

Protista lassen sich aufteilen in Protista mit Chloroplasten, die autotroph durch Fotosynthese leben, und Protista ohne Chloroplasten, die heterotroph leben.

Ein wesentlicher Unterschied zwischen den Animalia und den Plantae ist der Besitz bzw. Nichtbesitz von Chloroplasten. Im Reich der Protista sind hingegen beide Gruppen vereint.

1.3 Die Zellen von Prokaryoten und Eukaryoten

1

a)

	Prokaryotenzelle	**Tierzelle**	**Pflanzenzelle**
Zelltyp	Prokaryotisch	Eukaryotisch	Eukaryotisch
Erbinformationen	Als DNA-Molekül im Bakterienchromosom und in DNA-Ringen (Plasmide) frei im Cytoplasma	Im Zellkern	Im Zellkern
Organellen	Nicht vorhanden	Vorhanden, sorgen für eine starke Kompartimentierung	Vorhanden, sorgen für eine starke Kompartimentierung
Zellwand	Vorhanden, zeigt aber einen anderen Aufbau als bei der Pflanzenzelle	Nicht vorhanden	Vorhanden
Cytoplasma	Vorhanden	Vorhanden	Vorhanden
Ribosomen	Frei im Cytoplasma vorhanden	Im Cytoplasma vorhanden, z. T. am endoplasmatischen Retikulum gebunden	Im Cytoplasma vorhanden, z. T. am endoplasmatischen Retikulum gebunden
Zellmembran	Vorhanden	Vorhanden	Vorhanden
Ort der Energiegewinnung	Im Cytoplasma	Im Cytoplasma und in den Mitochondrien	Im Cytoplasma und in den Mitochondrien sowie in den Chloroplasten
Vorkommen	Nur einzellig	Einzeller und Vielzeller	Einzeller und Vielzeller

b)

Mitochondrien	Chloroplasten
Kleiner als Chloroplasten	Größer als Mitochondrien
Begrenzung nach außen: Doppelmembran	Begrenzung nach außen: Doppelmembran
Innere Membran eingefaltet, sie hat eine größere Oberfläche als die äußere Membran. Der Zwischenmembranraum ist dadurch ebenfalls vergrößert.	Innere Membran sehr stark eingefaltet, sie bildet Thylakoide, die teilweise zu Grana gestapelt sind. Dies führt zu einer starken Strukturierung des Chloroplasteninnenraumes.
Innere Membranen mit Enzymen ausgestattet, Ort der Atmung	Innere Membranen mit Pigmenten und Enzymen ausgestattet, Ort der Fotosynthese
Eigene DNA	Eigene DNA
Eigene Ribosomen	Eigene Ribosomen
Keine Stärkekörner und Fetttröpfchen	Stärkekörner und Fetttröpfchen

2

Individuelle Lösung, darin z. B.: Die Darstellung in Abb. 3 ist nicht maßstabsgetreu. Die Zellorganellen sind viel zu groß eingezeichnet, die Größenverhältnisse untereinander stimmen nicht mit der Wirklichkeit überein. Eine maßstabsgetreue Abbildung wäre im Buch nicht sinnvoll, da keine Details bei dem zur Verfügung stehenden Platz zu erkennen wären. Die Abbildung zeigt aber in der Relation richtige Größenverhältnisse zusammen mit Details der Zellorganellen auf.

3

Individuelle Lösung.

4

Individuelle Lösung, darin z. B.: Mitochondrien und Chloroplasten gingen aus prokaryotischen Zellen hervor, die von eukaryotischen Zellen aufgenommen, aber nicht verdaut wurden.
Belege:
- Mitochondrien und Chloroplasten haben eine Doppelmembran, die äußere Membran ist ähnlich einer Eukaryotenmembran aufgebaut, die innere Membran ähnlich einer Bakterienmembran.
- Beide Organellen vermehren sich durch Teilung.
- Beide Organellen haben eigene DNA.
- Beide Organellen besitzen Ribosomen vom leichten Typ, wie er in Bakterien vorkommt.

5

Individuelle Lösung, darin folgende Aspekte:
- Bakterien sind einfacher gebaut als Eukaryoten.
- Bakterien haben eine hohe Vermehrungsrate.
- Bakterien haben Mechanismen, um ungünstige Lebensbedingungen zu überdauern (z. B. Endosporen).
- Bakterien zeigen eine hohe Fähigkeit zur Angepasstheit und sind daher in der Lage, nahezu alle Lebensräume zu besiedeln.
- Bakterien haben seit fast 3,8 Milliarden Jahren in der Evolution überlebt und besiedeln die Erde in einer unglaublich hohen Anzahl an Arten und Individuen.

Der Begriff „primitiv" kann sich daher nur auf den einfachen Bau der Bakterien beziehen, nicht jedoch auf die anderen Eigenschaften, die sie zu einem Erfolgsmodell der Evolution machen.

1.4 Struktur und Funktion von Zellorganellen

1.5 Geschichte der Zellmembranforschung

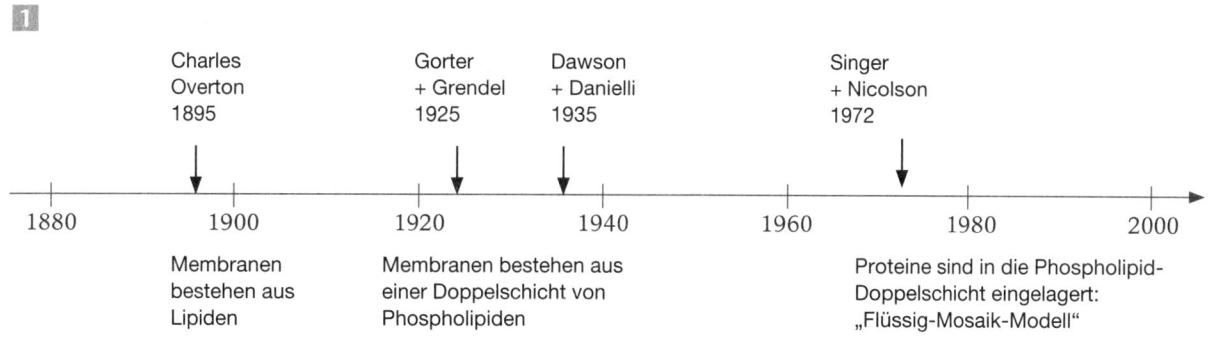

1

2

a) Aufgrund der schnellen Formänderung der Zellen während der Bewegung von tierischen Zellen bei der Ausbildung von Pseudopodien ist zu vermuten, dass einige makromolekulare Komponenten in der Zellmembran frei in der Membran beweglich sein müssen. Die Forscher wollen dies durch Antigenmarkierungen zeigen.

b) Zellen der Maus mit dem H-2-Protein auf der Oberfläche der Zellmembran und menschliche Zellen mit dem HLA-Protein auf der Membran werden fusioniert. Direkt nach der Fusion sind die H-2-Proteine nur auf einer Hälfte der neu entstandenen Zelle zu finden, wie die Markierung mit den Antikörpern zeigt. Nach mehreren Stunden bei 37° C haben sich die Mausproteine über die ganze Zelle verbreitet. Die Proteine sind also in der Membran gewandert.

c) Abb. 7 zeigt, dass der Verteilungsgrad von der Temperatur abhängt. Da die Verteilung innerhalb der Membran durch den Fluss der entsprechenden Proteine erfolgt, ergibt sich daraus eine Abhängigkeit der Beweglichkeit von Membranproteinen in der Membran von der Temperatur. Die Kurve zeigt eine deutliche und schnelle Zunahme des Membranflusses ab ca. 16° C. Bei 37° C, der normalen Temperatur der menschlichen Zellumgebung, ist 40 Minuten nach der Fusion eine fast vollständige Durchmischung der Membranproteine erfolgt.

Abb. 7 zeigt außerdem die Abhängigkeit der Durchmischung von der Zeit. Da der Membranfluss offenbar nicht gerichtet ist, stellt sich die vollständige Durchmischung bei den einzelnen Zellen nach unterschiedlichen Zeiten ein. Nach 25 Minuten ist dies bei 50% der Zellen der Fall, nach 120 Minuten bei allen Zellen.

1.6 Struktur und Funktion von Zellmembranen

1

a)
Die Membran besteht aus einer Doppelschicht von Phospholipiden, deren hydrophobe Enden zueinander gekehrt sind. In diese Doppelschicht sind verschiedene Moleküle eingebettet: Tunnelproteine und fadenförmige Proteine erstrecken sich durch beide Phospholipidschichten. Weitere Proteine haben Bindungsstellen außerhalb der Lipidschicht. Glykoproteine befinden sich in der äußeren Schicht, wobei die Zuckeranteile aus der Membran hervorstehen. Phospholipide mit Cholesterinanteil sind nur in eine Schicht eingelagert, entweder in der inneren oder in der äußeren. Die Enden der fadenartigen Proteine ragen aus der Membran nach beiden Seiten heraus, wobei an der Innenseite der Membran Proteine des Cytoskeletts sitzen.

b) Da die Phospholipide in der Membran beweglich sind und einzeln oder im Verbund den Ort wechseln können, schwimmen die eingelagerten Moleküle mit ihnen oder können auch einzeln den Ort verändern. Ausgenommen sind Moleküle, die am Cytoskelett verankert sind. Die Membran stellt also kein starres System dar, sondern verändert sich ständig.

c)

Funktion	Struktur
Verhindert das Hindurchtreten wasserlöslicher Moleküle	Doppelschicht von Phospholipiden
Aktiver oder passiver Transport durch die Membran	Tunnelproteine/Carrierproteine
Signaltransduktion	Proteine mit Bindungs- oder Anlagerungsstellen außerhalb der Doppellipidschicht
Bestimmen die Form und Gestalt der Zelle, verankern die Membran mit dem Cytoskelett	Fadenartige Proteine, deren Enden in das Cytoplasma ragen
Zellerkennung, Zusammentreten von Zellen zu Geweben	Glykoproteine
Fließvermögen	Phospholipide mit ungesättigten Fettsäuren wie Cholesterin

2

a) Genetische Ebene: Das Gen CFTR codiert für ein Kanalprotein in den Schleimhautzellen der Atemwege. Dieses Gen ist bei Mukoviszidose mutiert, so dass das Kanalprotein seine Aufgabe nicht erfüllen kann.
Zelluläre Ebene: Das Kanalprotein reguliert über die Abgabe von Chloridionen den Wassergehalt des Schleimes über der Schleimhaut. Die Abgabe von Chloridionen verändert den osmotischen Wert der Zelle und des Schleimes. Dadurch strömt Wasser aus der Zelle in den Schleim, damit er die richtige Konsistenz zum Transport von Fremdkörpern erhält. Ist das Kanalprotein funktionsuntüchtig, können keine Chloridionen aktiv aus der Zelle in den Schleim transportiert werden. Der Schleim erhält zu wenig Wasser und wird zäh.
Organebene: Ein zu zäher Schleim verhindert den Abtransport von Fremdkörpern (z. B. Staubteilchen, Bakterien) durch die Flimmerhärchen. Der Schleim wird so zu einem Nährboden für Bakterien und Pilze. Es kommt dadurch zu schweren Krankheiten der Atemwege und der Lunge. Auch andere Organe können betroffen sein.

b)
Individuelle Lösung.

1.7 Aktiver und passiver Stofftransport

1

Individuelle Lösung.

2

Die roten Blutzellen sind tierische Zellen und besitzen daher keine Zellwand. Ist das Außenmedium hyperton, strömt Wasser aus der Zelle heraus und die Zelle schrumpft: Abb. 5a. In Abb. 5b ist die Wasserkonzentration in der Zelle genau so groß wie außerhalb. Es findet kein Wassertransport statt, die Zelle liegt in ihrer normalen Form vor. In Abb. 5c ist die Umgebung hypoton gegenüber der Blutzelle. Wasser strömt infolge des Konzentrationsgefälles in die Zelle, die sich ausdehnt und schließlich platzt.

Auch bei der Pflanzenzelle strömt Wasser aus der Zelle, wenn diese sich in einem hypertonen Medium befindet. Die Form und Größe der Zelle bleibt in etwa erhalten, da sie von der stabilen Zellwand begrenzt wird. Allerdings sinkt der Turgor und die Zellmembran löst sich teilweise von der Zellwand, es tritt Plasmolyse ein (Abb. 5d). In Abb. 5e liegt die Zelle in ihrer normalen Form vor, da das Außenmedium und das Zellinnere die gleiche Wasserkonzentration haben. Ist das Außenmedium hypoton, ändert sich die Form der Zelle nicht, da durch die stabile Zellwand kaum zusätzliches Wasser einströmen kann. Allerdings steigt der Druck in der Zelle, der Turgor, an (Abb. 5f).

3

Individuelle Lösung.

4

a) Der hypothetische Verlauf bei einfacher Diffusion zeigt einen linearen Zusammenhang zwischen der Aufnahmerate und der Glucosekonzentration. Bei der erleichterten Diffusion steigt die Aufnahmerate mit zunehmender Glucosekonzentration sehr schnell an und nähert sich in einer Sättigungskurve dem Maximum an. Damit wird schon bei niedrigen Glucosekonzentrationen eine höhere Aufnahmerate erreicht.

b) Das Gehirn ist auf eine gleichmäßig hohe Versorgung mit Glucose angewiesen. Die erleichterte Diffusion von Glucose bei Nervenzellen führt zu einer gegenüber der normalen Diffusion verbesserten Aufnahmerate bei einem geringen Glucosespiegel in der Umgebung der Nervenzelle, so dass auch hier die Versorgung besser gewährleistet ist. Das Gehirn ist also auch bei einem geringen Blutzuckerspiegel in der Lage gut zu arbeiten, was einen Überlebensvorteil darstellt.

5

Tierzellen und Bakterien transportieren Ionen aktiv aus der Zelle, wenn sie hyperton sind. Damit sinkt im Zellinneren die Gesamtkonzentration an gelösten Stoffen. Es werden isotonische Verhältnisse erreicht. Da in der Summe kein Wasser einströmt, kann die Zelle nicht platzen. Pflanzenzellen sind durch die stabile Zellwand vor dem Platzen geschützt. Durch das Einströmen von Wasser steigt der Turgor, bis er so groß ist, dass trotz hypertonem Innenmedium kein Wasser mehr einströmen kann.

Viele einzellige Tiere befördern ständig das einströmende Wasser nach außen und verhindern auf diese Weise, dass der Druck in der Zelle zu stark ansteigt und die Zelle platzt.

2 Vererbung und Funktion der DNA

2.1 Der Zellkern enthält Chromosomen

1

Nach dieser Hypothese sollten die Organismen mit dem höchsten Entwicklungsgrad die meisten Chromosomen besitzen, die Organismen mit niedrigem Entwicklungsgrad die wenigsten Chromosomen haben. Demnach würde sich anhand der Chromosomenzahl aufsteigend folgende Reihenfolge ergeben: Stechmücke, Erbse, Regenwurm, Rind, Karpfen. Der Entwicklungsabstand in dieser Abfolge wäre demnach zwischen Rind und Karpfen am größten (Unterschied 44 Chromosomen). Nimmt man vernünftigerweise die Komplexität eines Organismus als Maßstab für den Entwicklungsstand, wäre z. B. der Organismus des Karpfens viel komplexer als der des Rindes. Dies trifft eindeutig nicht zu, beide sind Wirbeltiere. Auch ist der Regenwurm z. B. nicht komplexer gebaut als die Stechmücke, sondern umgekehrt. Die Hypothese ist also falsch. Die Anzahl der Chromosomen lässt keine Rückschlüsse auf den Entwicklungsstand zu.

2

a) Eine junge, einzellige Alge vor der Schirmausbildung wurde in drei Teile geschnitten: Wurzelregion, Stiel und Schirmregion. Aus der Wurzelregion entwickelte sich eine vollständige neue Alge mit Schirm; der Stiel wuchs nicht weiter und aus der Schirmregion entwickelte sich ein neuer Schirm.
Im Stiel befinden sich weder der Zellkern mit den Chromosomen noch irgendwelche Informationen auf Molekülbasis, die die abgelesene Erbinformation enthalten. Dadurch kann der Stiel nicht weiter wachsen. In der Schirmregion sind jedoch offensichtlich Informationen enthalten und können durch Stoffwechselreaktionen die Ausbildung des Schirms einleiten. Diese Informationen könnten in Form von mRNA vorliegen, die vor der Trennung der Alge im Zellkern gebildet und in die Schirmregion transportiert wurde. Aus der Wurzelregion entwickelt sich eine normale Alge, da sie den Zellkern mit allen Erbinformationen besitzt. Die Quelle der Information zur Regeneration der Alge ist demnach der Zellkern.

b) Dies zeigt sich auch in Experiment b: Nach Überführung des Zellkerns aus der Wurzelregion in den Stiel kann auch dieser zu einer vollständigen Alge wachsen, da er die vollständige Erbinformation enthält.

2.2 Zellzyklus: Mitose und Interphase

1

a: Frühe Metaphase, die Chromosomen sind sichtbar und die Spindelfasern bereits ausgebildet. Die Anordnung in der Zellmitte ist noch nicht erkennbar.
b: Späte Metaphase, die Chromosomen sind in der Zellmitte in einer Ebene angeordnet.
c: Prophase, die Kernmembran wird aufgelöst, die Chromosomen sind noch nicht genau sichtbar, aber die Spindelfasern werden bereits angelegt.
d: Telophase, die Chromosomen verlieren ihre verdickte Struktur und können nicht mehr unterschieden werden. Die trennende Membran zwischen den Tochterzellen wird aufgebaut.
e: Anaphase, die Chromosomen wandern zu den Polen.
f: Interphase, es sind keine Chromosomen sichtbar, die Kernmembran ist vorhanden.

2

Abbildung 2 macht deutlich, dass die Phasendauer der Verdopplung der DNA und der Mitose bei allen Zelltypen gleich ist. Unterschiedlich ist die Dauer der Interphase. In der Interphase wächst die Zelle und nimmt ihre Stoffwechselfunktion wahr. Die unterschiedliche Dauer der Interphase lässt sich auf die unterschiedlichen Funktionen der Zelltypen zurückführen. Zellen mit einer hohen Vermehrungsrate wie z. B. im blutbildenden Knochenmark oder Darmzellen, die ständig erneuert werden müssen, haben eine kurze Interphase, in Geweben mit langlebigen Zellen ist die Interphase entsprechend lang.

3

Die Zellen befinden sich in der Interphase. Sie haben ihre Chromosomen noch nicht verdoppelt, um in die nächste Mitose überzugehen.

2.3 Bildung der Geschlechtszellen: Meiose

1

A: Mitose
B: Meiose [aber auch Mitose (Doppelchromosom Einzelchromosom)]
C: Meiose
D: Mitose/Meiose
E: Meiose
F: Meiose
G: Mitose/Meiose
H: Meiose
I: Mitose/Meiose

2

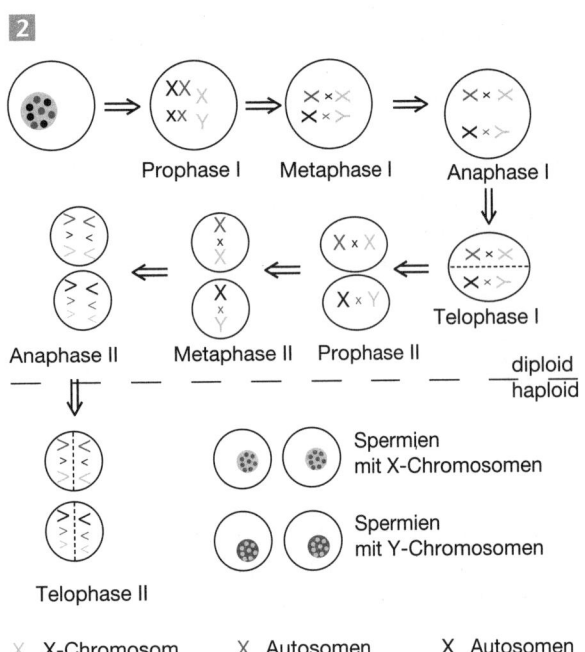

3

Die Entscheidung „fällt" in der Metaphase/Anaphase der Meiose I, da dort die homologen Chromosomen/Gonosomen getrennt und zu den Polen gezogen werden.

16

4

Die Kombinationsmöglichkeiten ergeben sich bei der Meiose I, weil hier die Doppelchromosomen auf die Tochterzellen verteilt werden. In der Meiose II werden die Doppelchromosomen getrennt, es entstehen jeweils zwei erbgleiche Zellen. Es ergeben sich 8 Kombinationsmöglichkeiten.

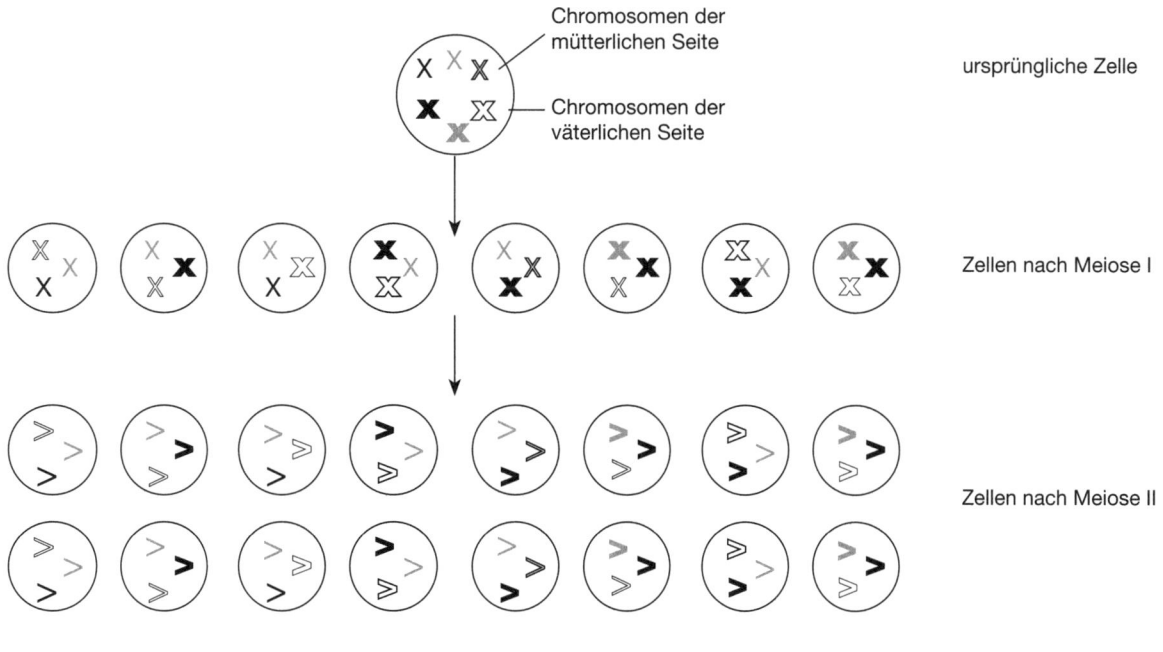

2.4 Genetische Variabilität durch Meiose

1

y = 23 => x = 8388608

2

a) Die beiden Kinder haben unterschiedliche Chromosomen-Kombinationen. Sowohl die Kombination von der Mutter als auch vom Vater sind bei beiden unterschiedlich. Einzelne Chromosomen haben sie zufällig beide, zum Beispiel 1/blau oder 10/orange.

b) Eineiige Zwillinge haben identische Chromosomen-Kombinationen, da sie aus einer befruchteten Eizelle hervorgegangen sind. Geschwister haben generell unterschiedliche Kombinationen; mit einer sehr, sehr geringen Wahrscheinlichkeit könnten auch sie identisch sein, doch liegt diese Wahrscheinlichkeit dicht bei 0.

3

a) Mögliche Chromosomen für ein weiteres Kind

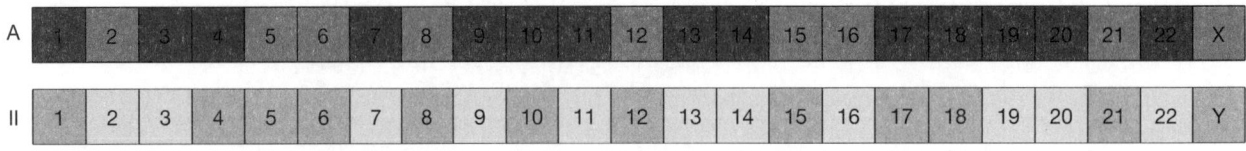

b) Mögliche Eizellen von Isabel

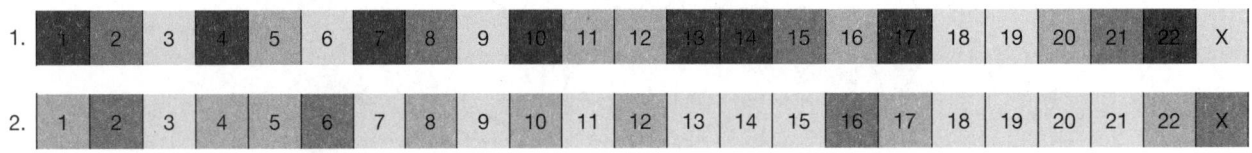

4

a) Individuelle Lösung, darin z. B.: „Ist der Charakter genetisch bestimmt?", „Welchen Einfluss hat ein Gen auf Körper und Geist eines Individuums?"

b) Individuelle Lösung, darin z.B.: Viele Fragen lassen sich naturwissenschaftlich nicht beantworten, weil das Individuum zu komplex ist, um viele Eigenschaften direkt auf die Vererbung zurückzuführen und „Zuchtexperimente" ethisch nicht zu verantworten sind (und auch zu lange dauern würden). Eventuell könnten Methoden zur Zwillingsforschung eingebracht werden.

5

Durch die Meiose werden unterschiedliche Geschlechtszellen gebildet, die in der nachfolgenden Selbstbefruchtung kombiniert werden können. Die so entstandenen Organismen haben gegenüber dem Elternorganismus zwar keine „neuen" Chromosomen, aber es kommt zu anderen Kombinationen gegenüber dem Elternorganismus. Dadurch nimmt auch bei der Selbstbefruchtung die genetische Vielfalt zu. Sie wird durch Crossing over noch erhöht.

2.5 Veränderte Chromosomenzahl: Trisomie 21

1

a) Bei der Amniozentese erfolgt in der 13. oder 14. Schwangerschaftswoche die Entnahme von Fruchtwasser aus der Gebärmutter. Dazu wird mit einer Kanüle die Bauch- und die Gebärmutterwand durchstochen. In dem Fruchtwasser befinden sich Zellen, die sich vom Fetus abgelöst haben. Durch eine Zentrifugation lassen sich die Zellen von dem Fruchtwasser trennen. Das Fruchtwasser kann mit verschiedenen biochemischen Tests weiter untersucht werden. Bis zur Erstellung eines Karyogramms vergehen noch zwei bis drei Wochen. In dieser Zeit vermehren sich die Zellen in Zellkulturen. Das fertige Karyogramm zeigt in der Abbildung keine Abweichungen. Es handelt sich um einen Jungen ohne Trisomien.

b) Individuelle Lösung, darin enthalten: Durch die Amniozentese können nur Behinderungen aufgrund von numerischen Chromosomenaberrationen erkannt werden. Liegen diese nicht vor, kann trotzdem eine Behinderung (aus anderen Gründen) nicht ausgeschlossen werden.

2

Position 1: Ich will nichts wissen und werde keine Amniozentese machen lassen.
Zu dieser Aussage hat die Überlegung geführt, das Kind so zu akzeptieren, wie es zur Welt kommen wird. Eine Abtreibung kommt nicht in Frage, allerdings wird eine potentielle Dilemmasituation auch bewusst vermieden.
Position 2: Ich traue mir ein Leben mit einem behinderten Kind nicht zu und werde gegebenenfalls abtreiben.
Die Schwangere sieht durch die Fortsetzung der Schwangerschaft ihre körperliche und seelische Gesundheit gefährdet.

Position 3: Ich will das Ergebnis wissen, werde aber nicht abtreiben, wenn eine Trisomie 21 vorliegt.
Zu dieser Aussage hat die Überlegung geführt, das Kind so zu akzeptieren, wie es zur Welt kommen wird, sich im Falle einer Trisomie aber schon vor der Geburt auf die Behinderung des Kindes einstellen zu wollen. Eine Abtreibung kommt nicht in Frage. Im Unterschied zu Position 1 besteht aber hier der Wunsch nach einer frühen Absicherung über die Methode der Amniozentese.
Position 4: Ich weiß gar nicht, wie ich mich verhalten soll.
Diese Schwangere befindet sich in einer Dilemmasituation. Es stehen sich die Handlungsmöglichkeiten so entgegen, dass jede Entscheidung zu einem nicht gewünschten Resultat führt. Möglicherweise führt jede denkbare Entscheidung zur Verletzung von Wertvorstellungen.

3

Abb. 4: Ab dem Lebensalter von 35 Jahren nimmt bei Müttern die Wahrscheinlichkeit von Trisomie 21 und anderen Chromosomenstörungen rapide zu. Liegt der Anteil der gesamten Chromosomenstörungen bei einem Lebensalter der Mutter von 31 Jahren noch unter 0,3 %, so steigt er exponentiell auf 5,2 % bei einem Alter von 45 Jahren.
Abb. 6: 1990 zeigte die Verteilung der Geburtenhäufigkeit eine typische Glockenform mit dem Maximum bei etwa 27 Jahren (Alter der Mütter). 2002 ist die Kurve zu einem höheren Alter der Mütter verschoben, wobei die Grenzen mit 15 und 45 Jahren konstant blieben. Das Maximum lag 2002 bei etwa 31 Jahren, wobei z. B. die Geburtenhäufigkeit bei einem Alter von 39 Jahren mehr als doppelt so hoch war wie 1990. Die Häufigkeit von Chromosomenstörungen dürfte durch diese Entwicklung erheblich zunehmen.
Gründe: Individuelle Lösung, darin z. B.: Spätere Heirat infolge längerer Ausbildungszeiten, Priorität des Berufes in der Zeit nach der Ausbildung, materielle Gründe.

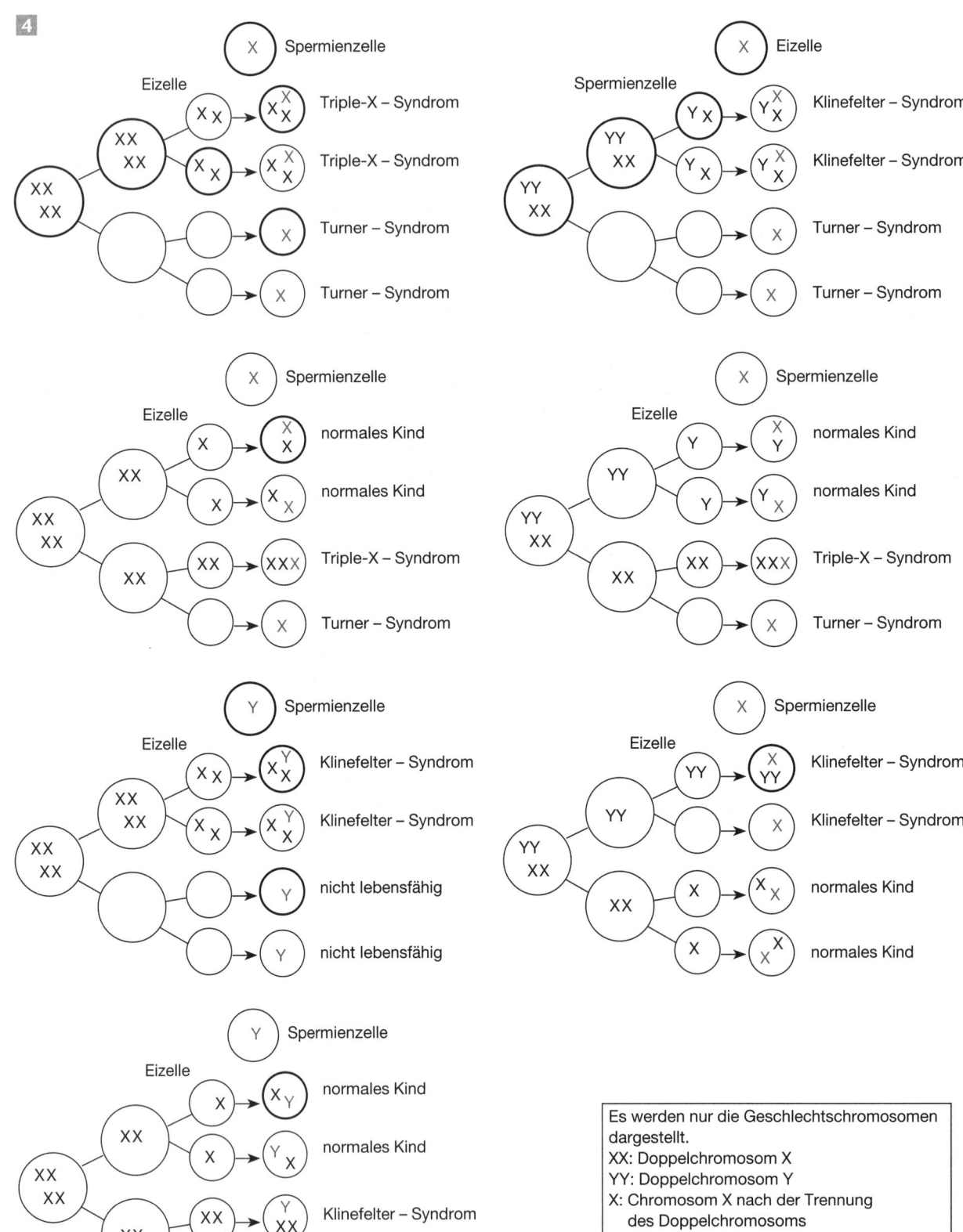

2.6 Die Vererbung erfolgt nach Regeln

1

a) Die mischerbige F_1-Generation trägt zwei verschiedene Allele für das Merkmal Samenfarbe: gelb (A) und grün (a). Bei der Kreuzung gibt jede Pflanze nur ein Allel weiter, es bilden sich so die Allelkombinationen AA, Aa und aa im Verhältnis 1:2:1 (Genotyp). Der Phänotyp wird durch das dominante Allel A bestimmt und es treten daher im Verhältnis 3:1 Pflanzen mit gelber (Genotyp AA oder Aa) und grüner Samenfarbe (Genotyp aa) auf.

b)
- Färbung der Samen: gelb = dominant, grün = rezessiv; Verhältnis der Phänotypen in der F_2-Generation gelb : grün = 3,01:1
- Gestalt der Samen: rund = dominant, runzelig = rezessiv; Verhältnis der Phänotypen in der F_2-Generation rund : runzelig = 2,96:1
- Gestalt der Hülse: einfach gewölbt = dominant, eingeschnürt = rezessiv; Verhältnis der Phänotypen in der F_2-Generation einfach gewölbt : eingeschnürt = 2,95 :1
- Färbung der Hülse: grün = dominant, gelb = rezessiv; Verhältnis der Phänotypen in der F_2-Generation grün : gelb = 2,82:1

In der F_1-Generation haben alle Nachkommen den gleichen Phänotyp, der durch das dominante Allel geprägt ist (Uniformitätsregel). In der F_2-Generation tauchen die beiden betrachteten Merkmale im Verhältnis von ca. 3:1 wieder auf (Spaltungsregel).

2

F = Fellfarbe schwarz (dominant), f = Fellfarbe weiß (rezessiv)
F_1-Generation:

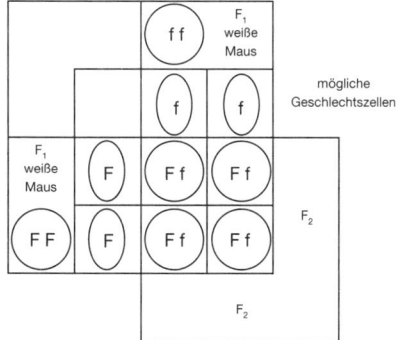

F_2-Generation:

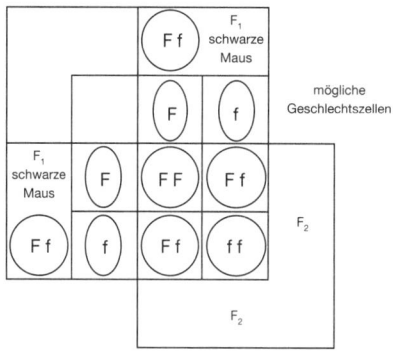

In der F_1-Generation sind alle Nachkommen gleich schwarz (entspricht Mendels Uniformitätsregel), der Phänotyp wird durch das dominante Allel (F) für schwarzes Fell bestimmt. Im Genotyp tragen aber alle Tiere der F_1-Generation auch das Allel für weißes Fell (f). In der F_2-Generation tauchen alle Genotyp-Variationen auf (FF, Ff, ff; Verhältnis 1:2:1) und schwarze und weiße Tiere treten im Verhätnis 3:1 auf (entspricht Mendels Spaltungsregel).

3

a) Der Maiskolben mit den gelben und blauen Körnern ist der F_2-Generation zuzuordnen. Nach Mendels Uniformitätsregel sind die Nachkommen zweier reinerbiger Pflanzen gleichförmig, erst in der zweiten Generation tauchen wieder beide Merkmale auf (Spaltungsregel). Beim gelb-blauen Maiskolben überwiegen die gelben Körner (Verhältnis ca. 3:1), das Allel für gelbe Färbung scheint also gegenüber dem Allel für blaue Färbung dominant zu sein (dominant-rezessiver Erbgang).
K = gelbe Körner (dominant), k = blaue Körner (rezessiv)

b) F_1-Generation:

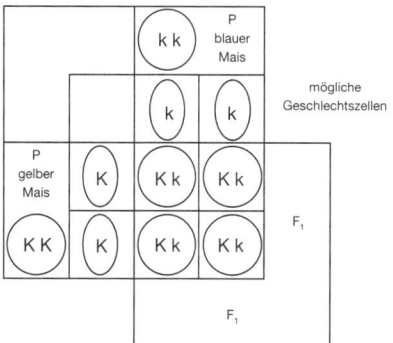

F₂-Generation:

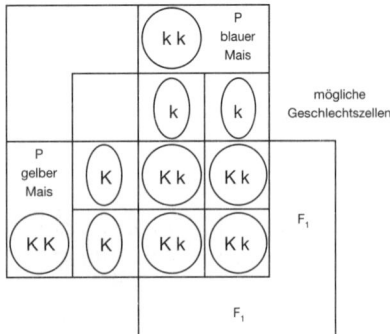

4

a) Individuelle Lösung.

b) Bei der Meiose wird zufällig entschieden, welches Chromosom eines Chromosomenpaars auf welche Seite der Zelle gezogen wird, somit in welcher entstehenden Geschlechtszelle es enthalten ist. Genauso zufällig ist hier, ob die gezogene Münze Kopf oder Zahl zeigt. Nach der Befruchtung liegt jedes Chromosom wieder doppelt vor und die auf ihm liegenden Allele können gleich sein oder verschieden; entsprechend werden die Münzen hier zu Paaren zusammengelegt, die nun die verschiedenen Kombinationen aufzeigen (Kopf/Kopf, Kopf/Zahl, Zahl/Zahl).

2.7 Die Chromosomentheorie der Vererbung

1

Wenn die Panzerfarbe und die Augenfarbe unabhängige Merkmale wären, für deren Ausprägung es jeweils verschiedene Allele gibt, müssten irgendwann die Merkmalskombinationen weißer Panzer/grüne Augen und brauner Panzer/rote Augen auftreten. Da dies nicht der Fall ist, sind die Panzerfarbe und die Augenfarbe beim Krokodil offensichtlich durch Allele bestimmt, die auf einem Chromosom zusammen liegen, also immer aneinander gekoppelt sind. Mendels Regel der Neukombination gilt nur für voneinander unabhängig vererbte Allele. Eine weitere Möglichkeit bestünde darin, dass die Ausprägung des weißen Panzers und die roten Augen eine Ausprägung des gleichen Allels wäre, also gar nicht zwei Merkmale darstellen würde, sondern nur ein Merkmal wäre und folglich nicht getrennt vererbbar ist.

2

Bei einer gekoppelten Vererbung werden (ohne Berücksichtigung von Crossing over in der Meiose) die beiden Allele wie ein Merkmal vererbt. Daraus ergibt sich folgendes Schema:

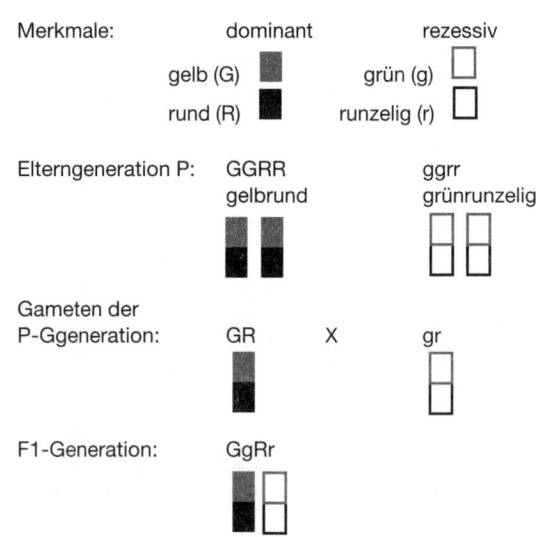

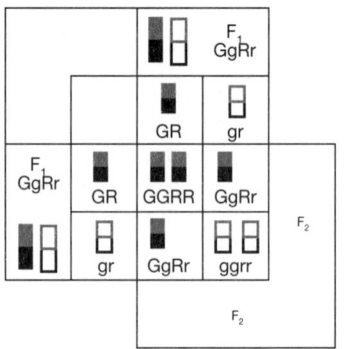

phänotypische Aufspaltung in der F₂-Generation
gelbrund : grünrunzelig = 3 : 1

2.8 Stammbaumuntersuchungen von genetisch bedingten Krankheiten

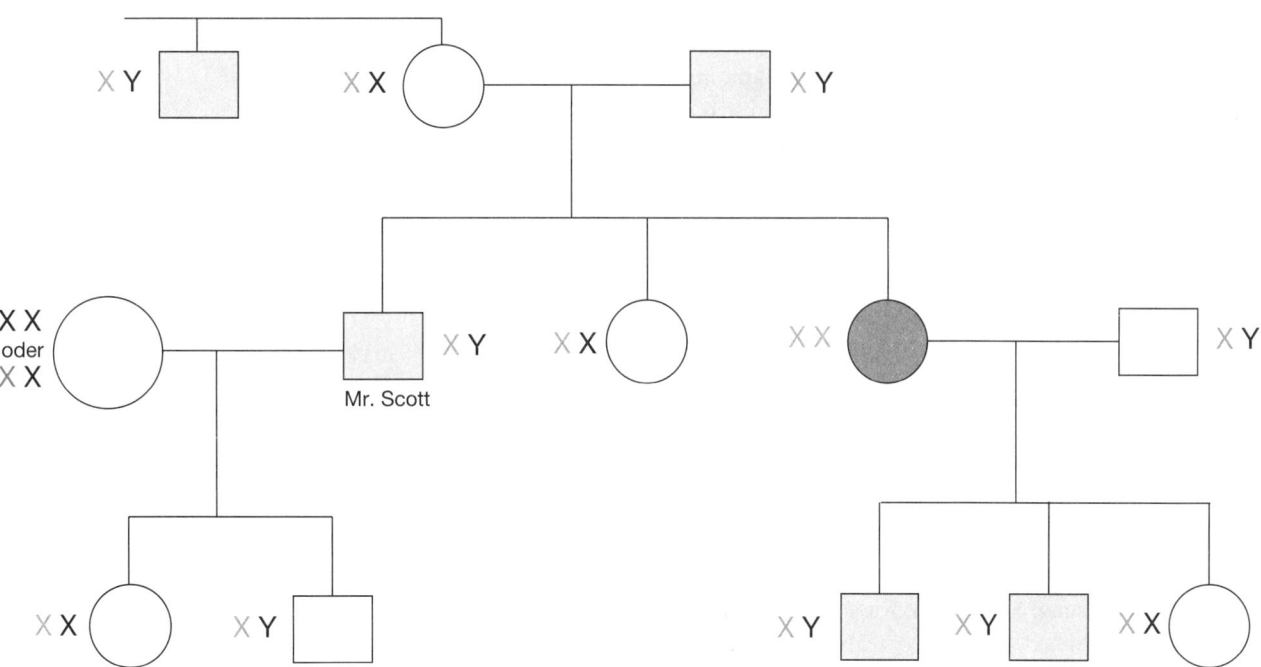

Die Krankheit wird X-chromosomal-rezessiv vererbt. Da Männer nur ein X-Chromosom haben, tritt die Krankheit bei ihnen phänotypisch häufiger in Erscheinung. Frauen besitzen zwei X-Chromosomen, hier reicht ein „gesundes" X-Chromosom, sodass die Krankheit nicht auftritt. Allerdings können sie Überträgerinnen des Merkmals sein.

2

Der Stammbaum zeigt, dass das Merkmal Retinoblastom autosomal dominant vererbt wird. Die Krankheit wird autosomal vererbt, weil in der F_1-Generation sowohl ein Sohn als auch eine Tochter betroffen ist. Bei einem gonosomalen Erbgang könnte nur entweder der Sohn oder die Tochter das Merkmal haben, da der Vater das Merkmal aufweist.

Das Merkmal wird dominant vererbt, da bei einer rezessiven Vererbung in der letzten Generation (rechts) beide Eltern Merkmalsträger sind und der Sohn das Merkmal nicht hat. Bei einem rezessiven Erbgang müssten alle Kinder Merkmalsträger sein.

Die Wahrscheinlichkeit, dass das Merkmal bei einem betroffenen Elternteil in der nächsten Generation auftritt, liegt für den wahrscheinlichen Fall, dass dieser Elternteil heterozygot ist, bei 50 %. Bei dem unwahrscheinlichen Fall, dass der betroffene Elternteil homozygot das Merkmal trägt (dann müssten beide Eltern dieser Person Merkmalsträger sein), wären alle Kinder Merkmalsträger.

2.9 DNA: Träger der Erbinformation

1

Durch den Versuch von Griffith wurde klar, dass im Material toter Zellen Information gespeichert ist: Nach Aufnahme des Zellmaterials der tödlichen, aber hitzeinaktivierten S-Zellen durch die harmlosen R-Zellen konnten diese die gespeicherte Information umsetzen und sich in S-Zellen umwandeln. Unklar blieb aber, welche der Zellbestandteile die Funktion der Informationsspeicherung haben. Besonders Proteine und DNA galten als mögliche Träger der Erbanlagen. Vor diesem Hintergrund wiederholte Avery den Versuch von Griffith, wobei er aber aus den Zelltrümmern der S-Zellen große Kohlenhydratmoleküle, Proteine und DNA voneinander trennte und isoliert zu den R-Zellen gab. Das Ergebnis war, dass nur bei Zugabe von DNA die Zellen eine Schleimkapsel bilden konnten und dadurch tödlich wirkten (Eigenschaft der S-Zellen). Dies war der Beweis, dass die Information in Form von DNA gespeichert und weitergegeben wird.

2

Individuelle Lösung. Skizze z. B. wie folgt oder andere Lösung:

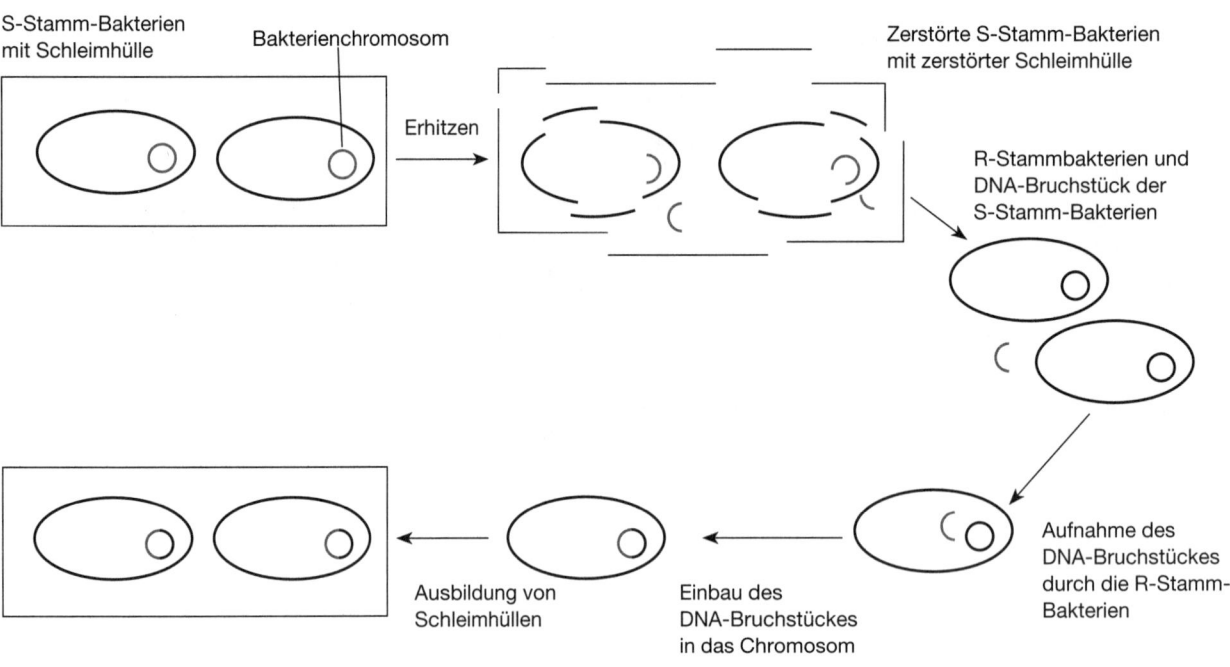

2.10 Bau der DNA

1

a) In der Abbildung ist die DNA durch einen Formelausschnitt dargestellt. Jeder DNA-Strang besteht aus einer Kette, die aus den Bausteinen Desoxyribose und Phosphat gebildet wird. Dabei ist die Phosphatgruppe mit einem Sauerstoffatom an das fünfte Kohlenstoffatom der Desoxyribose gebunden und mit einem anderen Sauerstoffatom an das dritte Kohlenstoffatom des nächsten Desoxyribosebausteins. Die beiden Enden der Kette werden demnach als 3`- bzw. als 5`- Ende bezeichnet. Jeder Desoxyribosebaustein ist über sein erstes Kohlenstoffatom mit einer Base verknüpft. Als Basen stehen Thymin, Guanin, Adenin und Cytosin zur Verfügung.

Die beiden Ketten sind gegenläufig zueinander angeordnet, sodass jeweils zwei Basen gegenüber stehen. Dabei stehen sich immer entweder Thymin und Adenin oder Cytosin und Guanin gegenüber und sind über Wasserstoffbrücken miteinander verbunden. Im Fall von Thymin und Adenin sind es zwei Wasserstoffbrücken, im Fall von Cytosin und Guanin drei Wasserstoffbrücken.

b) In Abb. 1d ist die DNA durch einen zweidimensionalen Ausschnitt der Strukturformel dargestellt. Abb. 1c zeigt einen größeren Abschnitt der DNA, in dem die einzelnen Bausteine zueinander angeordnet schematisch dargestellt sind, ohne dass auf die genaue Formel eingegangen wird. Gleichzeitig wird die räumliche Anordnung deutlich, die die Strickleiterform des DNA-Doppelstranges aufzeigt. In Abb. 1b ist ein DNA-Abschnitt mit einem Molekülbaukasten nachgebaut worden. Jedes Atom ist dabei durch einen Baustein mit bestimmter Farbe und Größe dargestellt, sodass das Molekül maßstabsgetreu vorliegt. Naturgemäß tritt durch eine solche Darstellung die Übersichtlichkeit in den Hintergrund.

2

Bei allen Organismen ist der Anteil von Adenin und Thymin in etwa gleich groß, ebenso der von Cytosin und Guanin. Diese Anteile sind in den verschiedenen Organismen unterschiedlich. Demzufolge ist das Verhältnis Adenin/Thymin bei allen Organismen ungefähr gleich 1, ebenso das Verhältnis Guanin/Cytosin. Diese Ergebnisse unterstützen das Watson-Crick-Modell, nach dem immer die Basen Adenin und Thymin ein Basenpaar bilden, ebenso wie die Basen Guanin und Cytosin. Der Anteil der Basen jedes dieser Basenpaare muss daher gleich sein und das Verhältnis zueinander muss den Wert 1 betragen. Dies ist bei allen Organismen der Fall, die geringen Abweichungen sind auf Messfehler zurückzuführen. Aus dem Modell ist ebenfalls abzuleiten, dass das Verhältnis Adenin + Guanin/Thymin + Cytosin aufgrund der Basenpaarung den Wert 1 haben muss, was auch der experimentelle Befund bestätigt. Das Verhältnis der Basenpaare Adenin + Thymin /Guanin + Cytosin ist dagegen unterschiedlich, je nach Anteil der Basen in dem Organismus.

3

Masse der gesamten DNA:
$(2 \times 10^{12}) \times 6$ pg $= 12$ g (1 pg $= 10^{-12}$ g)
Basenpaare insgesamt:
$(2 \times 10^{12}) \times (5500 \times 10^6) = 1{,}1 \times 10^{22}$
Abstand zwischen 10 Basenpaaren: 3,4 nm
Abstand zwischen den Basenpaaren: 0,34 nm
Länge der gesamten DNA:
$(1{,}1 \times 10^{22}) \times 0{,}34$ nm $= 3{,}74 \times 10^{21}$ nm $= 3{,}75 \times 10^{12}$ m $= 3{,}75 \times 10^9$ km

4

Thymin und Adenin sind durch zwei Wasserstoffbrücken miteinander verbunden, Cytosin und Guanin dagegen durch drei Wasserstoffbrücken. Die Verbindung zwischen Cytosin und Guanin ist daher stabiler und es wird mehr Energie benötigt, um sie zu trennen. Daher wird sie erst bei höheren Temperaturen aufgebrochen. DNA, die einen hohen Gehalt an Cytosin und Guanin hat, lässt sich deshalb erst mit höheren Temperaturen in seine Einzelstränge auftrennen.

2.11 Identische Verdopplung der DNA: Replikation

1

Zu Beginn des Zellzyklus, in der frühen Interphase, liegt jedes Chromosom zweimal vor (2x, Phase I). In der Interphase findet die Verdopplung der DNA-Moleküle statt (Phase II), sodass in der späten Interphase jedes Chromosom eines Chromosomenpaars als Doppelchromosom vorliegt (4x, Phase III). In der anschließenden Mitose werden die Chromosomen eines jeden Doppelchromosoms voneinander getrennt und auf zwei Tochterzellen verteilt (Phase IV) und nach vollendeter Zellteilung liegen in jeder Zelle wieder nur Paare aus Einfach-Chromosomen vor (2x, Phase V).

2

a) Bei der semikonservativen Verdopplung wird der ursprüngliche Doppelstrang der DNA getrennt und jeweils ein neuer Strang ergänzend neu gebildet. Die entstehenden zwei DNA-Doppelstränge enthalten daher jeweils zur Hälfte das schwere Isotop ^{15}N und das leichte Isotop ^{14}N. Bei der konservativen Verdopplung wird eine komplette Kopie des alten DNA-Strangs neu hergestellt; der Ursprungsstrang, der nur ^{15}N enthält, bleibt unverändert, der neu gebildete DNA-Doppelstrang enthält nur leichten Stickstoff (^{14}N).

b) In der dritten Bakteriengeneration finden sich nach semikonservativer Verdopplung 25 % mittelschwere DNA (^{14}N-/^{15}N-DNA) und 75 % leichte DNA (^{14}N-DNA). Nach konservativer Verdopplung finden sich 12,5 % schwere DNA (^{15}N-DNA) und 87,5 % leichte DNA (^{14}N-DNA).

… wenn die semikonservative Verdopplung richtig ist

25 % mittelschwere DNA (^{15}N-/^{14}N-DNA) und 75 % leichte DNA (^{14}N-DNA)

… wenn die konservative Verdopplung richtig ist

12,5 % schwere DNA (^{15}N-DNA) und 87,5 % leichte DNA (^{14}N-DNA)

2.12 Von der DNA zum Protein: Transkription und Translation

1

Codogen (DNA)	Codon (mRNA)	Anticodon (tRNA)
ACG	UGC	ACG
ATC	UAG	AUC
TCG	AGC	UCG
TTA	AAU	UUA
TTA	AAU	UUA
TAG	AUC	UAG
GAA	CUU	GAA
TCG	AGC	UCG

2

Die Kurzlebigkeit der mRNA-Moleküle ist sinnvoll, da so auch die Herstellung der entsprechenden Proteine eingegrenzt wird. Durch Kontrolle der Transkription wird gleichzeitig die Proteinbiosynthese kontrolliert und eine hergestellte mRNA bleibt nicht unbegrenzt „aktiv". Die Überproduktion an bestimmten Proteinen wird dadurch verhindert. Jede Zelle besitzt dieselbe DNA und damit die Information zur Herstellung aller Proteine; nur durch die gezielte Transkription einzelner Gene zu bestimmten Zeiten und die damit verbundene Produktion von Proteinen (Enzymen) kann die Funktionsfähigkeit der Zelle aufrecht erhalten werden. Hinzu kommt, dass Zellen im Laufe ihrer Entwicklung verschiedene Aufgaben übernehmen können. Dafür werden unterschiedliche Enzyme zu unterschiedlichen Zeiten benötigt, der Stoffwechsel der Zelle muss also umgestellt werden, die Produktion bestimmter Enzyme also gestoppt werden.

3

Versuch a) Durch die DNase wird die DNA abgebaut. Allerdings ist noch mRNA vorhanden, die vor dem DNA-Abbau gebildet wurde. Es kommt zum Einbau von markierten Aminosäuren, da diese mRNA an den Ribosomen abgelesen werden kann.

Versuch b) RNase baut RNA ab. Dadurch kann keine Translation erfolgen, folglich können auch keine Proteine mit markierten C-Atomen gebildet werden.

Versuch c) Unter der Annahme, dass die Aktivität der RNase erst gestoppt wird, wenn die vorhandene RNA abgebaut ist, findet wie im Versuch b) keine Synthese von Proteinen mit markierten C-Atomen statt. Sollte zum Zeitpunkt der Hemmstoffzugabe noch intakte RNA vorhanden sein, werden an den Ribosomen Proteine gebildet, die markierte C-Atome beinhalten. Die zugegebene tRNA verbindet sich mit den markierten Aminosäuren, die dann in die Proteine eingebaut werden.

Versuch d) Ohne Ribosomen findet keine Proteinbiosynthese statt, es werden daher keine Proteine mit markierten C-Atomen gebildet.

Versuch e) Zum Zeitpunkt I haben sich die markierten Aminosäuren mit der unbeladenen t-RNA verbunden. Diese t-RNA-Fraktion weist daher Radioaktivität auf, die t-RNA ist aber noch nicht an den Ribosomen gebunden worden. Zum Zeitpunkt II wurden an den Ribosomen markierte Aminosäuren in die AS-Ketten eingebaut. Die Ribosomenfraktion weist daher Radioaktivität auf, während die Radioaktivität in der tRNA-Fraktion dadurch abgenommen hat. Freie Proteine mit markierten C-Atomen liegen noch nicht vor. Zum Zeitpunkt III sind die meisten Aminosäuren mit markierten C-Atomen in Proteine eingebaut, einige sind noch an den Ribosomen in noch nicht fertigen Proteinen gebunden und nur noch wenige liegen als freie tRNA vor. Entsprechend hoch sind die Radioaktivitäten in den betreffenden Fraktionen. Da die mRNA nicht mit Aminosäuren reagiert (außer dem Ablesevorgang an den Ribosomen), findet man bei allen drei Zeitpunkten keine Radioaktivität in der mRNA-Fraktion.

2.13 Der genetische Code und Genmutationen

1

DNA:	TAC	TTC	CTG	AAA	GGT	AGA	TAC
mRNA:	**AUG**	**AAG**	**GAC**	**UUU**	**CCA**	**UCU**	**AUG**
tRNA:	UAC	UUC	CUG	AAA	GGU	AGA	UAC
Aminosäuren:	Met	Lys	Asp	Phe	Pro	Ser	Met

2

a)

DNA: TCC-GGA-GCC- ACG-TCA- AAC-AAA- TGG-AAG-GGG-ACA-TTG-GCT- TAT- TTT- ATA
mRNA: AGG-CCU-CGG-UGC-AGU-UUG-UUU-ACC-UUC-CCC-UGU-AAC-CGA-AUA-AAA-UAU
AS: Arg - Pro - Arg - Cys - Ser - Leu - Phe - Thr -Phe - Pro - Cys - Asn -Arg - Ile - Lys - Tyr

a) Leserastermutation (4.) + Punktmutation (2.)
b) Punktmutation (1.)
c) Leserastermutation (4.)
d) Punktmutation (3.)
e) Punktmutation (1.)

b)

a) Es werden andere Aminosäuren eingebaut. Die Tertiärstruktur des Proteins wird dadurch mit sehr hoher Wahrscheinlichkeit verändert und damit die Funktion des Proteins gestört.
b) Keine Auswirkungen, da die Aminosäuresequenz unverändert bleibt.
c) Es werden andere Aminosäuren eingebaut. Die Tertiärstruktur des Proteins wird dadurch mit sehr hoher Wahrscheinlichkeit verändert und damit die Funktion des Proteins gestört.
d) Durch das Stopp-Codon wird die Aminosäurekette vorzeitig abgebrochen. Das Protein kann seine Funktion nur erfüllen, wenn dies ganz am Ende der Aminosäurekette in einem Bereich geschieht, der für die Funktion nicht mehr von Bedeutung ist.
e) Keine Auswirkungen, da die Aminosäuresequenz unverändert bleibt.

2.14 Übersicht: Vom Gen zum Protein

-

3 Regulation der Genaktivität

3.1 Regulation der Genaktivität bei Prokaryoten

1

Individuelle Lösung, darin soll enthalten sein:
1: Das Regulatorgen wird abgelesen.
2: Promotor, die Ansatzstelle für die RNA-Polymerase.
3: Operator, ein Repressor ist nicht angelagert, die Strukturgene können also abgelesen werden.
4: Strukturgene werden abgelesen, wenn die RNA-Polymerase am DNA-Strang entlang wandert.
5: Am Regulatorgen wird durch die Transkription RNA (6) gebildet.
7: Die am Regulatorgen gebildete RNA wird am Ribosom abgelesen.
8: Am Ribosom wird ein Protein synthetisiert, der Repressor (9).
10: Lactose bindet an den Repressor, der dadurch inaktiviert wird.
11: An den Strukturgenen wird RNA gebildet (12).
13: Die an den Strukturgenen gebildete RNA wird an Ribosomen abgelesen.

2

Zunächst wird nur Glucose abgebaut, Enzyme zum Lactoseabbau sind noch nicht vorhanden. Die Glucose reicht zum Wachstum der Bakterienkolonie aus, daher steigt die Anzahl der Bakterien an. Die vorhandene Lactose induziert das Ablesen der Strukturgene zur Herstellung der Lactose abbauenden Enzyme, indem sie an den Repressor bindet. Dies findet erst bei eintretendem Glucosemangel statt. Es findet kein Wachstum der Bakterienkolonie statt, da die Glucosemenge in der Zwischenzeit nahezu aufgebraucht ist und noch kaum Lactose abbauende Enzyme vorhanden sind. Die aus dem Lactoseabbau gewonnene Energie reicht noch nicht zur Teilung der Bakterien aus, die Anzahl der Bakterien bleibt konstant. Erst mit zunehmender Enzymmenge für den Lactoseabbau setzt das Bakterienwachstum wieder ein, die Anzahl der Bakterien nimmt wieder zu.

3 a) a) Das Regulatorgen enthält die Information zur Herstellung eines Repressors für die Herstellung von Tryptophan. Dieser Repressor ist ohne Gegenwart von Tryptophan inaktiv. Daher kann die RNA-Polymerase an die Promotor-Region für die Tryptophanstrukturgene binden und die Strukturgene ablesen. Die daraufhin gebildeten Enzyme katalysieren die Tryptophansynthese, Tryptophan wird gebildet.
b) Ist genug Tryptophan vorhanden, bindet es an den inaktiven Repressor, der dadurch aktiviert wird und an den Operator des Tryptophan-Operon bindet. Die Bildung von Enzymen zur Tryptophansynthese wird dadurch gestoppt.
b) Bei der Substratinduktion werden die Enzyme, die das Substrat weiter verarbeiten, durch den Einfluss des Substrates selbst produziert, indem das Substrat die Ablesung der entsprechenden DNA-Abschnitte veranlasst. Ohne das Substrat werden also die entsprechenden Enzyme nicht hergestellt, ist Substrat vorhanden, „sorgt" es für die Weiterverarbeitung.
Bei der Endprodukthemmung hemmt das Endprodukt die Produktion der Enzyme, die es herstellen. Auf diese Weise wird verhindert, dass zu viel des Endproduktes entsteht. Ist nur wenig oder kein Endprodukt vorhanden, entfällt die Hemmung und es wird neues Endprodukt durch die neu hergestellten Enzyme synthetisiert.

3.2 Genexpression bei Eukaryoten

1

A: Das Signalmolekül dringt in die Zelle ein und wandert in den Zellkern. Dort bewirkt es eine Änderung an einem Regulationsprotein, das wiederum Einfluss auf die Transkription hat.
B: Das Signalmolekül dringt in die Zelle ein und wandert in den Zellkern. Dort wirkt es direkt als Aktivator oder Repressor für die Transkription.
C: Das Signalmolekül dockt an einen passenden Rezeptor auf der Zellmembran an. Dies hat eine Änderung oder Freisetzng eines Proteins zur Folge, das in den Zellkern wandert. Dort wirkt es als Regulatorprotein, das Einfluss auf die Transkription hat.

2

Bei den einzelligen Lebewesen muss bei einer Änderung der Umwelt eine Regulation stattfinden, die jedes Individuum der Kolonie betrifft. Die entsprechenden Reize wirken also auf alle Einzeller, also alle Zellen. Eine Differenzierung der einzelnen Zellen entfällt. Bei vielzelligen Lebewesen reagieren die einzelnen Zellen unterschiedlich, je nachdem welchem Organ sie angehören. Lediglich die Haushalts-Gene werden bei allen Zellen abgelesen. Für andere Aufgaben sind jeweils nur bestimmte Zellen zuständig. Bei der durch die Tageslänge induzierten Blütenbildung müssen nur die Zellen auf die längere Tageslänge reagieren, die direkt und indirekt mit der Blütenbildung befasst sind. Dies macht eine differenzierte Regelung notwendig, damit nur diese Zellen reagieren, wobei die Reaktion auch hier noch differenziert erfolgen muss, z. B. Bildung von verschiedenen Blütenbestandteilen. Diese Koordination erfolgt über bestimmte Signalmoleküle und Signalketten. Diese Art der Regulation ist also als Angepasstheit an die Vielzelligkeit mit der daraus folgenden Aufgabenteilung der Zellen zu sehen. Entsprechend verhält es sich bei allen aufgeführten Organen, sei es die Bildung roter Blutzellen oder den Zellen der Immunantwort, wobei hier nur bestimmte immunkompetente Zellen reagieren.

3

a) Das grüne Leuchten bei Bestrahlung mit UV-Licht zeigt, wo sich Proteine mit dem GFP befinden. Genauere Informationen erhält man, wenn man ein Gen mit dem GFP-Gen koppelt und so ein Protein mit GFP erhält, dessen Vorkommen man zeitlich gestaffelt durch ständige Beobachtung feststellen kann. Abb. 4a zeigt, dass bei den Mäusen mit GFP das entsprechende Protein an der gesamten Oberfläche der Tiere (Fell oder Haut) zu finden ist. Tiere ohne GFP zeigen das fluoreszierende Leuchten nicht.

b) Da bekannt ist, dass ein fädiges Protein für die Verteilung der Mitochondrien in der Zelle zuständig ist, kann mit Hilfe des GFP festgestellt werden, ob dieses Protein überall in der Zelle vorkommt. Durch Anfärben der Mitochondrien ist es möglich, die Verteilung dieser Organellen in der Zelle zu beobachten. Bei fehlerhaftem Transportprotein ist das grüne Leuchten bei UV-Bestrahlung in der ganzen Zelle vorhanden, die Mitochondrien sind aber nicht in der ganzen Zelle verteilt. Da vermutlich bei der Alzheimer-Erkrankung die Axone wegen fehlender Energie durch Abwesenheit der Mitochondrien absterben, ist es wahrscheinlich, dass die Alzheimer-Erkrankung durch das defekte Transportprotein hervorgerufen wird.

c) Die Nervenzelle in 4c zeigt auch im Axon Mitochondrien, diese Zelle ist also intakt. Abb. 4d zeigt eine Nervenzelle, bei der im Axon zwar das Transportprotein vorhanden ist, aber keine Mitochondrien im Axon zu finden sind. Das Transportprotein ist also defekt, es handelt sich um eine Nervenzelle, die der Alzheimer-Erkrankung zuzuordnen ist.

3.3 Regulation der Genaktivität bei Eukaryoten

1

DNA-Steuerelemente: Regulatorische Abschnitte auf der DNA, an die Transkriptionsfaktoren binden, z. B. Promotor-DNA.

Transkriptionsfaktoren: Proteine, die nach dem Schlüssel-Schloss-Prinzip in Wechselwirkung mit spezifischen DNA-Abschnitten treten und die RNA-Polymerase aktivieren oder hemmen.

Promotor-DNA: DNA-Abschnitt, an den Transkriptionsfaktoren binden und damit die Transkription durch die RNA-Polymerase einleiten

Transkriptionsverstärker: Transkriptionsfaktor, der für die Transkription notwendig ist.

Transkriptionshemmer: Transkriptionsfaktor, der die Transkription hemmt.

mRNA-Prozessierung: Vorgänge im Zellkern nach der Transkription, durch die durch Spleißen die Introns aus der Prä-mRNA herausgeschnitten werden.

Spleißen: Herausschneiden der Introns aus der Prä-mRNA, wobei die Exons zur mRNA zusammengefügt werden.

2

a) Die Prä-mRNA enthält codierende Bereiche, die Exons, und nichtcodierende Bereiche, die Introns. Bei der mRNA-Prozessierung werden aus der Prä-mRNA durch Spleißen die Introns herausgeschnitten und die Exons zur mRNA zusammengefügt. Die mRNA verlässt anschließend den Zellkern.

b) Beim Spleißen können alle Exons der Prä-mRNA miteinander verbunden werden. Das aus dieser mRNA gebildete Protein (Protein 2) hat eine andere Aminosäuresequenz, als wenn verschiedene Exons nicht in die mRNA eingebaut werden (Protein 1 und Protein 3). Damit unterscheidet sich auch die Tertiärstruktur der Proteine und damit deren Funktion.

Im Wortmodell wird die unterschiedliche Struktur durch die geänderte Wortfolge deutlich:

Protein 1: Otto angelt einen Fisch
Protein 2: Otto angelt sich einen Fisch
Protein 3: Otto angelt sich Fisch
(oder andere Lösung)

c) 25 000 Gene stehen mehreren hunderttausend Proteinen gegenüber. Es scheint so zu sein, dass die Proteine aus einzelnen Bausteinen bestehen, wobei die Bausteine durch die Exons der DNA bestimmt sind. Die unterschiedlichen Funktionen der Proteine werden durch den Zusammenbau verschiedener Exons in einer unterschiedlichen Reihenfolge zur jeweiligen mRNA erreicht, die dann zum speziellen Protein führt.

3

Der Grundsatz „ein Gen codiert für ein Protein" kann nicht stimmen, da die Zahl der Proteine die Zahl der Gene weit übersteigt. Die Information über die Sekundärstruktur der Proteine muss aber in der DNA enthalten sein. Somit müssen DNA-Abschnitte für mehrere Proteine „zuständig" sein.

3.4 Differenzielle Genaktivität und die Vielfalt der Zellen

1

Abb. 2 zeigt, dass viele Proteine (blaue Punkte) nur im jeweiligen Zelltyp vorhanden sind. Das lässt sich nur dadurch erklären, dass nur in diesen Zellen die entsprechenden Gene abgelesen werden. Solche Proteine müssen mit der Spezialisierung der Zellen im Zusammenhang stehen. Proteine, die als rote Punkte erscheinen, sind in beiden Zelltypen vorhanden. Viele davon (oder alle) sind wahrscheinlich auf sogenannte Haushaltsgene zurückzuführen.

2

In Versuch a werden Zellen einer Karotte entnommen und vermehrt. Die anschließend vereinzelten Zellen entwickeln sich zu einem Embryo, der zu einer neuen vollständigen Pflanze führt.

In Versuch b wird einer unbefruchteten Eizelle einer Kuh der Zellkern entnommen. In die zellkernlose Eizelle gibt man einen neuen Zellkern, der aus dem Eileitergewebe einer anderen Kuh stammt. Dieser Kern ist diploid, wie alle Somazellen der Spenderkuh. Die durch die Zell-

transplantation entstandene Eizelle ist nun wie eine befruchtete Eizelle, die Zygote, diploid. Aus ihr entsteht ein Embryo, der von einer Ammenkuh ausgetragen wird.
Bei der Karotte werden die entnommenen Zellen durch die Vereinzelungen wieder omnipotent, die Spezialisierung wird rückgängig gemacht. Die daraus entstehenden Karotten haben das gleiche Genom wie die Ausgangskarotte.
Bei Versuch b wird die Spezialisierung im Zellkern der Spenderkuh durch die kernlose Eizelle der anderen Kuh hervorgerufen. Offenbar sorgen Signalmoleküle im Plasma der Eizelle dafür. Das entstehende Kalb ist erbgleich mit der Kuh, aus deren Eileiterzelle der Zellkern entnommen wurde.

3

a) Das Modell zeigt, dass durch eine Abfolge von unterschiedlichen Genaktivierungen Zellen entstehen, die verschiedene Aktivitätsmuster enthalten. Nach jeder Zellteilung nehmen die Unterschiede zwischen den Zellen zu. Damit wird die zunehmende Spezialisierung symbolisiert.

b) Nach der dritten Zellteilung entstehen acht Zellen, die sich alle in ihrem Aktivitätsmuster unterscheiden. Aus jeder Zelle entsteht somit ein anderer Zelltyp, weil verschiedene Proteine (z. B. Enzyme) synthetisiert werden.

c)

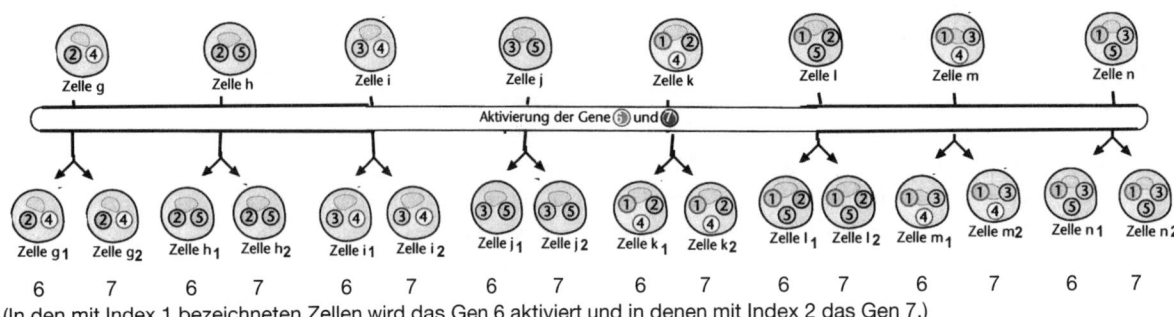

(In den mit Index 1 bezeichneten Zellen wird das Gen 6 aktiviert und in denen mit Index 2 das Gen 7.)

d) Das Modell zeigt gut, dass in kurzer Zeit bzw. nach wenigen Zellteilungen Zellen entstehen, die sich in ihrem Aktivitätsmuster der Gene stark unterscheiden können. Das Modell zeigt nicht mehr den Zustand, in dem Zellen nach dem Erreichen eines bestimmten Spezialisierungsgrades sich nur noch mitotisch teilen, ohne das Aktivitätsmuster zu ändern (Zellen eines ausdifferenzierten Organs). Das Modell ist in soweit auch stark vereinfacht, dass immer nur zwei Gene bei jeder Teilung neu aktiviert werden, eine geringe Anzahl der vorhandenen 25 000 proteincodierenden Gene. Es wird weiterhin nicht berücksichtigt, dass auch durch Abschaltung von Genen das Aktivitätsmuster und damit die Spezialisierung beeinflusst werden kann.

3.5 Kontrolle des Zellzyklus

1

Bei der Stammzelle kommt es gelegentlich nach Aktivierung am G_1-Kontrollpunkt durch stimulierende Stoffe zur Zellteilung. Dabei erfolgt in der S-Phase die Verdopplung der DNA. In der folgenden G_2-Phase wachsen die Tochterzellen, bevor die eigentliche Mitose beginnt. Eine der beiden Tochterzellen verbleibt in dem für die Stammzelle langsamen Zellzyklus, während die nach außen abgegebene Tochterzelle aufgrund der hier vorliegenden zellteilungsfördernden Signale in einen schnellen Zellzyklus eintritt. Diese Signale lösen am G_1-Kontrollpunkt in der G_1-Phase nach entsprechendem Zellwachstum den nächsten Zyklus aus. Durch nachfolgende Zellteilungen gelangen die Keratinozyten in der Oberhaut weiter nach außen. In den äußeren Schichten wird die Zellteilung gestoppt, weil hemmende Stoffe den G_1-Kontrollpunkt beeinflussen oder die stimulierenden Stoffe nicht mehr vorhanden sind. Die Zellen treten weitgehend aus dem Zellzyklus aus und differenzieren zu fertigen Keratinozyten (G_0-Zustand). Werden bei einem erneuten Zellzyklus am G_2-Kontrollpunkt Schäden an der DNA festgestellt, wird der programmierte Zelltod ausgelöst. Aus den toten Zellen entsteht die Hornschicht. Die toten Zellen schilfern nach und nach ab.

2

Solange die Zellen vereinzelt in der Nährlösung vorkommen, wird die Zellteilung am G_1-Kontrollpunkt eingeleitet. Möglicherweise geht das Nährstoffangebot in den Kontrollmechanismus mit ein. Der Kontakt mit den Nachbarzellen in einer Schicht in Kombination mit fehlenden Nachbarn nach einer Seite (oben) hemmt den Zellzyklus. Wird nun auf einige Zellen gelartiges Nährmedium aufgebracht, entfällt diese Hemmung oder das zusätzliche Angebot von Nährstoffen bewirkt den Wiedereintritt in den Zellzyklus. Als Faktoren kommen einzeln oder kombiniert in Frage:

3

Die Überprüfung der DNA am G_1-Kontrollpunkt soll verhindern, dass sich Zellen mit defekter DNA vermehren. Diese Zellen können möglicherweise ihre Aufgabe nicht erfüllen oder sogar gefährlich sein (Krebs). Die Kontrolle am G_2-Kontrollpunkt ist sinnvoll, da während der Verdopplung der DNA Schäden aufgetreten sein können. Der programmierte Zelltod ist ein weiteres Mittel, um die Vermehrung solcher Zellen zu verhindern. So kann z. B. Krebs oder die Vermehrung von mit Viren infizierten Zellen gestoppt werden.

4

Individuelle Lösung.

Hemmende Faktoren	Fördernde Faktoren
Von Nachbarzellen abgegebene Signalmoleküle	Fehlende Außenlage (z. B. Berührungsreiz durch das gelartige Nährmedium)
Mangel an Nährstoffen	Weiteres verbessertes Nährstoffangebot
Fehlender Kontakt an einer Seite der Zellen (Außenlage)	

3.6 Tumorwachstum durch Fehlregulation der Zellteilungskontrolle

1

a) Die Zellteilung wird von Wachstumsfaktoren und wachstumshemmenden Faktoren geregelt. Diese Faktoren docken an spezifischen Rezeptoren an der Zellmembran an. Damit wird jeweils ein intrazellulärer Signalweg durch Übermittlungsproteine ausgelöst, an dessen Ende Transkriptionsfaktoren stehen, die den Zellzyklus stimulieren oder hemmen. Sie wirken auf Kontrollproteine des Zellzyklus. Alle diese Stoffe werden jeweils von bestimmten Genen codiert. Eine Mutation eines oder mehrerer dieser Gene kann die Kontrolle des Zellzyklus stören, was Krebs auslösen kann.

b) 1. Es erfolgt eine dauerhafte Stimulierung des Zellzyklus, was eine ungebremste Vermehrung zur Folge hat.
2. Eine Hemmung des Zellzyklus ist damit nicht mehr möglich. Da immer auch Wachstumsfaktoren zu erwarten sind, kommt es auch hier zu einer übermäßigen Vermehrung der Zelle.
3. Wird ein Übermittlungsprotein des stimulierenden Signalwegs übermäßig gebildet, kommt es zu einer stärkeren Vermehrung der Zelle. Wird ein Übermittlungsprotein des hemmenden Signalwegs übermäßig gebildet, wird die Vermehrung gebremst oder gestoppt.
4. Fallen Proteine des G_1-Kontrollpunktes aus, wird es möglicherweise zu einer ungebremsten Vermehrung führen, oder die Zellteilung kommt nicht in Gang. Fallen Proteine des G_2-Kontrollpunktes aus, kommt es nicht mehr zum programmierten Zelltod der Zelle mit DNA-Schäden. Solche Zellen vermehren sich weiter und können eventuell zur „Keimzelle" von Krebs werden.

2

Die dunkle Fleckung bei den Fischen geht auf das Vorhandensein von melaninbildenden Zellen zurück. Je mehr diese Zellen vorhanden sind, um so dunkler ist der Fisch. Die Zahl der melaninbildenden Zellen hängt dabei u. a. von den Hemmfaktoren oder stimulierenden Faktoren für die Zellteilung dieser Zellen statt. Fehlt diese Hemmung, oder erfolgt die Stimulierung übermäßig, vermehren sich diese Zellen ungebremst, ein Tumor entsteht.
Die Kreuzungsexperimente kann man wie folgt deuten:
Bei *X. maculatus* liegen die Gene für die Hemmfaktoren auf dem Chromosom III, bei *X. helleri* auf dem Chromosom 4.
Fisch c besitzt zur Hemmung der melaninbildenden Zellen die Chromosomen III und 4. Der Fisch ist wenig gefärbt. Das gleiche Bild ergibt sich bei Fisch d, die stärkere Färbung ist dabei wahrscheinlich auf fördernde Faktoren infolge der übrigen Gene zurückzuführen. Fisch e hat weniger Hemmung ausgebildet, da das Chromosom III ganz fehlt und 4 nur einfach vorhanden ist. Es entwickelt sich ein Tumor. Fisch g ist kaum gefärbt, da hier Hemmfaktoren von zwei Chromosomen III und einem Chromosom 4 veranlasst werden. Fisch g besitzt kein Chromosom mit Genen für Hemmfaktoren. Bei ihm sind die Tumore am stärksten ausgeprägt.

3

Abb. 4 zeigt, dass mit zunehmender Konzentration von Nitrosoguanidin im Nährboden die Anzahl der Bakterienkolonien zunimmt. Da diese Bakterien nur infolge einer Mutation auf dem Nährboden ohne Histidin existieren können, kann man schließen, dass Nitrosoguanidin mutagen wirkt, da alle anderen Bedingungen nicht verändert wurden.

3.7 Übertragung von extrazellulären Signalen in intrazelluläre Signale

1

Individuelle Lösung.

2

a) Individuelle Lösung.

b)
Getreidekorn quillt
↓
Embryo scheidet Gibberelin aus
↓
Gibberelin bindet an Rezeptor in der Membran einer Aleuronzelle
↓
Rezeptor leitet intrazelluläre Signalkette ein Aktivierung (über mehrere Schritte) des α-Amylase codierenden Gens
↓
Transkription
↓
Translation
↓
Bildung von α-Amylase an den Ribosomen
↓
Abgabe des Enzyms an den Mehlkörper
↓
Abbau von Stärke zu Glucose
↓
Bildung von Protein abbauenden Enzymen
↓
Aminosäuren für das Wachstum

c) Individuelle Lösung.
Die Zeichnung muss enthalten: 1: Anlagerung von Gibberelin an ein Rezeptorprotein in der Membran. 2: Intrazelluläre Signalkette, an deren Ende z. B. ein Aktivator für die Transkription steht. 3: Transkription. 4: Prozessierung der Prä-mRNA. 5: Biosynthese des Proteins α-Amylase, anschließend z. B. Einlagerung des Enzyms in Vesikel und 6: Exocytose.

3.8 Biologische Arbeitstechnik: DNA-Microarray-Technologie

1

DNA-Sonde: 5' ....AGTCCCTTGGCTC.... 3'
cDNA: 3' ....TCAGGGAACCGAG.... 5'
mRNA   5' ....AGUCCCUUGGCUC.... 3'

2

a) An eine Sonde lagert sich die cDNA mit komplementärer Basensequenz an. Diese cDNA ist wiederum komplementär zur mRNA. mRNA wird in aktiven Genen gebildet. Da die rot markierte cDNA an mRNA aus Blütenblättern gebildet wurde, weist die rote Farbe auf Aktivität eines Gens hin, das die Basensequenz der cDNA enthält. Entsprechend weist die grüne Farbe auf aktive Gene mit der entsprechenden Basensequenz der cDNA aus Laubblättern hin. Ist diese Basensequenz in beiden Blattarten in aktiven Genen enthalten, entsteht durch im Verhältnis 1:1 angelagerte cDNA aus Blüten- und Laubblättern an den Sonden die Mischfarbe Gelb. Überwiegt die cDNA aus Blütenblätttern, weil dort mehr Gene mit dieser Basensequenz aktiv sind, so verschiebt sich die Mischfarbe in dem Array mehr nach Rot, überwiegt die cDNA aus den Laubblättern mehr nach Grün. Grau deutet darauf hin, dass zu dieser Sonde keine Basensequenz in aktiven Genen vorliegt.

b) Die unterschiedliche Färbung in den Arrays der Abb. 1 deutet also darauf hin, dass es verschiedene Mischungsverhältnisse und damit unterschiedliche Genaktivitäten in den Blatttypen gibt.

3

Krebszellen, hier die des malignen Melanoms, unterscheiden sich in ihrer Genaktivität von normalen Zellen. Gelingt es, typische Aktivitätsmuster der Krebszellen und der normalen Zellen durch entsprechende Gensonden zu kennzeichnen, kann man durch DNA-Microarrays feststellen, ob in einer Gewebeprobe Krebszellen vorhanden sind.

Für einen solchen Test müssen Basensequenzen ermittelt werden, die verstärkt in den aktiven Genen der Krebszellen vorkommen. Die komplementäre Basenabfolge dient als Gensonde im Test. Aus einer Gewebeprobe werden mRNA-Stücke gewonnen und mit der Reversen Transkriptase in cDNA umgeschrieben und markiert. Tritt nun im Test eine intensive Färbung an den Arrays der Gensonden auf, die verstärkt für Krebszellen typisch sind, liegen Krebszellen vor.

(Oder ähnliche Lösung)

2# 4 Enzyme beschleunigen biochemische Reaktionen

4.1 Enzyme als Biokatalysatoren

–

4.2 Enzymkinetik: Reaktionsgeschwindigkeit und Substratkonzentration

1

a) Situation a: Es sind nur wenige Kunden an der Kasse. Sie werden sofort bedient, die meisten Kassenstationen haben keine Kunden.
Situation b: Einige Kassenstationen haben keine Kunden. Da aber mehr Kunden als in a vorhanden sind, werden in der gleichen Zeit auch mehr Kunden abgefertigt.
Situation c: Vor allen Kassenstationen hat sich eine Schlange gebildet. An allen Stationen wird mit maximaler Geschwindigkeit gearbeitet. Die Zahl der abgefertigten Kunden ist nur von der Zahl der Kassenstationen abhängig, nicht aber von der Kundenzahl.
b) Situation a entspricht der Reaktionsgeschwindigkeit bei kleiner Substratkonzentration. Es sind nicht alle Enzyme ausgelastet. Situation b entspricht einer höheren Substratkonzentration, die Geschwindigkeit ist höher. Es sind aber nicht alle Enzyme ausgelastet. Die Situation entspricht einer Substratkonzentration etwas über dem K_M-Wert. Situation c entspricht einer sehr hohen Substratkonzentration. Alle Enzyme sind voll ausgelastet. Die Reaktion läuft mit Maximalgeschwindigkeit und die umgesetzte Substratmenge ist abhängig von der Wechselzahl.
c) Halbsättigung der Enzyme: Die Hälfte der Kassenstationen ist mit Kunden besetzt.
Reaktionsgeschwindigkeit: Zahl der abgefertigten Kunden pro Zeiteinheit.
Maximalgeschwindigkeit: Alle Kassenstationen sind von Kunden besetzt und arbeiten auf Hochtouren.
K_M-Wert: Die Hälfte der Kassenstationen ist mit Kunden belegt.
Wechselzahl: Anzahl der abgefertigten Kunden einer Kassenstation pro Zeiteinheit.
d) Da alle Enzyme bei der hohen Substratkonzentration sofort nach einer Reaktion wieder von einem neuen Substratmolekül besetzt werden, spielt es praktisch keine Rolle, wenn die Substratkonzentration weiter erhöht wird. Die einzelnen Enzymmoleküle können dadurch nicht schneller arbeiten.
e) Bei einer hohen Affinität zwischen Enzym und Substrat wird die Bindung zwischen den Molekülen schneller geknüpft. Zusammenstöße zwischen dem Enzym und dem Substrat führen häufiger zu einer erfolgreichen Bindung als bei einer geringeren Affinität. Dadurch steigt die Reaktionsgeschwindigkeit bei hoher Affinität schneller an, was zu einer kleineren Michaelis-Konstante führt. Im Supermarktmodell heißt das, dass die Kunden an der Kassenstation schneller ihren Einkaufskorbinhalt auf das Band legen und daher schneller fertig werden. Es können also mehr Kunden in der gleichen Zeit bedient werden als bei langsamerer Abfertigung.

2

a)

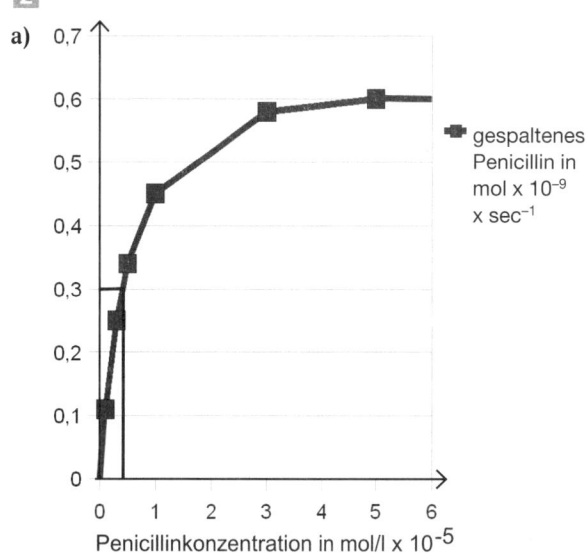

$K_M = 0{,}4 \times 10^{-5}$ mol/l $\qquad V_{max} = 0{,}6 \times 10^{-9}$ mol × sec^{-1}

b) Die Wechselzahl wird bestimmt, indem man die gespaltenen Penicillinmoleküle pro Sekunde bei Maximalgeschwindigkeit durch die Anzahl der Enzymmoleküle dividiert.

Die Wechselzahl der Penicillinase beträgt 1764. Sie liegt, verglichen mit Abb. 3, in einem mittleren Bereich.

4.3 Hemmungen und Aktivierung der Enzymaktivität

1

Die Situation in a kann eingeschränkt mit der kompetitiven Hemmung verglichen werden. Der Hemmstoff (Kunde ohne Geld) hat eine ähnliche „Struktur" wie die übrigen Kunden und blockiert die Kassenstation. Sind viele „normale" Kunden im Laden, kommt der Kunde ohne Geld nur sehr selten zu einer Kasse. Er wirkt sich dann kaum auf die Geschwindigkeit, mit der die Kunden die Kassen passieren, aus. Die Kunden werden also annähernd mit Maximalgeschwindigkeit abgefertigt. Diese Situation kann mit einer kompetitiven Hemmung bei sehr hoher Substratkonzentration verglichen werden. Die Situation b kann mit der allosterischen Hemmung verglichen werden. Der Hemmstoff (Kunde, der nach Leergutabgabe fragt) hat eine andere „Struktur" (ein anderes Anliegen) als das Substrat (normale Kunden an der Kassenstation). Er konkurriert auch nicht mit den anderen Kunden um den gleichen Platz an der Kasse. Deshalb wirkt er sich auch dann störend aus, wenn sehr viele „normale" Kunden im Laden sind. Solange der Kunde die Kassiererin anspricht, kann diese nicht normale Kunden abkassieren. So können im Laden Kunden nicht mit „Maximalgeschwindigkeit" abkassiert werden.

2

a)
- Die erste Aussage trifft auf eine kompetitive Hemmung zu, da durch eine hohe Substratkonzentration die Hemmung infolge der Konkurrenzsituation nahezu aufgehoben wird. Die Wahrscheinlichkeit, dass ein Substratmolekül an das Enzym bindet, ist durch die sehr hohe Substratkonzentration sehr viel größer als eine Bindung des Hemmstoffes an das Substrat.
- Die zweite Aussage trifft auf eine allosterische Hemmung zu. Allosterische Hemmstoffe reduzieren die Geschwindigkeit der enzymkatalysierten Reaktion. Dabei bleibt der K_M-Wert jedoch gleich.
- Die Aussage trifft auf eine allosterische Hemmung zu. Durch den Hemmstoff können weniger Enzyme eine Bindung mit dem Substrat eingehen, unabhängig von der Substratkonzentration. Eine Maximalgeschwindigkeit kann daher nicht erreicht werden. Die Aussage trifft auch auf eine Enzymvergiftung zu.

b) Graph a stellt eine allosterische Hemmung dar, bei der nicht alle Enzymmoleküle gehemmt sind. Solange noch nicht gehemmte Enzymmoleküle frei sind, steigt die Reaktionsgeschwindigkeit mit zunehmender Substratkonzentration an. Arbeiten alle nicht gehemmten Enzymmoleküle mit Maximalgeschwindigkeit, ist die „Sättigung" erreicht. Graph b stellt eine kompetitive Hemmung dar. Mit steigender Substratkonzentration steigt die Wahrscheinlichkeit, dass ein Substrat und nicht der Hemmstoff an das Enzym bindet. Die Geschwindigkeit nimmt daher zu, bis nahezu die Maximalgeschwindigkeit für das Enzym erreicht ist.

3

a) Vor der Urease-Zugabe findet keine Reaktion statt, die Leitfähigkeit bleibt konstant. Nach Zugabe von Urease wird durch die Enzymtätigkeit der Harnstoff zersetzt. Es bilden sich dabei Ionen, die die Leitfähigkeit erhöhen. Mit zunehmender Zeit nimmt daher die Leitfähigkeit zu, weil immer mehr Ionen entstehen. Zum Zeitpunkt 2 wird Silbernitrat zugesetzt. Silbernitrat ist ein Salz, das in Lösung in Ionen zerfällt. Die Leitfähigkeit steigt also rapide an. Danach bleibt sie konstant, das Enzym bildet also keine weiteren Ionen durch die Umsetzung von Harnstoff. Das Enzym wurde durch das Silbernitrat vergiftet.

b) Gibt man zum Zeitpunkt 1 Silbernitrat zu, erhöht sich schlagartig die Leitfähigkeit durch die Silber- und Nitrationen. Danach ändert sich die Leitfähigkeit nicht mehr, auch nicht durch Zugabe der Urease, die ja sofort bei der Zugabe von den Silberionen vergiftet wird.

4.4 Enzyme: Modelle, Hypothesen, Experimente

4.5 Biologische Arbeitstechnik: ELISA und Enzymatik in der Medizin

1

a) Beim ELISA-Test werden die Testkammern mit Virusproteinen bestückt. Anschließend gibt man Patientenserum dazu. Sind in dem Serum Antikörper gegen die Virusproteine enthalten, binden die Antikörper an die entsprechenden Virusproteine. Nicht gebundene Antikörper werden ausgewaschen. In einem weiteren Arbeitsgang versetzt man die Testkammern mit einem Enzym, das an Antikörper gebunden ist. Diese Antikörper sind so konstruiert, dass sie sich mit ihren freien Bindungsstellen an menschliche Antikörper andocken. Sind in den Testkammern Antikörper an Virusproteine gebunden, so dienen sie nun als Andockstelle für die an die Enzyme gebundenen Antikörper. Nicht angedockte Enzyme werden wiederum ausgewaschen. In einem letzten Schritt gibt man ein Substrat in die Testkammern, das durch das Enzym in eine farbige Verbindung umgewandelt wird. Das Auftreten dieser Farbe ist also ein Nachweis, dass im Patientenserum Antikörper gegen die Virusproteine vorhanden sind, der Patient also mit dem Virus infiziert ist oder war. In Abb. 3 liegt bei Patient A eine Infektion vor, bei Patient B nicht.
b) Der ELISA-Test lässt eine Prüfung auf ganz bestimmte Virusproteine zu. Man kann also auf ganz bestimmte Viren hin untersuchen.
c) Der Name steht für Enzym-gebundene-Immun-Sorbent-Prüfung (Sorbent: Stoff, der bestimmte andere Stoffe in sich oder auf seiner Oberfläche anreichert). Damit kommt zum Ausdruck, dass die Prüfung über ein Enzym erfolgt, das wiederum über Antikörper an Antigene gebunden wird.

2

a) Die Fragestellung lautet: Hemmt Acarbose die Spaltung von Stärke?
Stärke wird von Enzymen im Mundspeichel in Maltose gespalten. Um zu sehen, ob Acarbose die Spaltung verhindert, werden Stärkeproben mit Mundspeichel sowie mit Mundspeichel und Acarbose in unterschiedlicher Konzentration versetzt. Die reine Stärkeprobe dient als Kontrolle.
b) In 1 wird der Stärkelösung kein weiterer Zusatz zugegeben. Mit Iodkaliumiodid-Lösung ergibt sich eine tiefblaue Färbung, die als Nachweis von Stärke bekannt ist. Die Stärkelösung in Probe 2 wird mit Speichel versetzt. Nach 10 Minuten zeigt sich bei Zugabe von Iodkaliumiodid-Lösung keine Blaufärbung, es ist also keine Stärke mehr vorhanden. In die Proben 3–6 gibt man zu der Stärkelösung Acarbose in zunehmender Konzentration. Nach Zugabe von Iodkaliumiodid-Lösung nach 10 Minuten zeigt sich entsprechend der zunehmenden Acarbosekonzentration eine zunehmende Blaufärbung. Es ist also zunehmend mehr Stärke in den Proben. Acarbose verhindert den Abbau von Stärke.
c) Acarbose und Stärke haben eine ähnliche Struktur. Acarbose besetzt als kompetitiver Hemmstoff aktive Zentren der Stärke abbauenden Enzyme und hemmt somit den Abbau von Stärke.
d) Individuelle Lösung.

4.6 Weiße Biotechnologie

1

a) Die Innovationen betreffen drei Bereiche der Waschmittelanwendung. In allen Bereichen führten sie zur Schonung von Ressourcen. So sank der Waschmitteleinsatz pro Waschgang von 1978 bis 2008 um ca. zwei Drittel, der Wasserverbrauch um drei Viertel und der Energieaufwand um ca. 60 %.

Der Waschmitteleinsatz pro Waschgang konnte durch effektivere Waschmittel erreicht werden. Ein wichtiger Beitrag dazu sind Enzyme im Waschmittel. Schmutz löst sich durch deren Einsatz in weniger Wasser und bei geringeren Temperaturen. Dies führte zu geringerem Wasserverbrauch und geringerem Energieeinsatz. Lief 1972 noch der größte Teil der Waschgänge bei 90° C, so stellen diese Waschgänge 2008 den kleinsten Anteil. Zudem konnte durch die Enzyme der pH-Wert der Waschlauge gesenkt werden, was Umwelt und Textilfasern schont.

b) Individuelle Lösung.

2

Der Wildstamm der Bakterien ist für die Biotechnologie nicht geeignet, weil im Verlauf des Stoffwechsels nicht nur das gewünschte Lysin, sondern auch Threonin gebildet wird. Beide Aminosäuren zusammen hemmen aber das Enzym Aspartatkinase. Es handelt sich also um eine negative Rückkopplung, die größere Ausbeuten bei der Lysingewinnung verhindert.

Beide Mutanten sind für die biotechnologische Herstellung von Lysin geeignet (vorausgesetzt, die Mutanten sind lebensfähig). Bei Mutante A entfällt die Threoninherstellung, indem das Enzym Homoserin-Dehydrogenase inaktiv ist. Ohne Threonin entfällt die Hemmung des Enzyms Aspartatkinase, Lysin kann also „unbegrenzt" hergestellt werden. Bei Mutante B kann das hergestellte Lysin nicht allosterisch an die Aspartatkinase binden, eine Hemmung entfällt daher auch hier. In beiden Fällen ist die negative Rückkopplung ausgeschaltet, was die Herstellung größerer Lysinmengen ermöglicht.

Mutante A wäre vermutlich geeigneter, weil bei dieser das Aspartatsemialdehyd nur zu Lysin und nicht teilweise auch zu Homoserin reagieren kann. Das sollte die Lysinausbeute erhöhen.

5 Energiestoffwechsel: Zellatmung und Gärung

5.1 Bereitstellung von Energie aus Glucose

1

Die Verbrennung im Kalorimeter benötigt zum Start eine große Aktivierungsenergie. Nach dem Start wird die frei werdende Energie in kurzer Zeit vollständig in Form von Wärme abgegeben. Bei der Oxidation in den Zellen wird die Reaktion in fünf Teilreaktionen „zerlegt". Der Betrag der frei werdenden Energie ist in beiden Fällen gleich. Die frei werdende Energie wird in der Zelle nur zum Teil als Wärme abgegeben. Ein weiterer Teil wird in Form von Übertragermolekülen gespeichert und kann anschließend von den Zellen für chemische Reaktionen genutzt werden. Für jede der Teilreaktionen wird nur eine geringe Aktivierungsenergie benötigt, die Reaktionen können also bei Körpertemperatur ablaufen, weil sie zur Aktivierung ausreicht.

2

Individuelle Lösung.
Möglicher Versuchsaufbau: In der Abdampfschale wird Glucose verbrannt. Über der Schale wird mit der großen Öffnung nach unten der Trichter angebracht, um die Verbrennungsgase aufzufangen. Mit einem Schlauchstück werden sie anschließend in das mit weißem Kupfersulfat gefüllte U-Rohr geleitet. Der andere Schenkel des U-Rohrs wird mit einem Schlauchstück mit der Waschflasche an dem Glasrohr verbunden, das in das Kalkwasser in der Waschflasche eintaucht. Das andere Glasrohr der Waschflasche wird schließlich mit einem Schlauch an die Wasserstrahlpumpe angeschlossen.

3

Individuelle Lösung.

4

Zunächst wird die einströmende Luft durch ein mit Kaliumhydroxid gefülltes U-Rohr geleitet. Dadurch reagiert das in der Luft vorhandene Kohlenstoffdioxid mit dem Kaliumhydroxid, die Luft wird so kohlenstoffdioxidfrei. In der nachfolgenden Waschflasche wird kontrolliert, ob noch Reste an Kohlenstoffdioxid vorhanden sind. Sie würden zur Trübung des Kalkwassers in der Waschflasche führen. Anschließend strömt die kohlenstoffdioxidfreie Luft in die Glocke mit der Pflanze und wird anschließend in einer weiteren Waschflasche erneut durch Kalkwasser geleitet. Die auftretende Trübung ist ein Nachweis für Kohlenstoffdioxid, das von den Pflanzen abgegeben wurde.

5

In den Chloroplasten wird durch Absorption von Lichtenergie aus Kohlenstoffdioxid und Wasser Glucose hergestellt. Glucose wird in den Mitochondrien in der Zellatmung mit Hilfe von Sauerstoff oxidiert. Es entsteht dabei Kohlenstoffdioxid und Wasser. Die bei der Zellatmung frei werdende Energie wird zum Teil in Übertragermolekülen gespeichert und so im System Pflanze nutzbar. Ein Teil der frei werdenden Energie wird in Form von Wärme abgegeben. Das Kohlenstoffdioxid und Wasser ist für die Fotosynthese wieder nutzbar, es handelt sich also um einen Stoffkreislauf. Die umgesetzte Energie stammt dabei aus der Sonne.

5.2 Energiestoffwechsel und Mitochondrien

1

In der Lunge diffundiert Sauerstoff aus der Luft in das Blut und wird an Hämoglobin der roten Blutzellen gebunden. Mit dem Blut wird der Sauerstoff in die verschiedenen Gewebe transportiert. Dort gelangt er durch Diffusion in die Mitochondrien der einzelnen Zellen. In den Mitochondrien erfolgt die Endoxidation der Glucose. Bei diesem Vorgang wird ATP als Übertragungsstoff gebildet. Bei der Endoxidation entsteht Kohlenstoffdioxid, das durch Diffusion in die Adern gelangt und mit dem Blut in die Lunge transportiert wird. In der Lunge tritt Kohlenstoffdioxid durch Diffusion in die Lungenbläschen über und wird ausgeatmet.

2

Anabole Stoffwechselprozesse führen von einfachen anorganischen Molekülen schrittweise bis zu sehr komplexen Makromolekülen. Der Energiegehalt nimmt dabei zu. Katabole Stoffwechselprozesse bauen komplexe organische Verbindungen bis zu den niedermolekularen anorganischen Verbindungen ab. Die dabei frei werdende Energie wird für weitere Stoffwechselprozesse verwendet bzw. in Form von Wärme an die Umgebung abgegeben.

3

a) Plasmazelle: 1: Endoplasmatisches Retikulum, 2: Zellkern, 3: Mitochondrium
Die Plasmazelle zeigt einen großen Zellkern und ein sehr stark ausgeprägtes endoplasmatisches Retikulum. Mitochondrien sind nur wenige vertreten.
Fettzelle: 4: Mitochondrium
Der Ausschnittt der braunen Fettzelle zeigt eine sehr große Anzahl an Mitochondrien. Sie liegen hier sehr dicht beieinander.
b) Die Aufgabe der Plasmazellen ist es, bei Bedarf in großer Menge Antikörper zu produzieren und dann abzugeben. Dafür ist ein ausgeprägtes endoplasmatisches Retikulum notwendig. Außerdem findet man am ER viele Ribosomen, die die Antikörper, die ja Proteine sind, produzieren.
Die braunen Fettzellen dienen zur Wärmeproduktion. In diesen Zellen muss dafür der sehr energiehaltige Stoff Fett abgebaut werden, wobei die frei werdende Energie überwiegend als Wärme abgegeben wird. Viele Schritte des Abbaues, darunter die Endoxidation, finden in den Mitochondrien statt. Diese Zellen benötigen daher eine hohe Zahl dieser Zellorganellen.

5.3 Grundprinzipien von Stoffwechselwegen

-

5.4 Die Glykolyse findet im Cytoplasma statt

1

$C_6H_{12}O_6 + 2\text{ ADP} + 2\text{ P} + 2\text{ NAD}^+ \rightarrow$
$2\text{ }C_3H_3O_3^- + 2\text{ ATP} + 2\text{ NADH} + 2\text{ H}^+$

2

Die Glykolyse …
…findet im Mitochondrium statt.
Die Aussage ist falsch, die Glykolyse findet im Cytoplasma statt.
…bildet kein ATP.
Die Aussage ist falsch. Pro Glucose werden 4 ATP gebildet, wobei vorher 2 ATP zur Aktivierung verbraucht wurden. Es werden in der Summe also 2 ATP gebildet.
…kann sowohl unter aeroben wie unter anaeroben Bedingungen ablaufen.
Die Aussage ist richtig. Das bei der Glykolyse gebildete Pyruvat wird unter aeroben Bedingungen über die oxidative Decarboxylierung in den Citratzyklus eingeschleust. Unter anaeroben Bedingungen wird das Pyruvat in der Gärung weiter abgebaut.
…oxidiert zwei Moleküle NAD$^+$ pro Molekül Glucose.
Die Aussage ist richtig.
…bildet aus einem C$_6$-Molekül zwei C$_3$-Moleküle.
Die Aussage ist richtig. Aus einem Glucosemolekül werden zwei Moleküle Pyruvat gebildet.

3

Glucose (1.) wird unter ATP-Verbrauch zu Glucose-6-phosphat aktiviert, dieses zu Fructose-6-phosphat umgewandelt (2.). Es entsteht Fructose-1,6-bisphosphat (3.). Dabei steigt bei jeder Phosphorylierung der Energiegehalt an. In den nachfolgenden Schritten wird Energie auf die Überträgermoleküle NADH + H$^+$ und ATP übertragen, es entstehen zwei Moleküle Phosphoenolpyruvat (4.), deren Energiegehalt wesentlich geringer ist als der des Fructose-1,6-bisphosphat. In einem weiteren Schritt wird unter Abgabe der Phosphatgruppe Energie auf das dadurch entstehende ATP übertragen. Das so entstandene Endprodukt der Glykolyse, das Pyruvat (5.), ist somit noch energieärmer. Insgesamt entspricht das Schema dem einer exothermen Reaktion mit Aktivierungsenergie und frei werdender Energie.

4

Individuelle Lösung.

5.5 Pyruvatabbau zu Kohlenstoffdioxid im Mitochondrium

1

Teilschritt	Ausgangsstoff	Produkt	Bilanz
Glykolyse	Glucose	2 Pyruvat	2 ATP, 2 NADH + 2 H$^+$
Oxidative Decarboxylierung	2 Pyruvat, 2 CoA	2 Acetyl-CoA, 2 CO$_2$	2 NADH + 2 H$^+$
Citratzyklus	2 Acetyl-CoA	4 CO$_2$, 2 CoA	6 NADH + 6 H$^+$, 2 FADH$_2$, 2 ATP

2 a)

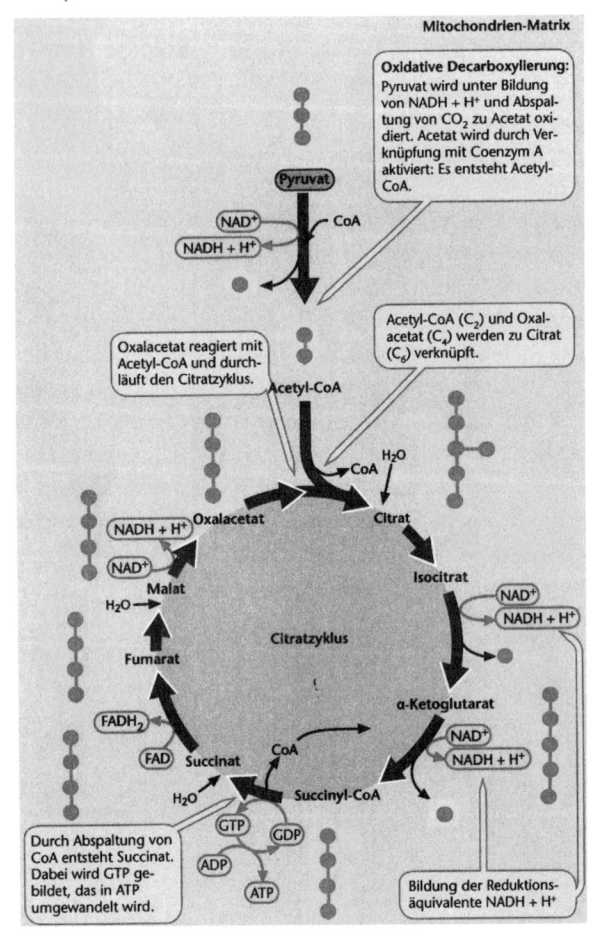

Mitochondrien-Matrix

Oxidative Decarboxylierung: Pyruvat wird unter Bildung von NADH + H⁺ und Abspaltung von CO_2 zu Acetat oxidiert. Acetat wird durch Verknüpfung mit Coenzym A aktiviert: Es entsteht Acetyl-CoA.

Acetyl-CoA (C_2) und Oxalacetat (C_4) werden zu Citrat (C_6) verknüpft.

Oxalacetat reagiert mit Acetyl-CoA und durchläuft den Citratzyklus.

Durch Abspaltung von CoA entsteht Succinat. Dabei wird GTP gebildet, das in ATP umgewandelt wird.

Bildung der Reduktionsäquivalente NADH + H⁺

b) Individuelle Lösung, z. B.:

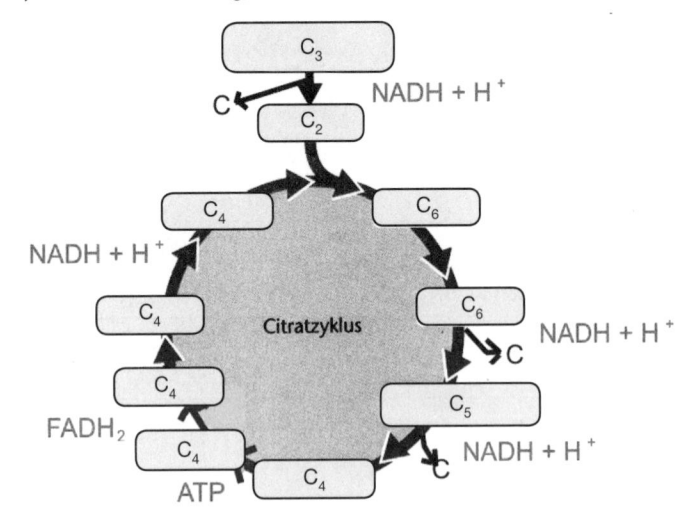

3

Vom Pyruvat ausgehend wird in Stufen bis zum Oxalacetat nach und nach Energie abgegeben bzw. auf Überträgermoleküle übertragen. Die einzige Ausnahme ist die Reaktion von Citrat auf Isocitrat (3.). Hier muss noch einmal etwas Energie aufgewendet werden. Als Überträgermoleküle fungiern die Reduktionsäquivalente NADH + H⁺ und $FADH_2$ sowie ATP. In der Abbildung entspricht (4.) dem α-Ketoglutarat, (5.) Succinyl-CoA, (6.) Succinat, (7.) Fumarat und (8.) Malat.

4

Individuelle Lösung.

5

Der Citratzyklus hat eine zentrale Stellung beim Stoffabbau. Über Acetyl-CoA können alle wichtigen Gruppen von biologisch relevanten Molekülen eingeschleust werden: Proteine, Kohlenhydrate und Fette. Gleichzeitig stellen Acetyl-CoA und Citratzyklus die Bausteine des Kohlenstoffgerüstes für Aminosäuren (und damit der Proteine), DNA, Fette, Hämoglobin und Chlorophyll bereit. Der Citratzyklus dient also nicht nur zur Energiegewinnung, sondern ist eine zentrale Drehscheibe im gesamten Stoffwechsel. Es können an unterschiedlichen Stellen Stoffe entnommen oder eingeschleust werden. Voraussetzung dafür sind die verschiedenen Kohlenstoffgerüste der einzelnen Moleküle im Citratzyklus.

5.6 Elektronentransport und Energiefreisetzung in der Atmungskette

1

Die Elektronen fließen immer vom reduzierten Molekül eines Systems (Reduktionsäquivalent, Komplex, Sauerstoff) zum oxidierten Molekül eines Systems, das ein positiveres Redoxpotenzial hat. Dabei nimmt die freie Energie mit jeder Elektronenübertragung ab. Die frei werdende Energie wird dabei zum Aufbau eines Protonen- und Ladungsgradienten genutzt. Endstation dieser Übertragungskette ist der Sauerstoff. Sauerstoff ist also der letzte Akzeptor. Ohne Sauerstoff kommt die Elektronenübertragung zum Erliegen, es kann kein Gradient aufgebaut werden und somit kein ATP gebildet werden. Zudem werden die Reduktionsäquivalente nicht mehr oxidiert. Dadurch fehlen diese oxidierten NAD^+-Moleküle in der Glykolyse und im Citratzyklus. Auch diese Prozesse kommen daher ohne Sauerstoff zum Erliegen.

2

a) Wird Eisen oder Zink in eine Kupfersulfatlösung getaucht, so wird es mit Kupfer überzogen. Taucht man Kupfer in eine Zink- oder Eisenlösung, ist keine Reaktion zu beobachten. Elektronen wandern also vom Eisen bzw. Zink zu den Kupferionen:

$Fe \rightarrow Fe^{2+} + 2\,e^-$ bzw.
$Zn \rightarrow Zn^{2+} + 2\,e^-$ (Oxidation)
$Cu^{2+} + 2\,e^- \rightarrow Cu$ (Reduktion)

Gesamtreaktion:
$Fe + Cu^{2+} \rightarrow Fe^{2+} + Cu$ bzw.
$Zn + Cu^{2+} \rightarrow Zn^{2+} + Cu$ (Redoxreaktion)

Die Hypothese trifft zu.

b) Die Vorgänge in der inneren Mitochondrienmembran sind direkt vergleichbar mit den Vorgängen im Modellexperiment. In beiden Fällen werden Elektronen von reduzierten Molekülen auf oxidierte Moleküle mit einem größeren Bestreben Elektronen aufzunehmen (positiveres Redoxpotenzial) übertragen. In der Membran sind aber mehrere dieser Vorgänge hintereinander geschaltet, so dass es zu einer Kette von Redoxreaktionen kommt, an deren Ende elementarer Sauerstoff oxidiert wird.

5.7 Chemiosmose als Mechanismus der ATP-Synthese

1

a) Das Mitochondrium besitzt zwei Membranen. Die äußere Membran ist gegenüber der Zelle durchlässiger als die innere Membran. Die innere Membran ist stark gefaltet, sie hat daher eine große Oberfläche. Innerhalb der inneren Membran ist die Matrix. In ihr liegen DNA und Ribosomen. Zwischen den Membranen liegt der Intermembranraum. Er ist von der Matrix vollständig getrennt. Das Mitochondrium besteht also aus zwei vollständig getrennten Räumen, der Matrix und dem Intermembranraum.
b) Individuelle Lösung.
Mögliche Aspekte dabei: Oberflächenvergrößerung der inneren Membran bietet mehr Effizienz bei der Ausbildung von Protonen- und Ladungsgradient; geringe Durchlässigkeit um die Gradienten aufrecht zu erhalten.

2

Gesamtbilanz der Zellatmung:
10 NADH + 10 H^+ + 2 $FADH_2$ + 38 ADP + 38 Phosphat + 6 O_2 + 24 e^-
$\rightarrow$ 10 NAD^+ + 2 FAD + 38 ATP + 12 H_2O

3

In der Knallgasreaktion wird die gesamte frei werdende Energie dieser stark exothermen Reaktion in Sekundenbruchteilen in Form von Wärme an die Umgebung abgegeben, was zu einer Explosion führt. In der Atmungskette wird die frei werdende Energie in einzelnen Portionen abgegeben und sofort dazu genutzt, H^+-Ionen in den Intermembranraum zu pumpen. Die Energie wird in Form des Gradienten zwischengespeichert, bevor sie durch die ATP-Synthase zur Bildung des Überträgerstoffes ATP genutzt wird. Nur ein Teil wird in Form von Wärme an die Umgebung abgegeben.

4

a) In dem Experiment werden Mitochondrien zunächst in eine Lösung mit pH = 8 gegeben. Diese Lösung enthält viele OH⁻-Ionen und nur sehr wenige H⁺-Ionen. H⁺-Ionen reagieren mit den Hydroxidionen zu Wasser, so dass nun auch in den Mitochondrien die H⁺-Konzentration sehr gering wird. Anschließend überführt man die Mitochondrien in eine Lösung mit pH = 4, also eine Lösung mit hoher H⁺-Konzentration. H⁺-Ionen diffundieren durch die relativ durchlässige äußere Membran in den Intermembranraum des Mitochondriums. An der inneren Membran herrscht dadurch ein H⁺-Gradient, durch den an der ATP-Synthase ATP erzeugt wird, das in die Umgebung des Mitochondriums abgegeben wird. Die ATP-Synthese hängt also direkt vom H⁺-Gradienten ab.
b) Die Vorgänge sind identisch mit der „natürlichen" ATP-Erzeugung an der inneren Membran. Nur die Erzeugung des Gradienten weicht im Experiment von den natürlichen Gegebenheiten ab.

5

Bei der direkten Verbrennung von Glucose wird die gesamte frei werdende Energie der vollständigen Oxidation unmittelbar in Form von Wärme abgegeben. Eine Nutzung durch Zellen ist damit ausgeschlossen, da die Energie damit entwertet ist, also nicht mehr für biologische Prozesse nutzbar ist. Bei der Zellatmung erfolgt die Oxidation schrittweise, wobei die frei werdende Energie in Form des H⁺-Gradienten zwischengespeichert und anschließend in ATP nutzbar gemacht wird. 60 % der Energie werden in Form von Wärme abgegeben und so entwertet. Der nutzbare Anteil der frei werdenden Energie beträgt also 40 %.

6

a) In den braunen Fettzellen wird der Protonengradient durch die Proteinkomplexe I, III und IV genauso aufgebaut, wie in anderen Zellen auch. Strömen die H⁺-Ionen durch die ATP-Synthase zurück in die Matrix, wird ATP aufgebaut. Thermogenin bietet hingegen die Möglichkeit, H⁺-Ionen in die Matrix einströmen zu lassen, ohne dabei ATP zu bilden. Die im Gradienten gespeicherte Energie wird dabei nur in Wärme umgesetzt.
b) Braune Fettzellen enthalten mehr Mitochondrien als weiße. Durch die braunen Fettzellen kann mit Hilfe des Thermogenins viel Wärme produziert werden. Den gleichwarmen Tieren fällt es dadurch leichter, die Körpertemperatur bei niedrigen Temperaturen hoch zu halten als den Artgenossen ohne braune Fettzellen. Diese müssen die nötige Wärme durch die Abwärme bei Muskelarbeit (Muskelzittern) erzeugen, verbrauchen dabei aber viel ATP. Braunes Fettgewebe ist daher eine Angepasstheit an kalte Umgebungstemperaturen.

5.8 Gärungen: Glucoseabbau unter Sauerstoffmangel

1

Individuelle Lösung.

2

Bei der alkoholischen Gärung wird Pyruvat zunächst unter Kohlenstoffdioxidabspaltung in Acetaldehyd überführt. Acetaldehyd wird anschließend durch 2NADH + 2 H⁺ zu Ethanol reduziert. Dabei entstehen 2 NAD⁺, die in der Glykolyse wieder benötigt werden.
Bei der Milchsäuregärung wird Pyruvat direkt durch 2NADH + 2 H⁺ zu Lactat reduziert. Auch hierbei entstehen 2 NAD⁺, die wieder in die Glykolyse einfließen.

3

Beim aeroben Glucoseabbau der Hefen sinkt die Glucosekonzentration linear, der Verbrauch ist über die Zeit relativ gering. Dies lässt sich durch die hohe ATP-Ausbeute von 38 mol ATP/mol Glucose erklären. Es wird nur wenig Glucose verbraucht. Da nahezu die gesamte verbrauchte Glucose veratmet wurde, steigt die Ethanolkonzentration kaum an, da die Gärung fast nicht stattfindet.
Beim anaeroben Abbau gewinnen die Hefen nur 2 mol ATP/mol Glucose. Entsprechend muss mehr Glucose abgebaut werden, um die Hefen am Leben zu erhalten. Die Glucosekonzentration sinkt also schnell ab und entsprechend steigt die Ethanolkonzentration stark an, da Ethanol das Endprodukt des Abbaues bei der Gärung ist.

Der nichtlineare Kurvenverlauf kann eventuell dadurch erklärt werden, dass die Stoffwechselaktivität der Hefen mit steigender Konzentration des Zellgiftes Ethanol abnimmt.

4

a) Glucoseabbau A: Diese Grafik ist dem Abbau unter anaeroben Bedingungen zuzuordnen. Der Abbau erfolgt nicht linear (s. Aufg. 3) und die Glucosekonzentration sinkt viel schneller als beim Glucoseabbau B. Die Glucosevorräte sind also schnell erschöpft, weil die Hefen unter diesen Bedingungen mehr Glucose abbauen müssen, um das nötige ATP zu erhalten.
Glucoseabbau B: Diese Grafik ist dem Abbau unter aeroben Bedingungen zuzuordnen. Der Abbau der Glucose verläuft linear und die Glucosevorräte reichen aufgrund der hohen ATP-Ausbeute länger.

b) Die Ethanolkonzentration steigt mit dem Verbrauch von Glucose an. Der Anstieg erfogt jedoch doppelt so schnell wie der Glucoseverbrauch, da aus jedem Glucosemolekül zwei Moleküle Ethanol enstehen.

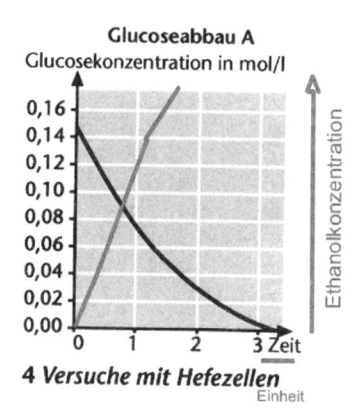

4 Versuche mit Hefezellen

5.9 Regulation energieliefernder Stoffwechselwege

1

Der Glucoseabbau wird an mehreren Stellen regulativ beeinflusst. Die erste Schaltstelle ist das Enzym Phosphofructokinase. Sie wird von AMP und ADP aktiviert und von ATP und Citrat gehemmt. Die zweite Schaltstelle liegt bei der Einschleusung des Acetyl-CoA in den Citratzyklus. ATP und NADH + H$^+$ wirken hemmend. Schließlich kann eine Regulation im Citratzyklus bei der Bildung von α-Ketoglutarat erfolgen. ATP und NADH + H$^+$ wirken hemmend, ADP und NAD$^+$ aktivierend.
Generell kann man sagen, dass beim Glucoseabbau ATP und NADH + H$^+$ hemmend wirken, ADP, AMP und NAD$^+$ dagegen aktivierend. Das ist sinnvoll, weil bei hohen Konzentrationen von ATP und NADH + H$^+$, mit dessen Hilfe ATP hergestellt wird, der Glucoseabbau gebremst werden kann. Dadurch werden Ressourcen gespart. Hohe Konzentrationen von AMP, ADP und NAD$^+$ deuten dagegen auf einen ATP-Mangel hin, der durch vermehrten Glucoseabbau beseitigt werden kann.

2

Der durchgezogene Graph in Abb. 2 zeigt die erwartete hemmende Wirkung von ATP auf die Phosphofructokinase. Bei niedriger ATP-Konzentration arbeitet das Enzym schnell, bei zunehmender ATP-Konzentration nimmt die Reaktionsgeschwindigkeit ab. Dass die Reaktion erst nach Zugabe von ATP überhaupt in Gang kommt, liegt vermutlich daran, dass bei der Reaktion des Enzyms ATP beim Einbau einer Phosphatgruppe in das Fructose-6-phosphat notwendigerweise vorhanden sein muss.
AMP verhindert weitgehend die Hemmung durch ATP, indem es das Enzym aktiviert. Möglicherweise verhindert AMP die Anlagerung von ATP an das allosterische Zentrum oder konkurriert erfolgreich mit ATP um diese Bindungstelle. Dies ist unter normalen Bedingungen sinnvoll, da hohe Konzentrationen von AMP ja auf einen ATP-Mangel hindeuten, der durch vermehrten Glucoseabbau beseitigt werden kann.

3

Die Menge (Konzentration) eines Enzyms bestimmt die Reaktionsgeschwindigkeit der vom Enzym katalysierten Reaktion. Je mehr Enzym vorhanden ist, um so mehr Substrat kann umgesetzt werden. Dies gilt natürlich auch für die Phosphofructokinase. Wird das Gen für dieses Enzym nicht abgelesen, verringert sich die Enzymmenge aufgrund von Verschleiß und Abbau mit der Zeit. Durch vermehrte Transkription wird entsprechend mehr Enzym an den Ribosomen hergestellt. Das Gen hat daher Einfluss auf den Ablauf der Glykolyse.

4

a) Bei der Pyruvat-Dehydrogenase liegt eine negative Rückkopplung vor, weil das Produkt der Reaktion (NADH + H$^+$) das Enzym hemmt.
Bei der Pyruvat-Decarboxylase wird die Umsetzung durch eine hohe Substratkonzentration eingeleitet, es liegt also möglicherweise eine Aktivierung durch das Substrat selbst vor.

b) Bei Sauerstoffmangel können die Elektronen der Atmungskette nicht auf Sauerstoff übertragen werden. Es kommt zum „Elektronenstau", der bewirkt, dass NADH + H$^+$ seine Elektronen nicht mehr an den Komplex I der Atmungskette abgeben kann. Die Konzentration von NADH + H$^+$ steigt daher an. NADH + H$^+$ hemmt die Pyruvat-Dehydrogenase. Dadurch kommt es zu einem Ansteigen der Pyruvatkonzentration, was zur Aktivierung der Pyruvat-Decarboxylase und damit zur Gärung führt. Ist wieder Sauerstoff vorhanden, wird NADH + H$^+$ wieder zu NAD$^+$ umgewandelt. Die NADH + H$^+$-Konzentration sinkt, und damit wird die Hemmung der Pyruvat-Dehydrogenase aufgehoben. Da dieses Enzym schon bei niedriger Pyruvatkonzentration arbeitet, wird Pyruvat nun auch auf dem aeroben Stoffwechselweg abgebaut, was zu einer niedrigeren Pyruvatkonzentration führt. Der anaerobe Stoffabbau wird dadurch unterbunden, weil die Pyruvatkonzentration für die Pyruvat-Decarboxylase zu gering wird.

c) A: NADH + H$^+$ hemmt die Bildung von Acetyl-CoA, es wird daher nur wenig oder kein Acetyl-CoA gebildet, unabhängig von der Pyruvatkonzentration.

B: Das Enzym ist nicht gehemmt, mit steigender Pyruvatkonzentration wird also mehr Acetyl-CoA gebildet, bis schließlich alle vorhandenen Enzyme voll ausgelastet sind. Ab dieser Pyruvatkonzentration bleibt die gebildete Acetyl-CoA-Menge pro Zeit konstant.

5

Individuelle Lösung. Dabei sollten folgende Aspekte einfließen: Die Abzweigung organischer Verbindungen aus der Glykolyse, bei der oxidativen Decarboxylierung und aus dem Citratzyklus in andere Stoffwechselwege beeinflusst natürlich die ATP-Gewinnung. Um dennoch optimal mit ATP versorgt zu sein, kann der Organismus den Abbau von Glucose beschleunigen oder bremsen. Auch auf den unterschiedlichen Verbrauch von ATP bei Belastung oder Ruhe kann der Organismus auf diese Weise optimal reagieren.

6

Steigt durch eine hohe Einschleusung von Acetyl-CoA in den Citratzyklus die Citratkonzentration, erfolgt eine negative Rückkopplung, um die ATP-Produktion in einem der Situation angebrachten Rahmen zu halten. Statt einer nicht sinnvollen ATP-Überproduktion überführt der Organismus das überzählige Acetyl-CoA in Fett und schafft damit eine Energiereserve für Notzeiten. Diese Regulation hat sich im Laufe der Evolution als vorteilhaft erwiesen.

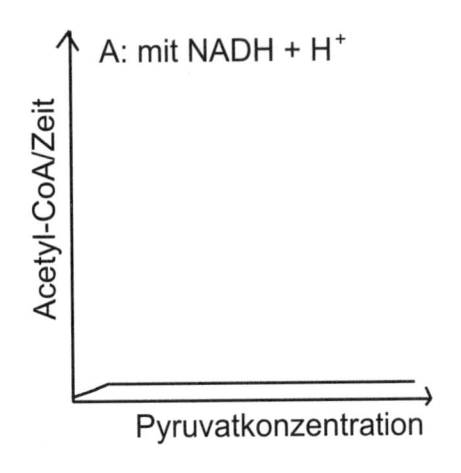

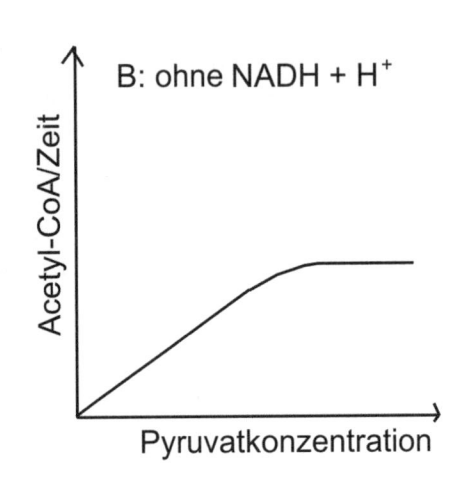

5.10 Übersicht: Glucoseabbau und Energiebereitstellung

5.11 Hormonelle Regulation des Kohlenhydratstoffwechsels

1

Insulin	Adrenalin	Glukagon
Fördert Glucoseaufnahme in die Zelle	Fördert den Glykogenabbau im Skelettmuskel	Fördert den Glykogenabbau im Skelettmuskel
Fördert die Glykogenbildung im Skelettmuskel	Fördert den Glykogenabbau in der Leber	Fördert den Glykogenabbau in der Leber
Fördert die Zellatmung	Fördert den Fettabbau	Fördert den Fettabbau
Fördert die Milchsäuregärung	Fördert die Glucoseneubildung in der Leber	Fördert die Glucoseneubildung in der Leber
Fördert den Glykogenaufbau in der Leber		
Fördert den Fettaufbau		

2

A: Die kohlenhydratreiche Kost führt zu einem erhöhten Blutzuckerspiegel. Es wird vermehrt Insulin ausgeschüttet. Insulin fördert die Aufnahme von Glucose in die Zellen und den Aufbau von Glykogen in den Muskeln und der Leber. Sind die Glykogenspeicher gefüllt, wird Glucose in Fett überführt, das im Fettgewebe gespeichert wird. Alle diese Vorgänge senken den Glucosespiegel im Blut.

B: Durch eine kurzzeitige körperliche Anstrengung wird der Blutzuckerspiegel erniedrigt. Infolge dessen wird Adrenalin und Glukagon ausgeschüttet. Das Adrenalin sorgt dabei durch Förderung des Glykogenabbaus für einen schnellen Glucosenachschub in der Muskulatur. Beide Hormone fördern den Glykogenabbau in der Leber, wodurch der Blutzuckerspiegel erhöht wird und so dafür gesorgt wird, dass genügend Glucose in die Muskeln gelangt.

C: Beim Marathonlauf laufen die gleichen Vorgänge ab wie bei B. Allerdings spielt die Glucoseherstellung durch Abbau von Glykogen in der Leber dabei eine größere Rolle. Darüber hinaus wird durch Fettabbau, der von Glukagon und Adrenalin gefördert wird, Glucose bereit gestellt.

D: Nach tagelangem Hunger sind die Glykogenvorräte in den Muskeln und der Leber erschöpft. Glucose wird unter Förderung des Fettabbaus durch Glukagon aus dem gespeicherten Fett freigesetzt. Sind die Fettreserven aufgebraucht, so wird die Glucoseneubildung durch Adrenalin und Glukagon gefördert.

E: In dieser Lebenssituation wird die überschüssige Glucose unter dem Einfluss von Insulin in Fett überführt und im Fettgewebe gespeichert. Reicht dieser Vorgang nicht aus, den Blutzuckerspiegel im Sollbereich zu halten, wird Glucose mit dem Harn ausgeschieden.

3

Individuelle Lösung. Darin sollte enthalten sein: Proximate Perspektive: Nahrungsmangel führt zu einem niedrigen Blutzuckerspiegel. Dies führt zur Ausschüttung von Glukagon und Adrenalin. Beide Hormone sorgen dafür, die Blutzuckerhomöostase durch Fettabbau aufrecht zu erhalten (die Glykogenspeicher sind unter diesen Umständen bereits erschöpft). Nach Aufbrauch der Fettreserven bewirken Glukagon und Adrenalin die Neusynthese von Glucose.

Ultimative Perspektive: Die Aufrechterhaltung der Glucosehomöostase hält den Organismus am Leben.

Fettabbau und Glucoseneusynthese sind Mechanismen, die zu einer Verlängerung der Homöostase bei längerem Nahrungsmangel führen. Individuen mit hoher Ausprägung dieser Mechanismen haben eine höhere Überlebenschance und damit bessere Fortpflanzungschancen als Individuen mit geringer Ausprägung dieser Mechanismen.

5.12 Diabetes

1

a) Glucose: Nach der Mahlzeit steigt die Glucosekonzentration steil an, weil Stärke und Rohrzucker im Verdauungstrakt gespalten werden. Die dadurch entstehende Glucose gelangt ins Blut. Durch das daraufhin von der Bauchspeicheldrüse abgegebene Insulin wird Glucose von den Zellen aufgenommen und entsprechend weiter verarbeitet. Die Glucosekonzentration nimmt daher ab.
Insulin: Die von der Bauchspeicheldrüse abgegebene Insulinmenge wird durch die Glucosekonzentration bestimmt. Je mehr Glucose im Blut ist, umso mehr Insulin wird ausgeschüttet. Mit abnehmender Glucosekonzentration sinkt daher auch der Insulinspiegel.
Glukagon: Glukagon ist ein Antagonist von Insulin und erhöht den Blutzuckerspiegel. Wird Glucose durch eine Mahlzeit aufgenommen, wird die Ausschüttung von Glukagon gehemmt. Sonst würde der Blutzuckerspiegel noch mehr erhöht werden.

b) Bei Diabetes vom Typ I würde die Glucosekonzentration nur sehr langsam fallen, da nahezu kein Insulin für den Abbau vorhanden wäre. Glucose würde also kaum von den Zellen aufgenommen und verarbeitet werden.
Bei Diabetes vom Typ II würde die Glucosekonzentration abnehmen, aber viel langsamer als beim gesunden Menschen und etwas schneller als beim Diabetiker vom Typ I. Dies liegt daran, dass bei Diabetes vom Typ II Insulin vorhanden ist (oft sogar in erhöhter Konzentration), aber aufgrund der fehlenden oder unwirksamen Rezeptoren oder des defekten Signalweges kann Glucose nur schlecht von den Zellen aufgenommen werden.

2

Einhergehend steigt beim Normalgewichtigen mit dem Ansteigen des Blutzuckerspiegels auch die Konzentration von Insulin. Dies bewirkt die Aufnahme von Glucose in die Zellen, wo sie weiter abgebaut wird. Mit dem Zurückgehen der Glucosekonzentration sinkt auch die Insulinkonzentration. Dies wiederholt sich bei jeder Mahlzeit.
Beim Übergewichtigen wird durch die gleiche Glucosemenge wesentlich mehr Insulin ausgeschüttet. Der Übergewichtige leidet daher bereits an Diabetes vom Typ II. Die hohe Insulinkonzentration bewirkt bei der ersten Mahlzeit die Aufnahme von Glucose in die Zellen in gleicher Weise wie beim Normalgewichtigen, obwohl die Aufnahme durch fehlende Rezeptoren oder defekte Signalwege erschwert ist. Die hohe Insulinkonzentration kompensiert also die erschwerte Aufnahme der Glucose in die Zellen. Bei der zweiten Mahlzeit ist noch eine hohe Insulinmenge im Blut vorhanden. Sie bewirkt, dass schon während der Malzeit etwas Glucose von den Zellen aufgenommen wird, die Glucosekonzentration steigt daher nicht so hoch an wie beim Normalgewichtigen. Allerdings sinkt sie nach jeder Mahlzeit bedingt durch die schlechtere Aufnahme auch nicht so tief ab. Dieser Vorgang wiederholt sich auch bei der dritten Malzeit. Die Glucosekonzentration bleibt auch hier nach der Mahlzeit länger hoch als beim Normalgewichtigen.

3

Individuelle Lösung. Darin sollten als Sofortmaßnahmen enthalten sein: Hypoglykämie: Zuckerhaltige Lebensmittel geben, am Besten Traubenzucker. Bei Bewusstlosigkeit Traubenzucker in den Mund (Wange) geben. Arzt/Rettungsdienst verständigen.
Hyperglykämie: Arzt/Rettungsdienst verständigen.

4

Individuelle Lösung.

5.13 Rote Gentechnik: Herstellung von Insulin

1

Aus dem Bakterium *E.coli* wird das Plasmid isoliert. Dieses ringförmige Plasmid wird mit einem Restriktionsenzym aufgeschnitten. Parallel dazu isoliert man DNA aus menschlichen Zellen und schneidet ein DNA-Stück, das das Insulin-Gen enthält, heraus. Dieses DNA-Stück verknüpft man mit Hilfe des Enzyms DNA-Ligase mit dem aufgeschnittenen Plasmid. Man enthält dadurch ein (wieder ringförmiges) Plasmid, das nun das Insulin-Gen enthält. Dieses Plasmid wird wieder in ein *E.coli*- Bakterium eingeschleust. Die so erhaltenen Bakterien vermehren sich und produzieren nun menschliches Insulin.

2

Individuelle Lösung.

3

Individuelle Lösung.

4

Konstruktion künstlicher Gene für die A- und B-Kette des Insulins (siehe Aufgabe 1).
↓
Aufschneiden zweier isolierter, bakterieller Plasmide aus *E.coli* durch ein Restriktionsenzym.
↓
Einfügen jeweils eines künstlichen Gens (für Kette A bzw. Kette B des Insulins) in ein Plasmid mit Hilfe des Enzyms DNA-Ligase (Herstellen eines rekombinanten Plasmids).
↓
Getrenntes Einschleusen des konstruierten Plasmids mit Gen für die A-Kette und Plasmid mit Gen für die B-Kette des Insulins in *E.coli*.
↓
Getrennte Anzüchtung/Vermehrung dieser sogenannten rekombinanten *E.coli*-Stämme, die die A- bzw. B-Kette des Insulins herstellen.
↓
Isolation der beiden Insulinketten aus den Bakterien.
↓
Reinigung der beiden Proteinketten.
↓
Verknüpfung der A- und B-Kette des Insulins durch Disulfidbrücken.

6 Atmung und Sauerstoffversorgung der Zellen

6.1 Vergleich von Atmungsorganen

1

a) Frosch: 14,00 cm²/ml
Schildkröte: 8,93 cm²/ml
Huhn: 1 800,00 cm²/ml
Kaninchen: 240,00 cm²/ml

b) Der Frosch ist ein wechselwarmes Tier und verfügt neben der Lungenatmung über Hautatmung. Als ein bei entsprechender Umgebungstemperatur agiles Tier ist der Quotient aus Oberfläche und Volumen höher als bei der eher ruhig lebenden Schildkröte. Auch ist die Diffusionsbarriere beim Frosch höher als bei der Schildkröte, es muss also durch ein besseres Oberflächen-Volumen-Verhältnis ausgeglichen werden. Da der Frosch durch seine Lebensweise (z. B. Fluchtverhalten, Beutefang im Sprung...) mehr Sauerstoff benötigt, hat er im Vergleich zur Schildkröte ein zur Körpermasse höheres Lungenvolumen.
Huhn und Kaninchen sind gleichwarme Tiere, die also einen gleichmäßig hohen Grundumsatz haben. Der daraus resultierende Sauerstoffbedarf wird durch ein hohes Oberflächen-Volumen-Verhältnis erreicht. Besonders stark ist dies bei dem Huhn ausgeprägt. Die Effektivität der Vogellunge ist dabei eine Angepasstheit an das Fliegen: Geringe Lungengröße (und damit Gewicht) bei einer sehr großen Oberfläche. Sowohl beim Huhn als auch beim Kaninchen ist die Oberfläche der Lunge im Verhältnis zur Körpermasse viel höher als beim Frosch und der Schildkröte.

c) Die Daten der Abb. 3 zeigen auf, dass die Lungen von Huhn und Kaninchen sehr viel stärker gefaltet sein müssen als die der beiden wechselwarmen Organismen. Der niedrigste „Faltungsgrad" liegt bei der Schildkröte vor, der höchste beim Huhn.

2

a) Beim Gegenstromprinzip ist während der ganzen Austauschstrecke ein Sättigungsgefälle für Sauerstoff vorhanden. Der Sauerstoff wandert also durch Diffusion die ganze Strecke über ins Blut, weil an jeder Stelle die Sauerstoffsättigung des Wassers höher ist als die des Blutes. Beim Gleichstromprinzip ist am Anfang ein großes Gefälle vorhanden, es kommt zum Übertritt des Sauerstoffs in das Blut. Aber dieses Sättigungsgefälle verringert sich rasch, bis schließlich ein Ausgleich erzielt ist. Ab diesem Punkt erfolgt keine weitere Sauerstoffaufnahme des Blutes mehr. Insgesamt wird also deutlich weniger Sauerstoff aufgenommen.

b) In den Kiemen ist das Prinzip der Oberflächenvergrößerung verwirklicht. Die starke Verzweigung in dem Kapillarnetz der Blutgefäße bringt eine große Oberfläche für den Gasaustausch mit sich. Weiterhin ist die Diffusionsbarriere infolge der dünnen Kiemengestalt gering.

3

Die Hautatmung der Grasfrösche ist während des ganzen Jahres relativ konstant. Die Sauerstoffaufnahme schwankt nur zwischen 50 und 60 ml O_2/kg x h. In den Monaten Oktober bis Februar wird der größte Teil des Sauerstoffbedarfs aus der Hautatmung gedeckt. Der Sauerstoffbedarf ist in diesen kalten Monaten aufgrund der geringeren Stoffwechselaktivität und der geringen Aktivität der Tiere niedrig. Im März und April steigt er sehr stark an. Es ist die Zeit der Laichwanderungen. Der Sauerstoffbedarf wird in dieser Zeit hauptsächlich über die Lungenatmung gedeckt, die sehr stark ansteigt. Anschließend sinkt die Lungenatmung wieder. Sie wird als aktive Atmung wieder zurückgefahren, da die Aktivitäten der Tiere jetzt nur noch überwiegend auf Nahrungserwerb gerichtet sind und damit der Sauerstoffbedarf sinkt. Zur passiven Hautatmung wird im Gegensatz zur Lungenatmung keine zusätzliche Energie benötigt.

4

Abb. 2 zeigt, dass die Löslichkeit von Sauerstoff in Wasser mit steigender Temperatur abnimmt. Warmes Wasser kann also nicht soviel Sauerstoff für Organismen bereit stellen. Gleichzeitig nimmt der Sauerstoffbedarf der wechselwarmen Wassertiere mit steigender Temperatur aufgrund der größeren Stoffwechselaktivität zu.

6.2 Regelung der äußeren Atmung

1

a) Die Atmung wird vom Atemzentrum so geregelt, dass der Körper immer mit genügend Sauerstoff versorgt wird. Die Regelung erfolgt über den P_{CO_2} im Blut. Der Sollwert wird dabei vom Gehirn vorgegeben. Er wird indirekt durch den pH-Wert von Sinneszellen gemessen, die Information über Nerven an das Atemzentrum übermittelt. Der P_{CO_2} schwankt durch unterschiedlichen Verbrauch an Sauerstoff und der damit verbundenen Produktion von Kohlenstoffdioxid. Kohlenstoffdioxid löst sich im Blut und beeinflusst als Kohlensäure den pH-Wert. Ist der Kohlenstoffdioxidgehalt zu hoch (der pH-Wert zu niedrig), wird die Atemfrequenz durch Atemmuskulatur und Zwerchfell erhöht. Dies führt zu einer schnelleren Kohlenstoffdioxidabgabe und Sauerstoffaufnahme in der Lunge, der Sollwert wird wieder erreicht. Bei einem zu niedrigen Kohlenstoffdioxidgehalt (hohem pH-Wert) wird die Atemfrequenz erniedrigt, so dass durch eine geringere Abgabe von Kohlenstoffdioxid und geringere Aufnahme von Sauerstoff der Sollwert wieder erreicht wird.

b)

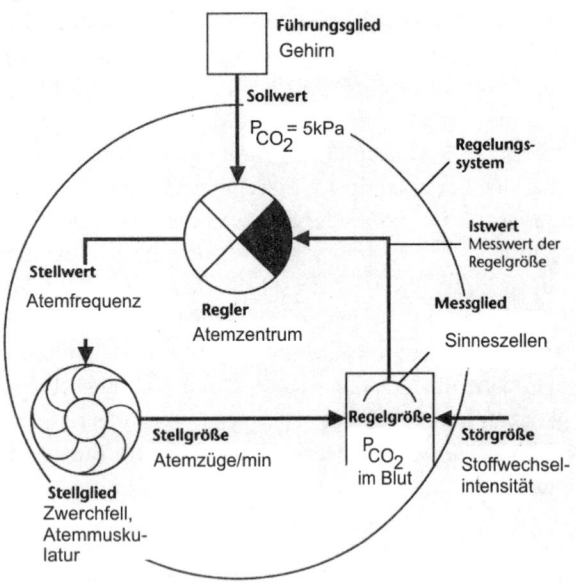

[Regelkreis-Diagramm: Führungsglied (Gehirn) → Sollwert P_{CO_2} = 5 kPa → Regler (Atemzentrum) → Stellgröße (Atemzüge/min) → Stellglied (Zwerchfell, Atemmuskulatur) mit Stellwert (Atemfrequenz) → Regelgröße (P_{CO_2} im Blut) mit Störgröße (Stoffwechselintensität) → Messglied (Sinneszellen) → Istwert (Messwert der Regelgröße) → zurück zum Regler. Gesamtes Regelungssystem.]

2

- Der P_{O_2} in der Lunge bleibt bei Anstrengung konstant, er hängt nur vom Sauerstoffgehalt der eingeatmeten Luft ab.
- Der P_{O_2} in der Arterie ist nur geringfügig niedriger als in Ruhe. Das kann daran liegen, dass durch die höhere Fließgeschwindigkeit des Blutes bei Belastung die Sättigung nicht ganz erreicht wird.
- Der P_{O_2} in der Vene ist niedriger, weil durch den höheren Verbrauch von Sauerstoff im Gewebe mehr Sauerstoff im Bereich der Kapillaren an das Gewebe abgegeben wird.
- Der O_2-Gehalt in der Arterie ist nur geringfügig niedriger als in Ruhe. Das kann an der höheren Fließgeschwindigkeit des Blutes bei Belastung liegen, so dass die Sättigung nicht ganz erreicht wird.
- Der O_2-Gehalt in der Vene ist erheblich niedriger als in Ruhe, da im Bereich der Kapillaren mehr Sauerstoff an das Gewebe abgegeben wurde. Dies erfolgt aufgrund des geringen Sauerstoffpartialdrucks im Gewebe.
- Die Lungenventilation ist erheblich höher als in Ruhe, weil die Atemfrequenz bei Belastung höher ist und die Atemzüge tiefer ausgeführt werden, was zu einem höheren Atemzugvolumen führt.
- Das Herzminutenvolumen ist infolge der höheren Herzfrequenz erheblich größer als in Ruhe.

3

Individuelle Lösung.
Die richtige Hypothese: Der Atemreflex (starkes Bedürfnis zum Atemholen) wird ausgelöst, wenn der P_{CO_2} einen bestimmten Wert überschreitet. Um das Erreichen dieses Wertes zu verzögern, wird vor dem Tauchen hyperventiliert. Dadurch sinkt der P_{CO_2} stark ab und erreicht erst nach einiger Zeit den Schwellenwert. Dann hat der Taucher das starke Bedürfnis aufzutauchen und atmen zu können. Bei sehr starker Hyperventilation wird der P_{CO_2} so weit abgesenkt, dass der Sauerstoffgehalt bis zur Bewusstlosigkeit absinken kann, bevor der Schwellenwert erreicht wird.

6.3 Sauerstofftransport – Struktur und Funktion des Hämoglobins

1

a) Das menschliche Hämoglobin besteht aus vier Protein-Untereinheiten: Zwei α-Ketten und zwei β-Ketten. Die Proteinketten sind gewinkelt und ineinander verschlungen. Jede der Untereinheiten trägt eine Häm-Gruppe, die jeweils ein zweiwertiges Eisen-Ion enthält. Die Eisen-Ionen verleihen dem Hämoglobin die rote Farbe. An jedes Eisen-Ion kann ein Sauerstoffmolekül angelagert werden.

b) Bei einer Oxidation wird mindestens eine Elektronenpaarbindung oder eine Ionbindung zwischen den Reaktionspartnern ausgebildet, wobei der oxidierte Partner mindestens ein Elektron an den anderen Partner „abgibt". Um eine solche Bindung zu lösen, wird viel Energie benötigt.

Bei der Oxygenierung kommt es lediglich zu einer Wechselwirkung zwischen dem positiven Eisen-Ion und einem freien Elektronenpaar des Sauerstoffs. Das Sauerstoffmolekül wird nur angelagert, ohne dass eine Elektronenpaarbindung oder Ionenbindung entsteht. Das Sauerstoffmolekül kann leicht wieder abgegeben werden.

3

Abb. 2 zeigt, dass der Sauerstofftransport im Blut mit Hämoglobin mehr als 66 mal so effektiv ist als ohne Hämoglobin. Da der Energiegewinnungsprozess (Synthese von ATP) maßgeblich von der Verfügbarkeit des Sauerstoffs abhängt, wird der Nutzen sehr deutlich. Das Hämoglobin übersteht viele Transportzyklen, bis es ersetzt werden muss. Deshalb relativieren sich die Kosten für die aufwändige Synthese. Der Nutzen überwiegt eindeutig die Kosten, sonst hätte sich dieses System in der Evolution nicht durchsetzten können.

2

Modell	Kooperative Effekte
Der erste Schwimmer gelangt ins Boot.	Das erste Sauerstoffmolekül wird im Hämoglobin angelagert.
Der erste Schwimmer im Boot hilft dem zweiten beim Besteigen des Bootes. Der zweite Schwimmer kommt also leichter ins Boot.	Das zweite Sauerstoffmolekül kann durch den kooperativen Effekt schneller an die zweite Häm-Gruppe angelagert werden als das erste.
Der dritte Schwimmer kommt noch schneller ins Boot, weil der zweite Schwimmer zusätzlich helfen kann oder zumindest hilft, das Boot im Gleichgewicht zu halten.	Das dritte Sauerstoffmolekül wird noch schneller angelagert als das zweite.
Der vierte Schwimmer kommt am schnellsten ins Boot, weil ihm zwei Personen helfen können, während einer für das Gleichgewicht im Boot sorgt.	Das vierte Sauerstoffmolekül wird noch schneller an die letzte freie Häm-Gruppe angelagert.
Beim Ausstieg an der Anlegestelle geht der erste Schwimmer an Land.	Das erste Sauerstoffmolekül wird am Zielort abgegeben.
Der zweite Schwimmer gelangt schneller an Land, weil der erste das Boot dabei fest hält.	Das zweite Sauerstoffmolekül wird schneller als das erste abgegeben.
Der dritte Schwimmer verlässt das Boot noch schneller, weil einer seiner Kameraden an Land das Boot fest hält und der andere ihm beim Verlassen hilft.	Das dritte Sauerstoffmolekül wird noch schneller abgegeben.
Der letzte Schwimmer kommt am schnellsten aus dem Boot, weil er zwei Helfer hat, während das Boot festgehalten wird.	Das letzte Sauerstoffmolekül wird sehr leicht abgegeben.

6.4 Sauerstoffaffinität des Hämoglobins

1

Das Hämoglobin-Molekül ist im Bereich der rechten Herzkammer teilweise desoxygeniert, der Sauerstoffpartialdruck im Blut ist niedrig. Von der rechten Herzkammer gelangt das Hämoglobin mit dem Blutstrom in die Lunge. In den Lungenkapillaren ist der Sauerstoffpartialdruck infolge der sauerstoffreichen Einatmungsluft hoch. Das Hämoglobin-Molekül wird daher von Sauerstoffmolekülen oxygeniert, bis alle vier Häm-Gruppen ein Sauerstoffmolekül angelagert haben. Das oxygenierte Hämoglobin gelangt über die linke Vorkammer in die linke Hauptkammer. Der Sauerstoffpartialdruck ist immer noch hoch. Von der linken Hauptkammer wird das Hämoglobin zu den Gewebekapillaren transportiert. Dort ist infolge des Sauerstoffverbrauchs in den Zellen der Sauerstoffpartialdruck geringer. Das Hämoglobin wird daher teilweise desoxygeniert, der abgegebene Sauerstoff gelangt durch Diffusion zu den einzelnen Zellen. Ein Teil des Sauerstoffs bleibt als Reserve noch im Hämoglobin angelagert. Das so teilweise desoxygenierte Hämoglobin wird nun mit dem Blut, das einen geringen Sauerstoffpartialdruck hat, über die rechte Herzvorkammer in die rechte Herzkammer transportiert.

2

a)

		Sauerstoffaffinität
pH-Wert	Sinkt	Nimmt ab
	Steigt	Nimmt zu
Kohlenstoffdioxid-Konzentration	Nimmt ab	Nimmt zu
	Nimmt zu	Nimmt ab
Temperatur	Sinkt	Nimmt zu
	Steigt	Nimmt ab

b) Bei einer Linksverschiebung der Sauerstoffbindungskurve nimmt die Sauerstoffaffinität zu. Das bedeutet, dass das Hämoglobin schon bei geringerem Sauerstoffpartialdruck oxygeniert wird. Der Sauerstoff wird also leichter an das Hämoglobin angelagert. Die Abgabe von Sauerstoff, also die Desoxygenierung, wird dadurch aber erschwert, da dafür der Sauerstoffpartialdruck noch niedriger werden muss als im Ausgangszustand. Bei einer Rechtsverschiebung nimmt die Sauerstoffaffinität ab. Die Oxygenierung wird dadurch erschwert (höherer Sauerstoffpartialdruck erforderlich) und die Desoxygenierung erleichtert.

3

Wird bei der körperlichen Anstrengung mehr Kohlenstoffdioxid frei gesetzt, erniedrigt sich der pH-Wert, da mehr Kohlensäure entsteht. Gleichzeitig erhöht sich die Temperatur. Beide Faktoren führen zu einer Linksverschiebung der Sauerstoffbindungskurve. Dadurch wird die Desoxygenierung erleichtert, es wird mehr und – durch die kooperativen Effekte – schneller Sauerstoff vom Hämoglobin abgegeben. Die Reserven, die das Hämoglobin im Normalfall besitzt, werden somit ausgeschöpft und das Gewebe schneller und besser mit Sauerstoff versorgt.

4

Die CO-Bindungskurve ist eine Sättigungskurve, bei der schon bei einem CO-Partialdruck nahe Null die Sättigung erreicht ist. Die Affinität des Hämoglobins zu Kohlenstoffmonooxid ist also sehr viel größer als die zu Sauerstoff. Schon geringe Mengen an Kohlenstoffmonooxid führen daher dazu, dass die Häm-Gruppen mit Kohlenstoffmonooxid besetzt werden. Sauerstoff kann dann nicht mehr angelagert werden. Die CO-Bindungskurve macht auch deutlich, dass das Kohlenstoffmonooxid aufgrund der hohen Affinität nur sehr schwer wieder vom Hämoglobin abgegeben wird.
Eine Vergiftung mit Kohlenstoffmonooxid tritt also schon bei sehr geringen Mengen auf. Der Sauerstofftransport kann nicht mehr erfolgen, weil die Anlagerungsstellen mit Kohlenstoffmonooxid besetzt sind. Die Vergiftung ist extrem gefährlich, da Kohlenstoffmonooxid kaum vom Hämoglobin entfernt werden kann.

6.5 Molekulare Angepasstheiten beim Hämoglobin

1

Modifikationen:
- gesteigerte Hämoglobinsynthese bei verringertem Sauerstoffangebot

Angepasstheiten:
- Veränderung der AS-Sequenz im Hämoglobin, die zu einer erhöhten Affinität zu Sauerstoff führt.
- Abweichende Zusammensetzung des fetalen Hämoglobins bedingt eine höhere Sauerstoffaffinität als beim Hämoglobin des Erwachsenen.

2

Das Hämoglobin der Elefanten hat aufgrund einer Veränderung in der Aminosäuresequenz eine höhere Affinität zu Sauerstoff. Diese Eigenschaft ermöglicht es den Tieren, auch bei einem geringeren Sauerstoffpartialdruck, wie er in großen Höhen vorliegt, an ihr Hämoglobin vier Sauerstoffmoleküle anzulagern. So werden die Tiere auch in der sauerstoffarmen Höhenluft mit ausreichend Sauerstoff versorgt und bleiben leistungsfähig. Die Sauerstoffsättigungskurven in Abb. 3 zeigen, dass die Elefanten unter den Bedingungen großer Höhe in körperlicher Hinsicht sogar leistungsfähiger sein müssten als die Menschen.

3

Kleine Säugetiere haben eine höhere Stoffwechselrate als größere Tiere. Das hängt unter anderem damit zusammen, dass sie im Verhältnis zum Volumen eine größere Oberfläche besitzen und dadurch der Wärmeverlust größer ist. Durch den höheren Stoffwechsel ist der Sauerstoffverbrauch hoch. Der höhere P_{50}-Wert zeigt, dass die Sauerstoffaffinität des Hämoglobins geringer ist, wobei sie ausreicht, um das Hämoglobin in der Lunge voll mit Sauerstoff zu beladen. In den Kapillaren des Gewebes wird der Sauerstoff aber schon bei einem höheren Partialdruck leichter abgegeben. Dieser Mechanismus führt dazu, dass der Unterschied der Sauerstoffkonzentration zwischen dem Blut in den Kapillaren und dem Gewebe sehr groß ist und damit die Diffusion des Sauerstoffs in das Gewebe schneller erfolgt. Das Gewebe wird dadurch besser mit Sauerstoff versorgt, eine Angepasstheit an den hohen Stoffwechsel der kleinen Tiere.

4

Die Kurven in Abb. 4 zeigen, dass das fetale Hämoglobin eine höhere Sauerstoffaffinität besitzt als das Hämoglobin der Erwachsenen. In der Plazenta sind das fetale und das mütterliche Blut zwar getrennt, doch erfolgt ein Austausch der Stoffe durch Diffusion vom mütterlichen Blutplasma ins fetale Plasma. Dies gilt auch für Sauerstoff. Die hohe Sauerstoffaffinität des fetalen Hämoglobins bewirkt, dass schon bei niedrigen Partialdrücken Sauerstoff ans Hämoglobin angelagert wird. Dadurch erniedrigt sich die Konzentration im Blutplasma des Fetus. Es entsteht ein Konzentrationsgradient vom mütterlichen Blutplasma ins fetale Blutplasma. Dadurch diffundiert Sauerstoff ins fetale Blut. Die damit verbundene Abnahme des Sauerstoffpartialdrucks im mütterlichen Blut führt dazu, dass Sauerstoff vom mütterlichen Hämoglobin ins mütterliche Blutplasma abgegeben wird. Durch die höhere Sauerstoffaffinität des fetalen Hämoglobins bleibt der Konzentrationsgradient ständig erhalten und die Versorgung des Fetus mit Sauerstoff gewährleistet.

5

Individuelle Lösung.

6.6 Biologische Arbeitstechnik: Gelelektrophorese

1

Individuelle Lösung.

2

a) Eine DNA-Probe wird auf drei Reagenzgläser verteilt. Zwei Reagenzgläser werden mit unterschiedlichen Restriktionsenzymen versetzt, die die DNA an unterschiedlichen Stellen schneiden. Das dritte Reagenzglas wird mit beiden Restriktionsenzymen versetzt. Nach einer gewissen Einwirkungszeit werden die Proben in einer Gelelektrophorese aufgetrennt. Dabei wandern die Teilstücke der DNA je nach Größe und Ladung unterschiedlich schnell.

b) Das Bandenmuster lässt darauf schließen, dass in Probe 1 und 2 je zwei Teilstücke entstehen. Dabei ist davon auszugehen, dass die Teilstücke, die die Banden B und C darstellen, groß sind und das Teilstück der Bande D sehr klein. Es wandert am schnellsten. Teilstück A hat eine mittlere Größe. Das Muster der Probe 3 zeigt, dass B und C nicht mehr vorhanden sind. Die entsprechenden Teilstücke müssen also durch das jeweils andere Restriktionsenzym gespalten worden sein. Aus dieser Spaltung geht das Teilstück der Bande E hervor, das eine Größe zwischen den Teilstücken der Banden B und A hat. Die den Banden A und D zuzuordnenden Teilstücke bleiben erhalten, werden also durch das jeweilige andere Enzym nicht gespalten. Das Bandenmuster muss also so interpretiert werden, dass die DNA durch beide Restriktionsenzyme zusammen in drei Teilstücke gespalten wird, wobei Teilstück A vom Enzym A und Teilstück D vom Enzym B von der DNA abgetrennt wird. Das verbleibende Mittelstück ist der Bande E zuzuordnen.

3

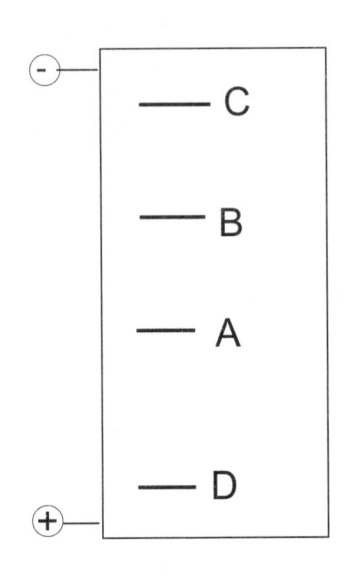

C ist das größte Protein. Da es nur eine einfache negative Ladung trägt, ist seine Wanderungsgeschwindikeit am geringsten, Es befindet sich also bei Abbruch des Experimentes am dichtesten bei der Startlinie (bei der Kathode). B ist kleiner, wandert daher schneller als C und ist daher weiter in Richtung Anode zu finden. A ist am kleinsten und wandert von allen Molekülen mit einfacher Ladung daher am schnellsten. D besitzt zwei Ladungen, die Anziehung der Anode wirkt also stärker. Da es die gleiche Größe wie A hat, ist seine Wanderungsgeschwindigkeit daher größer als A.

4

Stärke und Fette sind neutrale Moleküle. Eine Trennung durch Gelelektrophorese ist daher nicht möglich.

6.7 Sichelzellanämie: Molekulare Ursachen einer Erkrankung

1

Molekulare Ursachen und Auswirkungen: Bei der Sichelzellanämie liegt auf dem Chromosom 11 eine Punktmutation vor: In der β-Kette ist an einer Stelle die Aminosäure Glutaminsäure durch Valin ersetzt. Dies hat gravierende Auswirkungen auf die Tertiär- und Quartärstruktur des Hämoglobins.

Zelluläre Ebene: Die Sichelzell-Hämoglobin-Moleküle in einer roten Blutzelle neigen in der desoxygenierten Form dazu, sich zusammen zu lagern. Das führt dazu, dass die roten Blutzellen eine sichelförmige Gestalt annehmen. Sauerstoff kann kaum an das Hämoglobin angelagert werden.

Ebene der Organe: Nieren, Muskeln, Gelenke, der Verdauungstrakt und die Lungen können betroffen sein, ebenso das Gehirn. Es sind zwei Wege der Schädigung denkbar. Erstens Schädigungen durch Sauerstoffmangel, zweitens Verstopfung der Kapillaren durch zusammengelagerte sichelförmige Erythrozyten.

2

a) Individuelle Lösung.

b) Die drei Genotypen AA, Aa und aa unterscheiden sich in einer Peptidkette des Hämoglobins, die zu zwei Formen des Hämoglobins führt. Eine Form ist auf das Gen A, die andere auf das Gen a zurückzuführen.

Im Experiment zeigt sich:

a) Bei der Elektrophorese zeigt sich bei dem Genotyp AA nur eine Molekülform, die unter den Bedingungen der Elektrophorese wandert, d. h. alle Moleküle wandern gleich schnell, es entsteht eine dicke Bande. Beim Genotyp Aa entstehen zwei Banden. Eine ist auf das Gen A zurückzuführen, weil die Bande der des Genotyps AA entspricht. Allerdings ist die Bande kleiner, weil nur ein Teil der Hämoglobinmoleküle in dieser Form vorliegt. Eine weitere Bande befindet sich kurz über der Startlinie, diese Moleküle sind also kaum gewandert. Beim Genotyp aa zeigt sich nur eine Bande, die der des Aa-Typs mit geringer Wanderung entspricht. Sie ist stärker ausgeprägt, weil hier alle Moleküle nur wenig wandern.

b) Die Peptidstücke, die man beim Zerteilen des Hämoglobins aus dem A-Hämoglobin erhält, und die, die man aus dem a-Typ erhält, verhalten sich im Fingerprinting identisch mit einer Ausnahme. Dieses Fragment verhält sich in beiden Laufrichtungen jeweils anders.

c) Untersucht man diese beiden Ausführungen des Fragments, stellt man fest, dass sie sich nur in einer Aminosäure unterscheiden: Glu wurde gegen Val ausgetauscht.

Als Fazit ergibt sich, dass sich das Hämoglobin des Sichelzellentyps a nur in einer Aminosäure vom normalen Typ A unterscheidet. Diese Mutation verursacht die abweichende Form und Funktion des Moleküls.

3

Die heterozygoten Träger des Sichelzellallels sind vor der schweren Malaria geschützt. Sie genießen daher einen Überlebensvorteil, der die hohe Rate erklärt. Die Stabilität des Anteils an heterozygoten Trägern in der Bevölkerung lässt sich wie folgt erklären. Gesunde homozygote Menschen mit dem Genotyp AA sind durch Malaria gefährdet. Es findet eine Auslese zu deren Ungunsten statt. Menschen mit den Sichelzellallelen aa weisen aufgrund der lebensbedrohlichen Symptome eine hohe Sterblichkeit auf. Auch sie unterliegen also einer Auslese zu ihren Ungunsten, während die heterozygoten Träger nur geringe Symptome ausbilden, aber von der Malaria verschont werden. Bei einer Vererbung gemäß den Mendelschen Regeln ist bei den Nachkommen zweier heterozygoter Träger statistisch ein Verhältnis von AA:Aa:aa = 1:2:1 zu erwarten, wobei die jeweiligen Homozygoten eine geringere Überlebenschance haben. Die Population wird also mit einem hohen Anteil der Heterozygoten stabilisiert.

7 Fotosynthese – Umwandlung von Lichtenergie in chemische Energie

7.1 Vom Organ zum Molekül: Laubblatt – Chloroplasten – Chlorophyll

1

a) Leitung von Wasser, Mineralsalzen und Fotosyntheseprodukten: Leitbündel (Xylem: Wasser und Mineralsalze, Phloem: Fotosyntheseprodukte).
b) Gasaustausch und Transpiration: Spaltöffnungen und Schwammgewebe.
c) Transpirationsschutz, Schutz vor dem Eindringen von Krankheitserregern: Kutikula und Epidermis.
d) Fotosynthese: Vor allem im Palisadengewebe, weniger im Schwammgewebe.

2

Individuelle Lösung, z. B.: Kompartimentierung hat immer mit einer Aufgabenteilung und Spezialisierung zu tun. Im Blatt gibt es verschiedene Kompartimente in Form der verschiedenen Gewebe: Epidermis mit Kutikula, Spaltöffnungen, Schwammgewebe, Palisadengewebe, Leitbündel, die alle unterschiedliche Aufgaben haben (s. Aufg. 1). In den Zellen z. B. des Palisadengewebes findet man Kompartimente in Form von Organellen: Zellkern, Chloroplasten usw. Chloroplasten sind wiederum kompartimentiert: Granathylakoide, Stromathylakoide.

3

Das Sonnenblatt weist eine erheblich kleinere Blattoberfläche aber größere Blattdicke als das Schattenblatt auf. Seine durchschnittliche Masse ist um den Faktor 2 größer als die des Schattenblattes. Das Schwammgewebe ist beim Sonnenblatt stärker ausgeprägt, das Palisadengewebe besteht teilweise aus zwei Schichten.
Es handelt sich um eine Angepasstheit an die Lichtverhältnisse. An hellen Stellen kann die Pflanze mit den Sonnenblättern viel Licht absorbieren und viel Fotosynthese betreiben, da das intensive Licht tief in das Blatt eindringen kann. Um das restliche Licht im Schattenbereich auch nutzen zu können, wird dieses Licht mit Schattenblättern zusätzlich absorbiert. Durch die Kombination dieser beiden Modifikationen erreicht die Pflanze also ein Optimum an Lichtausnutzung und damit an Fotosynthese.

4

Individuelle Lösung.

7.2 Arbeitstechnik: Chromatographie und Autoradiographie

1

Individuelle Lösung.

3

Individuelle Lösung.

2

Substanz	R_f-Wert
β-Carotin	0,934
Chlorophyll a	0,500
Chlorophyll b	0,407
Lutein	0,303
Violaxanthin	0,171
Neoxanthin	0,079

7.3 Pigmente absorbieren Licht

1

Individuelle Lösung.

2

Alle Moleküle absorbieren Licht im blauen Bereich (Wellenlänge < 500 nm), wobei ihre Absorptionsmaxima bei unterschiedlichen Wellenlängen liegen. Carotinoide weisen zwei Absorptionsmaxima auf. Die beiden Chlorophyllmoleküle haben zusätzlich im roten Bereich noch ein Absorptionsmaximum, das bei Chlorophyll a stärker ausgeprägt ist.

Das Wirkungsspektrum erscheint annähernd wie eine Summierung der Absorptionsspektren aller in b aufgeführten Moleküle. Es weist ein breites Maximum im blauen Bereich und ein schmaleres Maximum im roten Bereich auf. In den Wellenlängenbereichen zwischen 500 nm und 600 nm ist die Fotosyntheserate relativ gering. Das ist der Bereich, in dem Chlorophylle und Carotinoide nur wenig Licht absorbieren.

3

Die Bakterienhäufigkeit entlang des Algenfadens entspricht der Fotosyntheserate des Wirkungsspektrums. Da diese Bakterien Sauerstoff benötigen, ist davon auszugehen, dass die Häufigkeit der Bakterien mit der Sauerstoffkonzentration korreliert. Die höchste Sauerstoffkonzentration findet man dort, wo die höchste Fotosyntheserate gemessen wird, da Sauerstoff ein Produkt der Fotosynthese ist.

4

a) In der Abb. 4a wird ein Sonnenblatt dargestellt. In diesem Blatt ist die Zahl der Reaktionszentren pro Fläche höher als bei b und die Zahl der Antennenpigmente pro Reaktionszentrum geringer. Dies deutet darauf hin, dass auch mit wenigen Antennenpigmenten genügend Licht für die Abgabe von Elektronen gesammelt wird. Es muss sich daher um ein Sonnenblatt handeln, das größeren Lichtintensitäten ausgesetzt ist.

b) Aufgrund der höheren Lichtintensitäten und der kleineren Anzahl an Antennenpigmenten können mehr Reaktionszentren pro Fläche ausgebildet werden, die Pflanze kann somit mehr Fotosynthese betreiben. Im Schattenblatt werden wegen der geringeren Lichtintensitäten mehr Antennenpigmente benötigt, um genügend Energie für die Elektronenabgabe im Reaktionszentrum zu sammeln. Dadurch wird eine größere Fläche belegt. Die Ausbildung von Schattenblättern ermöglicht aber zusätzlich auch noch die Ausnutzung von geringeren Lichtintensitäten, die Pflanze steigert dadurch ihre Fotosyntheseleistung.

7.4 Lichtreaktion: Bereitstellung von chemischer Energie

1

a) Individuelle Lösung.

b) Beide Modelle beschreiben die gleichen Reaktionen, doch liegt die Gewichtung auf unterschiedlichen Aspekten. Im energetischen Modell werden hauptsächlich die „Energiestufen" der einzelnen beteiligten Stoffe und Reaktionen betrachtet. Hier wird deutlich, wo Energie aufgenommen wird und wie der Energiefluss verläuft. Im Wesentlichen geschieht das durch die Betrachtung des Elektronenflusses in der Lichtreaktion.

Im chemiosmotischen Modell liegt der Schwerpunkt der Betrachtung auf der Wanderung der Protonen und damit auf dem Aufbau des Protonengradienten und seiner Nutzung. Diese Betrachtung ist daher stark mit dem räumlichen Aufbau der Chloroplasten verbunden.

2

Kurzfristige Folgen: Die Elektronen werden nicht mehr vom Redoxsystem I zum Redoxsystem II weiter gegeben. Der Elektronenfluss kommt zum Erliegen. Auch das Fotosystem I funktioniert nicht mehr, da der Elektronenmangel des P700 nicht mehr ausgeglichen werden kann. Die Abgabe von Elektronen an das Redoxsystem IV kann daher nicht stattfinden. Es wir kein NADPH + H^+ gebildet.

Mittelfristige Folgen: Ohne das NADPH + H$^+$ kann im Stroma keine Glucose aus Kohlenstoffdioxid aufgebaut werden. Damit entfallen das Baumaterial und die Energiegewinnung der Pflanze aus der Atmung.
Langfristige Folgen: Die Pflanze wird sterben, sobald ihre Vorräte an Glucose, Stärke und weiteren Stoffen (Fette, Proteine) erschöpft sind.

3

Individuelle Lösung. Darin enthalten z. B.:
Sauerstoffisotop ^{18}O im Wasser → Sauerstoffisotop ^{18}O nur im O$_2$.
Sauerstoffisotop ^{18}O im Kohlenstoffdioxid → Sauerstoffisotop ^{18}O in der Glucose.

7.5 Der Calvin-Zyklus: Umwandlung von Kohlenstoffdioxid in Glucose

1

a) In der Phase der Kohlenstofffixierung wird Kohlenstoffdioxid durch das Enzym Rubisco an Ribulose-1,5-bisphosphat gebunden. Der entstehende C$_6$-Körper zerfällt sofort in zwei C$_3$-Körper, 3-Phosphoglycerinsäure. In der Phase der Reduktion wird nach Aktivierung durch ATP 3-Phosphoglycerinsäure durch NADPH + H$^+$ zu 3-Phosphoglycerinaldehyd reduziert.
3-Phosphoglycerinaldehyd kann teilweise dem Calvinzyklus entnommen werden und daraus Glucose synthetisiert werden. Das restliche 3-Phosphoglycerinaldehyd dient in der nächsten Phase zur Regeneration von Ribulose-1,5-bisphosphat. Auch hier muss ATP aufgewendet werden. Der Kreislauf muss sechs Mal durchlaufen werden, um ein Molekül Glucose herzustellen und gleichzeitig das nötige Ribulose-1,5-bisphosphat zu regenerieren.
b) Individuelle Lösung.
c) Die Teilreaktionen der Fotosynthese laufen in unterschiedlichen Reaktionsräumen ab. Dies ist notwendig, um in der Lichtreaktion den nötigen Protonengradienten zwischen Thylakoid-Innenraum und Stroma herzustellen und aufrecht zu erhalten. Nur so lässt sich das nötige ATP herstellen. Der Calvin-Zyklus läuft in einem Reaktionsraum, dem Stroma ab.

2

a) Hypothese 1 ist richtig, wie die Verläufe der Graphen in der Abbildung zeigen. Im Licht bleiben die Konzentrationen von PGS und RuBP konstant. Nach dem Wechsel zur Dunkelheit steigt die Konzentration von PGS an, weil die ATP-abhängige Reaktion von PGS zu BPG nicht mehr ablaufen kann. Das notwendige ATP kann ja nur bei Licht in der Lichtreaktion gebildet werden. Die Konzentration von RuBP sinkt, weil durch die Unterbrechung des Kreislaufes kein RuBP regeneriert werden kann. Die Bildung von PGS läuft solange, wie noch RuBP vorhanden ist, weil dazu weder ATP noch NADPH + H$^+$ aus der Lichtreaktion benötigt wird.

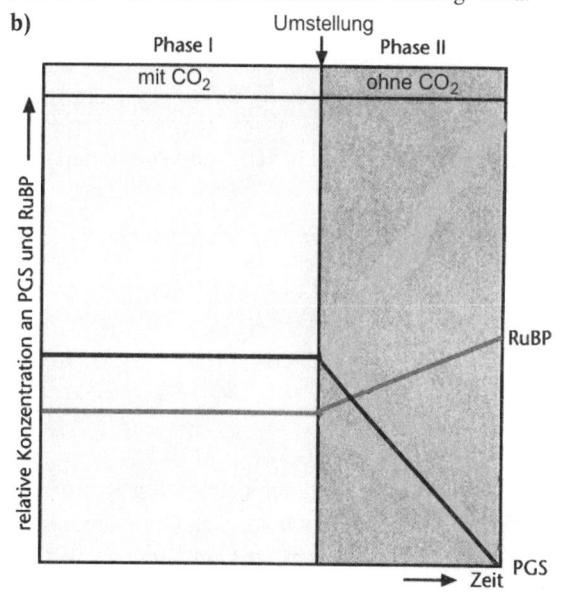

b)

Nach der Umstellung wird kein weiteres PGS synthetisiert, da Kohlenstoffdioxid fehlt. RuBP wird noch so lange produziert, wie G3P aus dem Calvin-Zyklus nachgeliefert werden kann. Da es aber nicht mehr bei der Fixierung von Kohlenstoffdioxid verbraucht wird, steigt die Konzentration an. Der Anstieg des RuBP ist flacher als der Rückgang des PGS, weil zur Regeneration von RuBP jeweils zwei Moleküle G3P benötigt werden.

3

Individuelle Lösung.

4

	Bildung von			Begründung
	ATP*	NADPH+H⁺*	Glucose	
I	ja	ja	ja	Lichtreaktion läuft ab, da alle Komponenten (Thylakoide, Stroma, Licht) vorhanden sind. Da aus diesem Grund auch ATP und NADPH+H⁺ vorhanden sind, wird auch Glucose gebildet.
II	ja	ja	nein	Licht und Thylakoide sind vorhanden. Zum Aufbau des H⁺-Gradienten genügen Thylakoide in der Lösung, die Lichtreaktion läuft ab. Glucose wird nicht gebildet, da das Stroma mit allen seinen Verbindungen fehlt.
III	nein	nein	nein	Ohne Thylakoide kann die Lichtreaktion nicht stattfinden. Da aus diesem Grund auch kein ATP und NADPH+H⁺ vorhanden sind, kann auch der Calvin-Zyklus nicht stattfinden, es wird keine Glucose gebildet.
IV	nein	nein	ja	Ohne Thylakoide kann die Lichtreaktion nicht stattfinden, daher keine Synthese von ATP und NADPH+H⁺. Glucose wird dennoch gebildet, da ATP und NADPH+H⁺ in der Lösung vorhanden sind.
V	nein	nein	ja	Ohne Thylakoide kann die Lichtreaktion nicht stattfinden, daher keine Synthese von ATP und NADPH+H⁺. Glucose wird dennoch gebildet, da ATP und NADPH+H⁺ in der Lösung vorhanden sind. Der Mangel an Licht spielt dabei keine Rolle.

*: Vorausgesetzt, ADP und NADP⁺ sind vorhanden.

7.6 Die Fotosyntheserate ist von verschiedenen Faktoren abhängig

1

a) Die Kurve steigt mit zunehmender Temperatur zunächst exponentiell an. Noch vor dem Optimum nimmt die Steigung ab und erreicht im Optimum den Wert 0. Danach fällt die Kurve steil ab, um kurz vor dem Maximum in eine Gerade parallel zur Abszisse einzubiegen. Bei tiefen Temperaturen ist die Reaktionsgeschwindigkeit zu gering für eine messbare Fotosynthese. Mit steigender Temperatur erhöht sich die Reaktionsgeschwindigkeit gemäß dem Q_{10}-Wert. Ab einer bestimmten Temperatur arbeiten die Enzyme der Fotosynthese nicht mehr optimal. Steigt die Temperatur weiter, werden die Enzyme geschädigt oder sogar zerstört: Die Fotosyntheserate sinkt steil ab. Im Maximum findet schließlich keine Fotosynthese statt, die Pflanze stirbt.

b) Bültengras beginnt schon bei –7 °C mit der Fotosynthese. Diese erreicht schon zwischen 3 °C und 5 °C das Maximum. Bei etwa 22 °C stellt die Pflanze die Fotosynthese ein. Auffallend ist außerdem, dass nur sehr wenig Kohlenstoffdioxid aufgenommen wird. Weizen beginnt bei 0 °C mit der Fotosynthese und hört bei 50 °C auf. Das Maximum liegt bei 26 °C. Im Vergleich mit dem Bültengras betreibt der Weizen die Fotosynthese viel effektiver. Mais beginnt erst bei 12 °C mit der Fotosynthese und hört bei 52 °C auf, das Maximum liegt bei 38 °C. Die Effektivität im Maximum ist mehr als doppelt so groß wie beim Weizen.

Die Effektivität der Fotosynthese im Maximum hängt wahrscheinlich von der dann höheren Temperatur infolge des Q_{10}-Wertes und damit höheren Reaktionsgeschwindigkeit der Stoffwechselvorgänge ab. Die Enzyme der Fotosynthese sind bei den drei Pflanzen an unterschiedliche Temperaturbereiche angepasst, wobei bei Mais offenbar noch weitere Faktoren eine Rolle spielen, die die Effektivität erhöhen. Insgesamt kann man sagen, dass Bültengras am besten an tiefe Temperaturen angepasst ist, wenn auch bei geringer Fotosyntheseeffektivität. Mais ist am besten an hohe Temperaturen angepasst, Weizen liegt zwischen den beiden Pflanzen.

2

a) Individuelle Lösung.
b) Schattenkräuter sind darauf angewiesen, schon bei geringen Lichtintensitäten Fotosynthese betreiben zu können. Dies wird in Abb. 4 bestätigt. Wichtig ist, dass die maximal erreichbare Fotosyntheseaktivität möglichst schnell, das heißt bei geringer Lichtintensität erreicht wird. Dies ist bei den Schattenkräutern der Fall. Sonnenkräuter und Weizen zeigen mit steigender Lichtintensität auch eine steigende Kohlenstoffdioxidaufnahme, also eine steigende Fotosynthese. Das Maximum wird im Vergleich zu den Schattenkräutern erst bei einer viel höheren Lichtintensität erreicht, da unter natürlichen Bedingungen immer genügend Licht vorhanden ist. Weizen ist in der Lage bessere Lichtverhältnisse produktiver zu nutzen als Sonnenkräuter, d.h. seine Fotosyntheseaktivität ist bei gleicher Lichtstärke höher. Mais als „Sonnenanbeter" besitzt bei niedrigen Lichtstärken eine ähnliche Fotosyntheseaktivität wie Weizen und Schattenkräuter. Mit steigender Lichtintensität nimmt dagegen auch seine Kohlenstoffdioxidaufnahme kontinuierlich zu, und damit auch seine steigende Fotosynthese. Im Gegensatz zu den anderen Pflanzen ist sein „Maximum" bei einer Beleuchtungsstärke von 400 W/m^{-2} noch nicht erreicht.

3

Bei 20 °C ist die Stoffwechselaktivität und damit der Energieverbrauch am höchsten. Infolge dessen wird von der Pflanze viel Atmung betrieben. Bei geringer Lichtintensität ist die Fotosynthese noch nicht effektiv genug, um eine ausgeglichene Kohlenstoffdioxidbilanz zu erreichen. Der Licht-Kompensationspunkt liegt daher erst bei einer hohen Beleuchtungsstärke. Aufgrund der hohen Reaktionsgeschwindigkeit liegt die Sättigung auch sehr hoch. Bei 10 °C ist die Reaktionsgeschwindigkeit geringer. Die Pflanze atmet daher auch weniger und der Licht-Kompensationspunkt wird bei geringerer Lichtintensität erreicht. Auch die Sättigung der Fotosynthese wird früher und bei einem niedrigeren Wert erreicht. Bei 0 °C werden entsprechend der Licht-Kompensationspunkt und die Sättigung noch früher erreicht.

4

Individuelle Lösung.

7.7 Mais – eine C_4-Pflanze als Fotosynthesespezialist

1

Das Laubblatt der C_3-Pflanze weist den typischen Bau mit der Unterscheidung von Palisadengewebe und Schwammgewebe auf. Im Schwammgewebe sind Leitbündel eingestreut, die von einer einfachen Bündelscheide umgeben sind.
Im Blattquerschnitt der Maispflanze (C_4-Pflanze) gibt es die Unterscheidung Palisadengewebe und Schwammgewebe nicht. Leitbündel sind häufig vertreten und zentral angeordnet. Jedes Leitbündel ist von Bündelscheidenzellen mit hoher Chloroplastenzahl umgeben. Diese Bündelscheiden sind wiederum von den locker angeordneten Mesophyllzellen, die eine geringere Chloroplastendichte aufweisen, umgeben. Die Spaltöffnungen bilden den Eingang zu Hohlräumen, die zwischen den Mesophyllzellen liegen.

2

Kohlenstoffdioxid wird von den Mesophyllzellen aufgenommen. Dort wird es vom Enzym PEP-Carboxylase an PEP gebunden, es entsteht Oxalacetat, ein C_4-Körper. Oxalacetat wird in Malat überführt. Anschließend wird Malat in die Bündelscheidenzelle transportiert. Dort wird Kohlenstoffdioxid abgegeben, das dabei entstehende Pyruvat wieder in die Mesophyllzelle befördert und durch ATP wieder zu PEP regeneriert. Das Kohlenstoffdioxid in der Bündelscheidenzelle wird durch Rubisco fixiert und in den Calvin-Zyklus eingeschleust. Es entsteht Glucose, die an Zellen des Leitbündels abgegeben wird.

3

Im Kontrollansatz wird die Farbe der Hydrogencarbonat-Lösung unverändert bleiben, da das Gleichgewicht von CO_2 und Hydrogencarbonat nicht gestört wird. In den beiden Versuchsansätzen mit Blättern wird durch die Fotosynthese CO_2 gebunden. Die Kohlenstoffdioxidkonzentration in der Atmosphäre wird geringer, so dass CO_2 aus der Lösung entweicht. Dadurch steigt der pH-Wert an, die Farbe verändert sich in Richtung grün. Da das Enzym PEP-Carboxylase effektiver ist und

CO_2 noch bei geringerer Konzentration binden kann als Rubisco, wird diese Farbveränderung im Gefäß mit den Maisblättern weiter gehen als bei dem Gefäß mit den Bohnenblättern.

4

Zunächst werden beide Pflanzen Kohlenstoffdioxid aus der Atmosphäre im Gefäß aufnehmen. Die CO_2-Konzentration im Gefäß wird also sinken. Ab einer bestimmten CO_2-Konzentration kann die C_3-Pflanze kein weiteres Kohlenstoffdioxid aufnehmen, während die C_4-Pflanze aufgrund der hohen Affinität von PEP-Carboxylase zu CO_2 noch weiterhin Fotosynthese betreiben kann. Weizen wird unter diesen Bedingungen durch Atmung CO_2 abgeben. Er verliert also Kohlenstoff und damit organische Substanz. Mais kann mit diesem abgegebenen CO_2 weiter Fotosynthese betreiben, er wächst also auf Kosten des Weizens, der nach Erschöpfung aller Vorräte sterben wird. Kurz danach wird auch bei Mais ein Stillstand im Wachstum eintreten, da kein weiteres CO_2 zur Fotosynthese nachgeliefert wird.

5

Die C_4-Pflanze ist der C_3-Pflanze ab einer Beleuchtungsstärke von ca. 150 W/m^{-2} mit steigender Beleuchtungsstärke überlegen. Bei geringer Beleuchtungsstärke ist die C_3-Pflanze effektiver. Nur bei sehr geringer Lichtintensität ist die C_4-Pflanze ebenfalls im Vorteil. Hinsichtlich der Temperatur kann man sagen, dass die Aufnahme von Kohlenstoffdioxid und damit die Fotosyntheserate bei der C_3-Pflanze bei niedrigen Temperaturen höher ist als bei der C_4-Pflanze. Erst ab ca. 30 °C betreibt die C_4-Pflanze die Fotosynthese wesentlich effektiver als die C_3-Pflanze. Während die Erträge bei der C_3-Pflanze aber schon ab 28 °C wieder zurück gehen, steigen sie bei der C_4-Pflanze noch bis 42 °C stark an, um dann allerdings schnell abzufallen. Die C_4-Pflanze ist also angepasst an hohe Temperaturen und hohe Beleuchtungsstärken, die C_3-Pflanze an gemäßigte Temperaturen und geringere Beleuchtungsstärken. Bei der natürlichen Kohlenstoffdioxidkonzentration der Luft ist die C_4-Pflanze der C_3-Pflanze überlegen. Erst bei einer doppelt so hohen Kohlenstoffdioxidkonzentration würde die C_3-Pflanze eine höhere Fotosyntheserate erzielen. Grafik c zeigt darüber hinaus, wie effektiv die Anreicherung von Kohlenstoffdioxid in der Bündelscheide der C_4-Pflanze funktioniert.

7.8 CAM-Pflanzen – angepasst an extreme Trockenheit

1

Das Laubblatt der C_3-Pflanze weist den typischen Bau mit der Unterscheidung von Palisadengewebe und Schwammgewebe auf. Im Schwammgewebe sind Leitbündel eingestreut, die von einer einfachen Bündelscheide umgeben sind.
Im Blattquerschnitt der Maispflanze gibt es die Unterscheidung Palisadengewebe und Schwammgewebe nicht. Leitbündel sind häufig vertreten und zentral angeordnet. Jedes Leitbündel ist von Bündelscheidenzellen mit hoher Chloroplastenzahl umgeben. Diese Bündelscheiden sind wiederum von den locker angeordneten Mesophyllzellen, die eine geringere Chloroplastendichte aufweisen, umgeben. Die Spaltöffnungen bilden den Eingang zu Hohlräumen, die zwischen den Mesophyllzellen liegen. Der Blattquerschnitt zeigt eine dicke Schicht von gleichgebauten Mesophyllzellen im Inneren des Blattes. Die Mesophyllzellen sind nur mäßig mit Chloroplasten bestückt, haben aber alle eine große Vakuole, so dass sehr viel Wasser gespeichert werden kann. Im Blatt gibt es keine großen Hohlräume, Spaltöffnungen kommen auf der Ober- und Unterseite des Blattes vor.

2

Individuelle Lösung, z. B. in folgender Form:
Im Cytoplasma ist im Dunkeln Oxalessigsäure schon nach 1 s Inkubation vorhanden. Die Konzentration steigt mit zunehmender Inkubationsdauer etwas an. Ab 5 s Inkubation tritt Äpfelsäure auf, die Konzentration steigt nicht erheblich weiter an. In den Vakuolen tritt Oxalessigsäure nicht auf. Äpfelsäure ist ab 60 s in größeren Konzentrationen nachweisbar.
Bei Helligkeit tritt weder im Cytoplasma noch in den Chloroplasten Oxalessigsäure auf, Äpfelsäure ist ab 30 s Belichtung nachweisbar. Ab 60 s sind PGS und G3P nachweisbar. Sie entsprechen den Schritten im Calvin-Zyklus. Ab 70 s Belichtung treten in zunehmender Konzentration Zuckermonophosphate, Glucose-6-phosphat und Zuckerdiphosphate auf, also Ergebnisse der Fotosynthese. Man kann daher folgendes Schema erstellen (Beispiel):

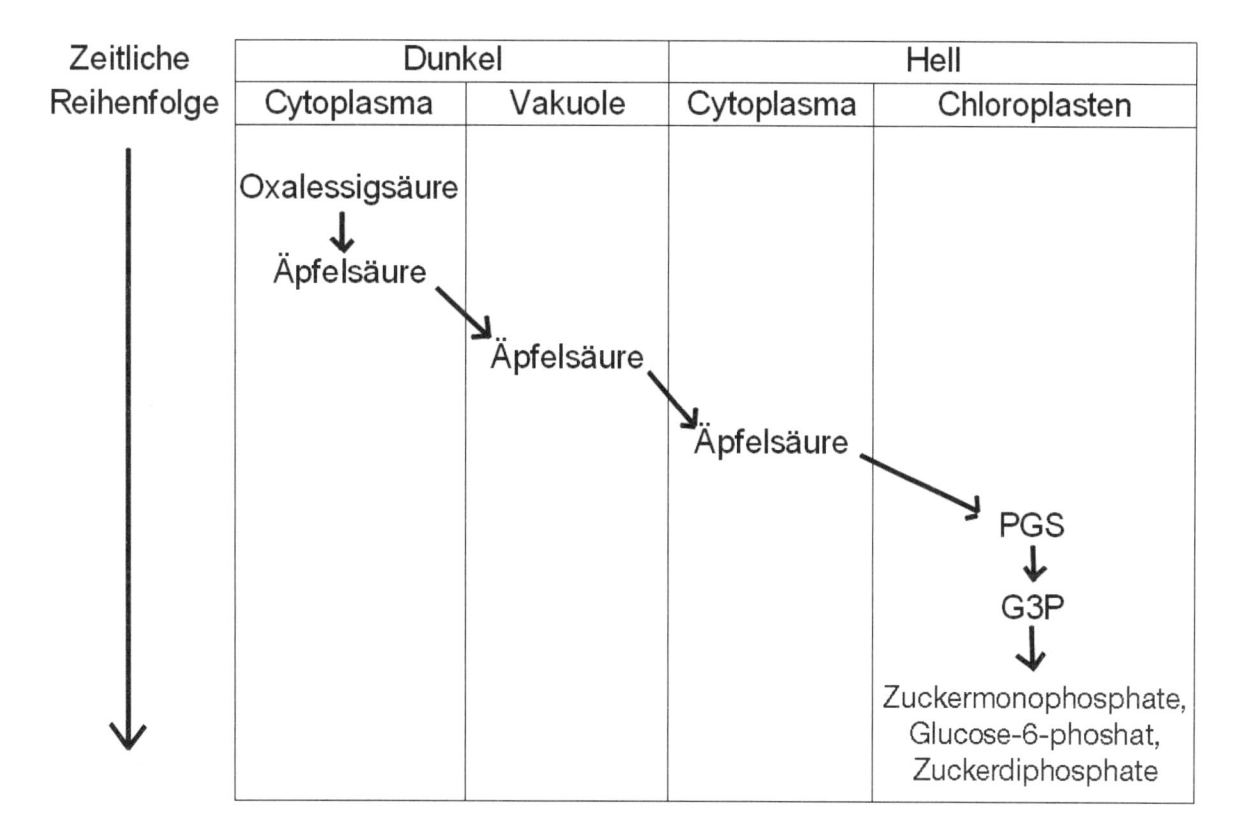

Zeitliche Reihenfolge	Dunkel		Hell	
	Cytoplasma	Vakuole	Cytoplasma	Chloroplasten
↓	Oxalessigsäure ↓ Äpfelsäure ↘	Äpfelsäure ↘	Äpfelsäure ↘	PGS ↓ G3P ↓ Zuckermonophosphate, Glucose-6-phoshat, Zuckerdiphosphate

Oder andere Lösung.

7.9 Übersicht: Fotosynthese

–

7.10 Die Kohlenstoffbilanz einer Pflanze

1

Zellatmung und Fotosynthese bilden zusammen einen Kreislauf, der von der Sonne angetrieben wird und die Lebewesen mit Energie und organischen Stoffen versorgt. Unter dem Einfluss von Licht wird in den Fotosystemen I und II ATP bzw. NADPH+H$^+$ hergestellt. Diese Stoffe werden im Calvin-Zyklus bei der Fixierung und Reduktion von Kohlenstoffdioxid benötigt. Es entsteht dabei Glucose, die in der Glykolyse zu Pyruvat verarbeitet wird. Hierbei entsteht ATP. Pyruvat gelangt in den Citratzyklus und wird zu Kohlenstoffdioxid oxidiert, das wieder im Calvin-Zyklus benötigt wird. Die dabei entstehenden Reduktionsäquivalente speisen ihre Elektronen in die Atmungskette ein. ATP wird gebildet und dabei der in der Lichtreaktion frei gewordene Sauerstoff verbraucht.

2

a) Individuelle Lösung.

b) Netto-Fotosynthese = 0: Der Netto-CO_2-Fluss = 0, Die CO_2-Bilanz ist ausgeglichen.

Netto-Fotosynthese > 0: Der Netto-CO_2-Fluss hat ein negatives Vorzeichen, der Fichtenbestand nimmt mehr Kohlenstoffdioxid auf als er abgibt, die Fotosynthese überwiegt.

Netto-Fotosynthese < 0: Der Netto-CO_2-Fluss hat ein positives Vorzeichen, der Fichtenbestand nimmt weniger Kohlenstoffdioxid auf als er abgibt, die Atmung überwiegt.

c) 1.7.05, 12 Uhr: Netto-CO_2-Fluss ca. −10: Die Fotosynthese überwiegt die Atmung beträchtlich, es wird mehr CO_2 abgegeben als aufgenommen.

1.1.06 12 Uhr: Netto-CO_2-Fluss ca. 0: Die Fotosynthese und die Atmung sind in etwa ausgeglichen.

1.9.07 21 Uhr: Netto-CO_2-Fluss ca. +8: Die Atmung überwiegt die Fotosynthese beträchtlich, es wird mehr CO_2 aufgenommen als abgegeben.

3

a) Die Netto-Fotosynthese errechnet sich aus der Brutto-Fotosynthese minus der Atmung.
Buchenbestand: 6,2 t C x ha^{-1} x Jahr^{-1} (8,6−2,4)
Fichtenbestand: 7,1 t C x ha^{-1} x Jahr^{-1} (14,9−7,8)
Gerstenfeld: 6,6 t C x ha^{-1} x Jahr^{-1} (8,3−1,7)

b) Individuelle Lösung.
Mögliche Aspekte: Buche/Fichte: Der Holzertrag ist bei der Fichte höher. Gerste: Ein Ertrag (Wachstum) lässt sich nicht ablesen, da die Statistik auf ein ganzes Jahr bezogen ist und die Gerste als einjährige Pflanze dann bereits vollständig abgebaut ist.
Offen bleibt, wie die Spreu in die Bewertung eingeht. Hier ist eine offene Diskussion mit individuell verschiedenen Ansichten möglich. Vergleichen lässt sich die Netto-Fotosynthese (Spreu ist dabei ausgeklammert). Hier zeigt der Fichtenbestand den höchsten Betrag, der Buchenbestand den geringsten. Vergleichen lässt sich auch die Atmung mit ihren Teilaspekten.

4

Individuelle Lösung.

7.11 Die Vielfalt pflanzlicher Naturstoffe beruht auf genetischer Vielfalt

1

a) Zellen, die von Bakterien, Viren oder Pilzen infiziert wurden, bilden noch vor ihrem Tod Salicylsäure und geben sie an ihre Umgebung ab. Die steigende Salicylsäurekonzentration bewirkt die Bildung eines weiteren Signalstoffes, der in den Leitbündeln in andere Pflanzenteile transportiert wird. In den von der Infektion weiter entfernten Blättern wird daraufhin viel Salicylsäure gebildet, die einen gewissen Schutz (Resistenz) gegen den Erreger bietet. Ein Teil der Salicylsäure wird in Methylester-Salicylsäure umgewandelt. Diese unterstützt die Ausbildung der Resistenz und kann die Information über den Befall mit Bakterien, Viren oder Pilzen an Nachbarpflanzen weitergeben.

b) A: Das untere Blatt bildet nach der Inkubation mit TMV Salicylsäure, die in die oberen Blätter transportiert wird. Dort induziert sie eine erhöhte Salicylsäurekonzentration, die einen Schutz vor TMV bildet. Man kann erkennen, dass das obere Blatt fünf Tage nach dem Bestreichen mit TMV kaum infizierte Stellen aufweist.

B: Im Versuch sind alle Blätter genetisch verändert, so dass sie keine Salicylsäure bilden können. Entsprechend hoch ist der Befall mit TMV nach den fünf Tagen.

C: Hier können die unteren Blätter nach der Inkubation Salicylsäure erzeugen, die in die oberen Blätter wandert. Sie bietet einen geringen Schutz, der aber nicht weiter ausgebaut werden kann, da die oberen Blätter keine Salicylsäure synthetisieren können. Der Befall ist daher etwas niedriger als in Versuch B.

D: Die unteren Blätter können hier keine Salicylsäure bilden, die oberen Blätter daher nicht „gewarnt" werden. Da die oberen Blätter aber nach dem Bestreichen mit TMV mit der Produktion von Salicylsäure beginnen können, ist der Befall immer noch niedriger als in den Versuchen B und C, aber höher als in A.

2

Individuelle Lösung, z. B.:

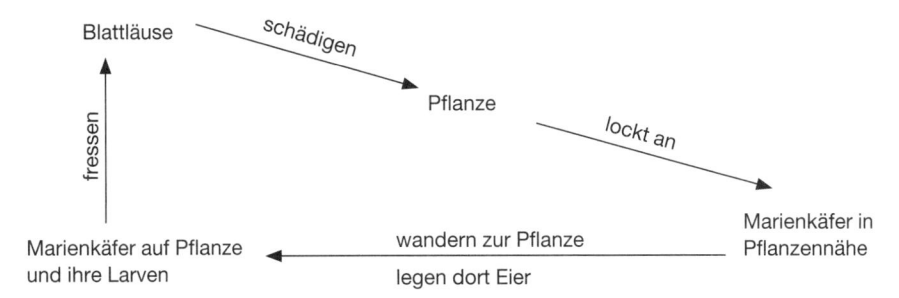

Blattläuse →(schädigen)→ Pflanze →(lockt an)→ Marienkäfer in Pflanzennähe →(wandern zur Pflanze, legen dort Eier)→ Marienkäfer auf Pflanze und ihre Larven →(fressen)→ Blattläuse

oder andere Darstellung.

Die Beziehung zwischen Blattläusen und Pflanzen kann man unter der Rubrik Parasitismus einordnen. Die Blattläuse ernähren sich von den Pflanzensäften und schädigen dadurch die Pflanzen, ohne dass die Pflanzen daraus einen Vorteil ziehen können.

Die Beziehung zwischen Marienkäfern und Pflanzen kann man unter Symbiose einordnen. Die Pflanze profitiert von den Marienkäfern, weil diese ihre Schädlinge dezimieren. Die Marienkäfer profitieren von der Beziehung, weil ihnen die Pflanze durch z. B. Methylester-Salicylsäure neue Nahrungsgründe aufzeigt.

3

Individuelle Lösung.

8 Anpassungen und Angepasstheiten von Lebewesen an Umweltfaktoren

8.1 Homöostase: Stabilität in biologischen Systemen durch Regelungsvorgänge

1

a) Abb. 3: Die Dreieckskrabbe weist immer die gleiche Salzkonzentration im Körper auf wie das Meerwasser, in dem sie sich befindet. Übersteigt diese Salzkonzentration einen Wert von 4 %, stirbt die Krabbe.
Abb. 5a: Die Körpertemperatur der Maus liegt, unabhängig von der Umgebungstemperatur, bei ca. 37,5 °C. Die Körpertemperatur der Eidechse entspricht der jeweiligen Umgebungstemperatur.
Abb. 5b: Der Energieumsatz der Maus sinkt von ca. 18 W x kg^{-1} bei 5 °C Umgebungstemperatur kontinuierlich bis auf ca. 6 W x kg^{-1} bei 30 °C Umgebungstemperatur. Bei weiter steigender Umgebungstemperatur bleibt der Energieumsatz in etwa konstant. Bei der Eidechse ist der Energieumsatz im Gegensatz zur Maus sehr gering und steigt mit steigender Umgebungstemperatur nur sehr langsam von ca. 0,1 W x kg^{-1} bei 5 °C auf etwa 0,6 W x kg^{-1} bei 37 °C an.

b) Die Krabbe ist ein Konformer. Die Salzkonzentration im Körper entspricht dem Salzgehalt des Wassers. Die Maus ist ein Regulierer. Sie hält ihre Körpertemperatur konstant. Dafür muss sie bei tiefen Temperaturen Energie aufwenden, damit der Körper nicht auskühlt. Die Eidechse ist ein Konformer. Ihre Körpertemperatur folgt der Umgebungstemperatur, es muss keine Energie dafür aufgewendet werden. Der langsam steigende Energieumsatz bei der Eidechse mit steigender Temperatur ist gemäß der RGT-Regel dem steigenden Stoffwechsel zuzuschreiben.

c)

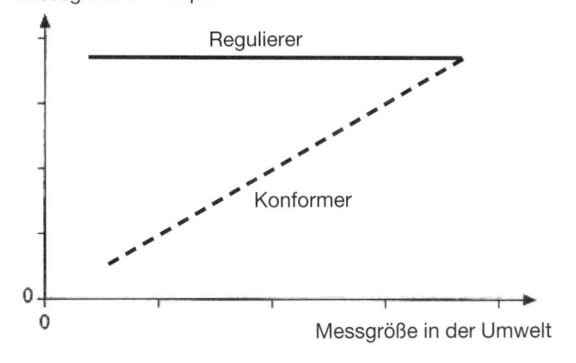

d) Die Maus hat, besonders bei tiefen Temperaturen, hohe Kosten in Form von aufgewendeter Energie für die gleichbleibende Körpertemperatur. Der Nutzen für das Tier liegt in einer gleichbleibenden Beweglichkeit und Schnelligkeit unabhängig von der Umgebungstemperatur. Der Nutzen kann sich z. B. äußern, indem die Maus auch bei Kälte eine schnelle Fluchtreaktion bei Bedrohung ausführen kann. Um den hohen Energieumsatz decken zu können, muss sie ständig Nahrung beschaffen.
Die Eidechse hat praktisch keine Kosten bezüglich der Körpertemperatur, muss also auch keine Nahrung dafür beschaffen. Sie erkauft diesen Vorteil durch den Nachteil, dass sie bei tiefen Temperaturen aufgrund des gedrosselten Stoffwechsels ihre Beweglichkeit verliert und damit größeren Gefahren gegenüber gleichwarmen Fressfeinden oder dem Erfrieren ausgesetzt ist.

2

a) Zum Beispiel:

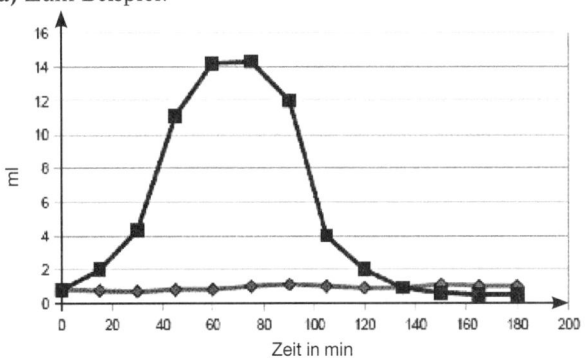

b) Bei der Versuchsperson, die Leitungswasser trinkt, steigt schon nach kurzer Zeit die Harnbildung an. Sie erreicht nach ca. 60 Minuten ein Maximum und fällt nach etwa 75 Minuten wieder ab. Bei der Versuchsperson, die physiologische Kochsalzlösung trinkt, bleibt die Harnbildung in etwa konstant.

Durch das Trinken von Leitungswasser erfolgt ein Verdünnungseffekt der Körperflüssigkeit. Die Rezeptoren melden „zu viel Wasser" im Körper, weil der osmotische Wert sinkt. Über die Nieren wird daher Wasser ausgeschieden.

Bei der Zuführung von physiologischer Kochsalzlösung bleibt der osmotische Wert konstant. Die Porengröße in der Niere wird nicht geändert, die Harnbildung bleibt konstant.

8.2 Abiotische und biotische Faktoren wirken auf Lebewesen

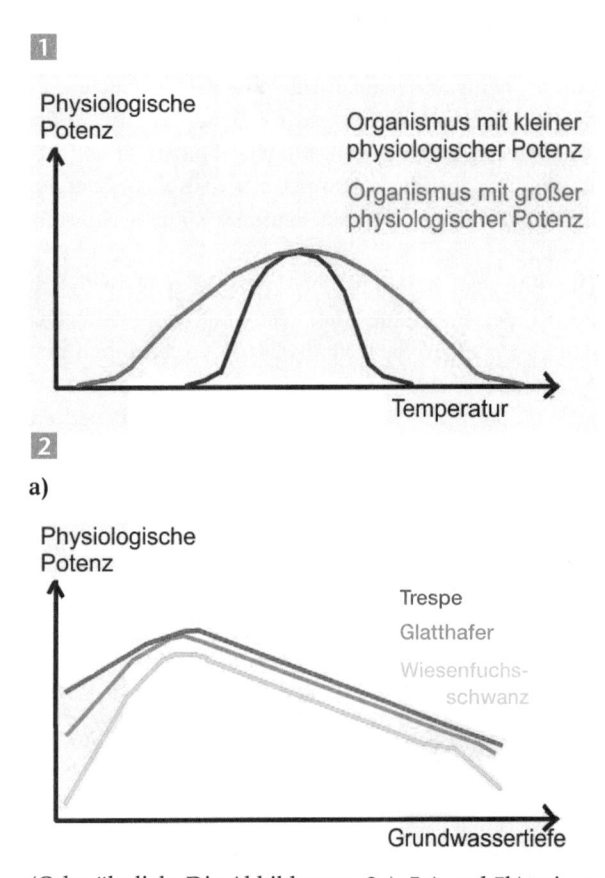

1

Physiologische Potenz / Temperatur

Organismus mit kleiner physiologischer Potenz
Organismus mit großer physiologischer Potenz

2

a) Physiologische Potenz / Grundwassertiefe

Trespe
Glatthafer
Wiesenfuchsschwanz

(Oder ähnlich: Die Abbildungen 2a), 3a) und 3b) zeigen keinen Unterschied in der Höhe der physiologischen Potenz von Trespe, Glatthafer und Wiesenfuchsschwanz. Es muss also nicht die hier gezeigte Reihenfolge Trespe > Glatthafer > Wiesenfuchsschwanz eingehalten werden.)
Die drei Kurven sind sich sehr ähnlich, da die optimalen Bereiche der physiologischen Potenz nahezu identisch sind.

b) Werden die drei Gräser gemischt ausgesät, ändern sich die Optima gegenüber den Optima der physiologischen Potenzen. Unter Konkurrenz gedeiht der Wiesenfuchsschwanz am besten im nassen und sehr feuchten Bereich und die Trespe in den trockeneren Regionen. Der Glatthafer hat sein Optimum dazwischen. Die ökologischen Potenzen haben also ihr Optimum nicht unbedingt dort, wo das physiologische Optimum liegt, sondern dort, wo sie sich unter Konkurrenz am besten behaupten können.

3

Das Klima in Deutschland in der heutigen Zeit liegt vollständig im Bereich der Klimaansprüche der Rotbuche. Das bedeutet, dass dieser Baum überall in Deutschland wachsen kann. Durch den Klimawandel werden die Temperaturen im Jahr 2090 höher erwartet. Trotzdem werden fast alle klimatischen Bedingungen die Klima-Ansprüche der Rotbuche erfüllen können. Nur ein kleiner Bereich mit hohen Temperaturen und geringen Niederschlägen bietet für die Rotbuche keine ausreichenden Bedingungen.
Anders sieht es für die Fichte aus. Während auch heute schon ein größerer Teil des Klimabereiches in Deutschland der Fichte keine Lebensbedingungen bietet (weil es zu warm ist), fällt das erwartete Klima für 2090 weitgehend aus den Klimaansprüchen der Fichte heraus. Die Fichte kann also nur in wenigen Regionen unter diesen Bedingungen wachsen.
Daraus ergibt sich, dass die Fichte als einer der forstwirtschaftlich wichtigsten Bäume durch die Klimaveränderung an Bedeutung verlieren wird, während die Rotbuche weiterhin eine wichtige Rolle spielen kann.

8.3 Angepasstheiten von Tieren an extreme Temperaturen

1

Körperwärme entsteht durch den Stoffwechsel in jeder Zelle, die Abgabe erfolgt über die Oberfläche des Körpers. Daraus ergibt sich, dass ein großer Körper mit möglichst kleiner Oberfläche in kalten Regionen am besten an die Umweltbedingungen angepasst ist. Die Abb. 3 zeigt verschiedene Pinguine, wobei die größten Arten in den kältesten Regionen vorkommen und die kleinen Arten in Ländern mit geringer geographischer Breite, also mit höheren Temperaturen. Große Pinguine haben im Verhältnis zu ihrer Oberfläche viel Masse, also viele Zellen, die durch ihren Stoffwechsel Wärme produzieren. Die oben genannte Bedingung ist daher erfüllt. Bei kleinen Tieren ist die Oberfläche im Verhältnis zur Masse groß. Diese Tiere geben leichter Wärme an die Umgebung ab, ein Vorteil in warmen Regionen.

2

Bei großer Hitze und gleichzeitiger Trockenheit muss der Körper eines wechselwarmen Tieres versuchen, den Körper zu kühlen, ohne viel Wasser zu verbrauchen. Die Kühlung ist notwendig, um eine Überhitzung (Denaturierung von Enzymen) zu vermeiden. Außer durch Verhaltensmaßnahmen z. B. Aufsuchen von Schatten kann das Kühlen nur durch Schwitzen erfolgen, ist also mit Wasserverlust verbunden. Dies ist in sehr trockenen Regionen problematisch. Das Kamel kann als Angepasstheit an diese Bedingungen seine Körpertemperatur in Grenzen variieren. Nachts kühlt der Körper bei Wassermangel auf 34,5 °C ab. Am Morgen wird der Körper mit zunehmender Temperatur aufgeheizt. Durch die herabgesetzte Körpertemperatur dauert es längere Zeit, bis 40 °C im Körper erreicht sind. Erst dann muss das Kamel mit der Kühlung durch Schwitzen beginnen. Durch das Auskühlen in der Nacht und weil die Kühlung erst bei 40 °C beginnt, spart das Kamel viel Wasser. Dass es sich um eine Maßnahme zum Wassersparen handelt, wird dadurch deutlich, dass die Temperaturschwankungen bei genügend Wasser nur sehr gering ausfallen. Weil das Schwitzwasser in erster Linie aus den Körperzellen und weniger aus dem Blut stammt, wird ein Hitzestau im Körper vermieden. Denn dickflüssiges Blut durch Wasserverlust wäre nicht in ausreichender Weise in der Lage, die Stoffwechselwärme zur Abgabe an die Oberfläche zu transportieren. Ein Hitzschlag wäre die Folge.

3

Alle in der Abb. 5 aufgeführten Tiere sind gleichwarm, sie sind darauf angewiesen, ihre Körpertemperatur in etwa konstant zu halten. Ist der Wärmeverlust bei tiefen Temperaturen zu groß, muss durch erhöhte Stoffwechselaktivität Wärme erzeugt werden. Beim Eisbär findet eine solche moderate Stoffwechselerhöhung erst unter −40 °C statt. Zum einen ist das Tier mit dem dicksten Fell ausgestattet, zum anderen hat der Eisbär als größtes der aufgeführten Tiere das günstigste Verhältnis von Körpermasse und Volumen (s. Aufgabe 1). Der Eisfuchs hat nur ein Fell von 6 cm Dicke und ist wesentlich kleiner. Er muss daher schon ab −33 °C „heizen", indem die Stoffwechselintensität steigt. Der Lemming hat als kleinstes Tier das dünnste Fell und das ungünstigste Verhältnis von Körpermasse und Oberfläche. Die Stoffwechselerhöhung beginnt schon unterhalb von 12 °C. Beim Lemming steigt die Stoffwechselintensität mit sinkender Temperatur auch erheblich schneller als bei den anderen Tieren, beim Eisbär ist die Zunahme am geringsten.

4

Die Tabelle in Abb. 6 zeigt, dass die Gefrierpunkterniedrigung von Meerwasser nahezu ausschließlich auf im Wasser gelöste Salze zurückzuführen ist. Fische als wechselwarme Organismen nehmen die Temperatur ihrer Umgebung an. Bei Temperaturen unter 0 °C droht somit die Eisbildung in den Körperflüssigkeiten. Der Goldfisch als Süßwasserfisch der wärmeren Regionen verfügt nur über eine geringe Gefrierpunkterniedrigung des Blutes, die fast vollständig auf gelöste Salze zurückzuführen ist. Das Blut des Dorsches als Fisch der kalten Meeresregionen hat eine Gefrierpunkterniedrigung auf −0,76 °C. Sie wird fast ausschließlich durch gelöste Salze verursacht, das Dorschblut hat also einen hohen Salzgehalt. Der Polarbarsch, dessen Blut eine Gefrierpunkterniedrigung bis auf −2,2 °C zeigt, verhindert die Eisbildung im Blut sowohl durch gelöste Salze als auch durch Glykoprotein. Dadurch kann ein zu hoher Salzanteil vermieden werden und das Tier ist dennoch gegen die tiefen Temperaturen des antarktischen Wassers und vor der Eisbildung geschützt.

8.4 Angepasstheiten von Pflanzen an Wassermangel

1

Struktur	Funktion
Kleine Blätter	Es wird weniger Fläche der Sonnenstrahlung ausgesetzt und damit eine Aufheizung vermieden
Dicke Kutikula	Verdunstungsschutz
Mehrschichtige Epidermis	Verdunstungsschutz
Eingesenkte Spaltöffnungen	Verdunstungsschutz, da die Strömung der Luft vor der Spaltöffnung herabgesetzt wird
Haarähnliche Zellfortsätze im Bereich der eingesenkten Spaltöffnungen	Verdunstungsschutz, da die Strömung der Luft vor der Spaltöffnung herabgesetzt wird
Spaltöffnungen meist an der Blattunterseite	Spaltöffnungen sind der Sonnenstrahlung weniger ausgesetzt, dadurch ist die Verdunstung geringer
Weißliche Färbung der Blätter	Reflexion des Sonnenlichtes, es wird damit eine Aufheizung vermieden
Glänzende Wachsschicht	Reflexion des Sonnenlichtes, es wird damit eine Aufheizung vermieden

2

a)

Buche	Oleander	Ruellia portellae
Dünne Kutikula	Dicke Kutikula	Dünne Kutikula
Einschichtige Epidermis, Zellen mit dicker Zellwand	Mehrschichtige Epidermis	Einschichtige Epidermis, Zellen mit dünner Zellwand, haarförmige Zellen an der Außenseite
Einschichtiges Palisadengewebe	Mehrschichtiges Palisadengewebe	Einschichtiges, dünnes Palisadengewebe
Lockeres Schwammgewebe	Dichtes Schwammgewebe	Lockeres, dünnes Schwammgewebe
Eben angeordnete Spaltöffnungen	Eingesenkte Spaltöffnungen mit haarartigen Zellen in den „Höfen"	Hervorgehobene Spaltöffnungen

b) Alle Merkmale der Oleanderblätter sind auf Verdunstungsschutz ausgerichtet (s. Aufgabe 1). Oleander ist eine Pflanze der trockenen, heißen Standorte. Die Buche hat einen Blattaufbau, der Verdunstung weder fördert noch stark einschränkt. Sie kommt an Standorten ohne Wassermangel vor. Ruellia lebt im tropischen Regenwald, also einer sehr feuchten Umgebung mit hoher Luftfeuchtigkeit. Die Blätter sind nicht auf Verdunstungsschutz ausgerichtet, sondern weisen im Gegenteil Merkmale auf, die die Verdunstung fördern (und damit den Wasserstrom in der Pflanze zum Transport von Nährsalzen): Hervorgehobene Spaltöffnungen, Oberflächenvergrößerung durch haarähnliche Zellen. Alle verdunstungshemmenden Merkmale fehlen.

3

Die immergrüne Quercus ilex kann das ganze Jahr über Fotosynthese betreiben, das assimilierte Kohlenstoffdioxid verteilt sich folglich über das ganze Jahr. In den Sommermonaten liegt der Wert dabei aufgrund der größeren Tageslänge höher als in den Wintermonaten.
Quercus pubescens kommt in Südwestdeutschland vor, wirft im Herbst also das Laub ab. In den Wintermonaten kann daher keine Fotosynthese betrieben werden. Die Kohlenstoffdioxidassimilation erfolgt daher nur in den Sommermonaten und ist in den Monaten Mai (nach dem Laubaustrieb), Juni und Juli am höchsten. Durch die abnehmende Tageslänge und eventuell durch Trockenheit bedingten Laubverlust sinkt die Fotosynthese und endet mit dem Laubfall im Oktober.

4

a) Das Blatt der Kiefer weist eine mehrschichtige Epidermis auf und hat nur relativ wenige Spaltöffnungen, die infolge der dicken Epidermis etwas eingesenkt sind. Das fotosynthetisch aktive Gewebe erscheint dicht gepackt und ähnelt mehr dem mehrschichtigen Palisadengewebe der xeromorphen Blätter als dem der Buche.
b) Individuelle Lösung.

5

Die Oberfläche des Zylinders beträgt 16,28 cm^3, die der Kugel 14,14 cm^3. Eine Kugel bietet die geringste Oberfläche bei gleichem Volumen. Sie ist daher die Idealform, um die Verdunstung durch die Oberfläche gering zu halten. Die abgebildeten Kakteen entsprechen dieser Form, wobei in dem Volumen ein Maximum an Wasser gespeichert werden kann.

8.5 Angepasstheiten von Lebewesen an Sauerstoffmangel

1

In der 1. Auflage wurden die Achsenbeschriftungen in der Abb. 4 vertauscht. Die Lösung bezieht sich auf die richtige Beschriftung.
Der Wattwurm lebt in einer Tiefe von bis zu 30 cm im Boden. Abb. 4 ist zu entnehmen, dass schon ab ca. 9 cm kein Sauerstoff im Sedimentboden vorhanden ist. Lediglich aus dem Wasserstrom kann noch etwas Sauerstoff entnommen werden. Dies ist bei Niedrigwasser nicht möglich, der Wurm muss einige Stunden ohne Sauerstoff auskommen. Der Wattwurm betreibt in dieser Zeit Bernsteinsäuregärung, die zwar nicht so viel ATP liefert wie die Atmung, aber das Überleben sichert. Das Hämoglobin im Blut ermöglicht dem Wurm auch noch die Aufnahme von Sauerstoff aus dem Wasser bei niedrigem Sauerstoffgehalt. Die Zeit ohne Sauerstoff wird dadurch noch verkürzt. Bei Hochwasser erzeugt der Wurm einen Wasserstrom durch seine Röhre. So gelangt ständig sauerstoffreiches Wasser an seine Kiemen.

2

a) a: Reis keimt schon bei einem Sauerstoffgehalt von 1 ml O_2 pro l Luft. Die Keimungsrate liegt hier schon bei über 90 % und steigt schnell mit zunehmendem Sauerstoffgehalt auf 100 % an. Die Keimungsrate von Weizen ist bei geringen Sauerstoffwerten sehr gering. Sie steigt allmählich in einer S-Kurve von 0 % auf 100 %. Dieser Wert wird erst bei dem natürlichen Sauerstoffgehalt der Luft erreicht.
b: Die Massenzunahme des Embryos steigt beim Reis kontinuierlich mit steigender Sauerstoffkonzentration an, bei Weizen erfolgt die Zunahme erst sehr verhalten und steigt dann bei ca. 50 ml O_2 pro l Luft steiler an. Die Massenzunahme ist beim Reis aber immer höher als beim Weizen. Erst beim natürlichen Sauerstoffgehalt der Luft liegt auch der Weizen bei 100 %.
c: Die O_2-Aufnahme ist bei beiden Getreidesorten fast identisch.
d: Die CO_2-Abgabe liegt beim Reis bei sehr niedrigem Sauerstoffgehalt bei fast 160 % und fällt langsam auf 100 % beim natürlichen Sauerstoffgehalt der Luft. Beim Weizen liegt die CO_2-Abgabe bei sehr niedrigem Sauerstoffgehalt bei etwa 65 % und steigt langsam mit zunehmendem Sauerstoffgehalt auf 100 % an.
b) Enegiebilanzen:
Atmung: 38 mol ATP/mol Glucose
Milchsäuregärung: 2 mol ATP/mol Glucose
Alkoholische Gärung: 2 mol ATP/mol Glucose
Bernsteinsäuregärung: 7 mol ATP/mol Glucose

Die Zellatmung liefert mit Abstand am meisten ATP. Es folgt die Bernsteinsäuregärung, die noch das 3,5 fache der Milchsäuregärung und der alkoholischen Gärung an ATP liefert.

c) Die hohe CO_2-Abgabe bei geringer Sauerstoffkonzentration beim Reis deutet auf Gärung als Energiequelle hin. Damit lässt sich auch die hohe Keimungsrate und die schnellere Massenzunahme des Embryos erklären. Weizen kann den fehlenden Sauerstoff nicht durch Gärung kompensieren. Daher ergeben sich geringe Keimungsraten und eine geringere Massenzunahme des Embryos.

Weizen ist also auf die Atmung angewiesen, Reis kann zusätzlich noch die Gärung als Energiequelle nutzen. Aus c geht hervor, dass beide Pflanzen den Sauerstoff in gleicher Weise nutzen.

Weizen als typische Getreidepflanze auf nicht zu nassen Böden hat unter natürlichen Bedingungen immer genügend Sauerstoff zur Verfügung. Reis hingegen keimt in überfluteten Feldern. Im Schlamm dieser Felder herrscht wahrscheinlich Sauerstoffmangel. Die Möglichkeit, Gärung zu betreiben, ist also eine Angepasstheit an diese Keimungsbedingungen.

8.6 Abiotischer und biotischer Stress bei Pflanzen

1

Individuelle Lösung, darin: Erkennen des Stressors durch Rezeptoren in der Membran => Signaltransduktion => Auslösen einer intrazellulären Signalkette => An- und Abschalten von Genen => Veränderung der Enzymproduktion => Veränderung des Stoffwechsels => Stressreaktion.

2

Wassermangel => Ausschüttung von ABA in der Wurzel => Wanderung von ABA in die Blätter => Andocken von ABA an Rezeptoren der Schließzellen => Öffnung von Kaliumkanälen => Ausströmen von Kalium infolge des Konzentrationsgefälles => Ausströmen von Wasser durch Osmose => Schließung der Spaltöffnung.

Durch Wassermangel wird ABA in den Wurzeln ausgeschüttet. Diese Verbindung wandert in die Blätter. An der Membran der Schließzellen befinden sich Rezeptoren für ABA. Bindet ABA an diese Rezeptoren, werden über eine Signalkette Kaliumkanäle geöffnet. Kaliumionen wandern aufgrund des Konzentrationsgefälles aus der Zelle. Dadurch ändert sich der osmotische Wert in der Zelle und Wasser strömt aus der Zelle heraus. Die Zelle erschlafft infolge des sinkenden Turgors und die Spaltöffnung schließt sich.

3

a) Individuelle Lösung.

b) Lesebeispiel für die Abb. 3: Die Differenz zwischen Rekordernte und Durchschnittsernte geht beim Mais zu 1952 kg/ha auf biotischen Stress zurück und zu 12 700 kg/ha auf abiotischen Stress.

Die Verluste durch Stress (biotischer und abiotischer Stress) bei den Durchschnittsernten betragen bei den genannten Arten zwischen ca. 70 % (Kartoffel) und 87 % (Weizen) der Rekordernte (Mais ca. 76 %, Sojabohne ca. 78 %), wobei die Verluste durch abiotischen Stress überwiegen. Neben den Ertragsminderungen durch Stress spielen übrige Verluste praktisch keine Rolle. Durch Stressminimierung (Schaffung optimaler Bedingungen, z. B. optimale Düngung) ergibt sich hier ein sehr hohes Potenzial für bessere Erträge.

c) Individuelle Lösung, darin z. B.: Klimaänderung bedeutet für viele Pflanzen an den bisherigen Standorten Stress. Um eine sinnvolle Landwirtschaft planen zu können, ist es von Vorteil, wenn man die Stressreaktionen der Pflanzen vorhersagen kann bzw. gezielt Züchtungen für mehr Stresstoleranz in Angriff nehmen kann. Durch stressfreien Anbau können somit große Nahrungsreserven erschlossen werden.

9 Wechselwirkungen zwischen Lebewesen

9.1 Konkurrenz, Parasitismus, Symbiose

1

a) b)

Partner I	Partner II	Symbolschreibweise	Art der Wechselwirkung
Mistel	Baum	+/−	Parasitismus: Die Mistel schädigt den Baum durch die Entnahme von Wasser und Mineralsalzen. Der Baum hat keinen Vorteil aus der Beziehung.
Mäusebussard	Feldmaus	+/−	Räuber-Beute-Beziehung: Der Mäusebussard tötet die Mäuse und frisst sie.
Rhizobium	Schmetterlingsblütler	+/+	Symbiose: Beide Partner profitieren voneinander, die Pflanze erhält Stickstoffverbindungen, die Bakterien Wasser, Glucose und Mineralsalze.
Mikroorganismen	Wiederkäuer	+/+	Symbiose: Beide Partner profitieren voneinander. Die Mikroorganismen erschließen dem Wiederkäuer zusätzliche Nahrung (Cellulose), die Mikroorganismen leben unter optimalen Bedingungen.
Pilz	Blattschneiderameise	+/+	Symbiose: Beide Partner profitieren voneinander. Die Ameisen ernähren sich von den Pilzen, bieten ihnen aber gute Nährböden und Schutz.
Maiszünsler	Mais	+/−	Parasitismus: Nur der Maiszünsler hat Vorteile, er ernährt sich vom Mais. Der Mais wird dadurch geschädigt.
Kuckuck	Singvogel	+/−	Parasitismus: Nur der Kuckuck profitiert. Seine Nachkommen werden von Singvögeln aufgezogen. Die Singvögel haben dadurch keine eigenen Nachkommen.

c) In der 1. Auflage beginnt diese Aufgabe fälschlicherweise mit „Nennen Sie …". Da weder im Grundwissentext noch in dem Aufgabenmaterial Hinweise auf Angepasstheiten stehen, lautet die richtige Formulierung „Recherchieren Sie …". Die Lösung bezieht sich auf die berichtigte Aufgabenstellung.

Individuelle Lösung, darin z. B.:

Partner	Angepasstheiten
Mistel	Haustorien, die in den Wirt eindringen können
Baum	
Mäusebussard	Krallen zum Greifen der Beute, scharfe Augen…
Feldmaus	Bei Auftauchen der „Raubvogelsilhouette" Flucht, Tarnfarbe
Rhizobium	Bakterien leben in den Knöllchen
Schmetterlingsblütler	Ausbildung der Knöllchen
Mikroorganismen	Die Mikroorganismen leben im Pansen, Angepasstheiten an Temperatur, pH…
Wiederkäuer	Spezielle Verdauungsorgane mit Pansen
Pilz	Leben unter der Erde in den Höhlen der Ameisen
Blattschneiderameisen	„Ernten" der Blätter
Maiszünsler	Ortung der Maispflanzen, Fraßwerkzeuge der Raupen…
Mais	
Kuckuck	Legt Eier in Singvogelnester, Jungtier befördert andere Eier und Junge aus dem Nest…
Singvogel	Einzelne Singvögel erkennen das Kuckucksei und verlassen das Nest

2

a) Individuelle Lösung.

b) +/o: Der erstgenannte Partner zieht Vorteile aus der Beziehung. Ohne diese Beziehung hätte er also mit Nachteilen zu rechnen. Für den zweiten Partner bringt die Verbindung weder Vor- noch Nachteile mit sich. Er ist auf den anderen Partner nicht angewiesen, fehlt dieser hat er aber auch keine Nachteile.

3

Individuelle Lösung, darin z. B.: Für Symbiose spricht, dass beide Partner Vorteile haben (s. Grundwissenseite). Für kontrollierten Parasitismus spricht, dass der Pilz mehr als die Alge von der Beziehung profitiert. Durch die Wachstumsstoffe übt er zudem Kontrolle über die Alge aus.

9.2 Auswirkungen von interspezifischer Konkurrenz auf das Vorkommen von Lebewesen

1

a) Die Rotbuche hat ohne Konkurrenz einen Wuchsbereich von trocken bis feucht in einem pH-Bereich von stark sauer bis alkalisch. Der bevorzugte Bereich ist erwartungsgemäß erheblich enger und reicht von mäßig feucht bis mäßig trocken innerhalb eines pH-Bereichs von sauer bis alkalisch. Unter Konkurrenzbedingungen kommt die Rotbuche in einem Bereich vor, der den bevorzugten Bereich umfasst und bezüglich Trockenheit und Säure etwas darüber hinaus geht.

Die Kiefer hat ohne Konkurrenz einen ähnlichen Wuchsbereich bezüglich des pH-Wertes, dieser geht aber sowohl was Trockenheit als auch Feuchtigkeit anbelangt über den der Rotbuche hinaus und reicht von sehr trocken bis sehr nass. Auch hier ist der bevorzugte Wuchsbereich ohne Konkurrenzbedingungen erheblich kleiner: Er befindet sich zwischen saurem und neutralem pH-Wert und feuchter bis mäßig trockener Bodenfeuchte. Unter Konkurrenz erstreckt sich der Wuchsbereich nur noch auf die Extrembedingungen trocken/stark sauer, nass und sehr nass/stark sauer und trocken/alkalisch.

b) Die Buche ist im Bereich ihrer optimalen Wuchsbedingungen und etwas darüber hinaus konkurrenzbeständig, während sie unter den für sie extremeren Wuchsbedingungen unter Konkurrenz nicht vorkommt. Bei der Kiefer ist es genau umgekehrt. Sie wird unter ihren optimalen Bedingungen und darüber hinaus von der Konkurrenz verdrängt und kann nur in ihren „Randbereichen" überleben.

2

Individuelle Lösung, darunter z. B.:
Kanadische Goldrute: Im 17. Jahrhundert in Europa eingeführt, Verbreitung in Gärten => Verbreitung in die freie Wildbahn. Hat in Europa keine Fraßfeinde, verdrängt andere Pflanzen und gefährdet dadurch auch Tierarten.
Blutweiderich: Im 19. Jahrhundert in Amerika eingeführt, Verbreitung ohne Verdrängung einheimischer Arten.

3

Individuelle Lösung, darin z. B.:

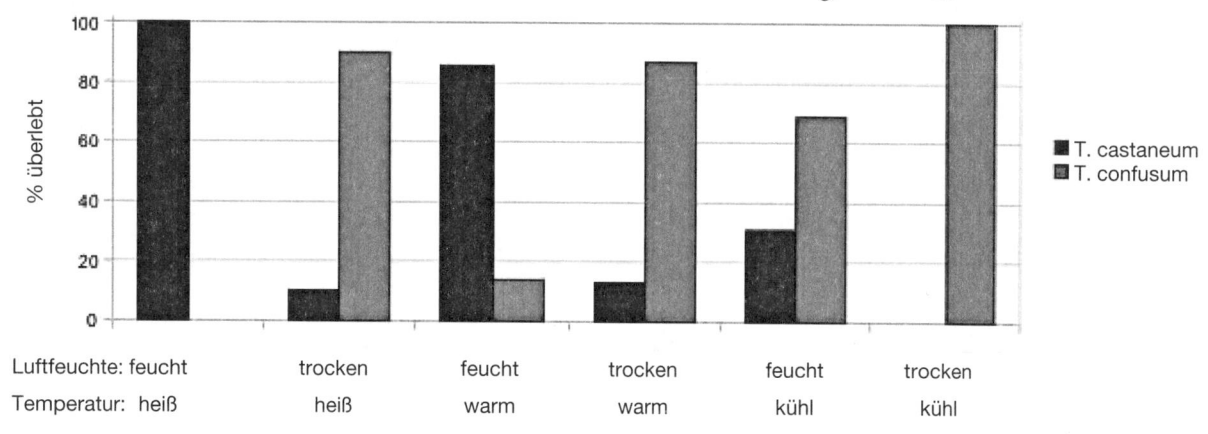

Oder andere grafische Darstellung.
T. castaneum bevorzugt in der Konkurrenz eine hohe Luftfeuchtigkeit kombiniert mit hoher Temperatur, wobei die Feuchtigkeit für den Käfer wichtiger als die Temperatur ist. T. confusum hat unter trockenen Bedingungen in der Konkurrenz die besten Überlebensbedingungen, die Temperatur spielt nur eine untergeordnete Rolle.

9.3 Malaria

1

a) Plasmodien befinden sich im Speichel von infizierten Anopheles-Mücken. Bei einem Stich gelangen die Erreger in die Blutbahn des Menschen und mit dem Blut in die Leber. In den Leberzellen verwandeln sich die Plasmodien in Merozoiten, die in die Blutbahn gelangen und dort in rote Blutzellen eindringen. Dort vermehren sie sich. Die roten Blutzellen platzen, sodass die Merozoiten frei werden und neue Blutzellen befallen. Damit sind Fieberschübe verbunden. Dieser Zyklus wiederholt sich ständig. In einigen der befallenen Blutzellen entwickeln sich Geschlechtszellen des Erregers. Werden solche Blutzellen bei einem Stich einer Mücke aufgenommen, gelangen die Geschlechtszellen in den Darm der Mücke. In den Darmzellen werden neue Plasmodien gebildet, die die Speicheldrüse der Mücke besiedeln.

b)

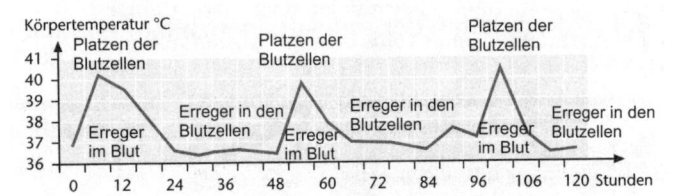

Immer, wenn die Blutzellen platzen und die Merozoiten frei setzen (dieser Vorgang läuft synchron, da auch die Infektion synchron verläuft), treten infolge von Immunreaktionen Fieberschübe auf. Wenn die Überreste der geplatzten Zellen abgebaut sind, verschwindet das Fieber. Die Erreger leben zu diesem Zeitpunkt bereits in neu infizierten Blutzellen.

2

a) Das Immunsystem erkennt körperfremde Strukturen (Antigene), die mit Hilfe von Antikörpern bekämpft werden. Als Antigene dienen die Oberflächenproteine des Erregers, die in der Oberfläche von Blutzellen eingebaut werden. Sie werden von Makrophagen erkannt und damit wird eine Immunreaktion ausgelöst. Es dauert aber einige Zeit, bis Antikörper in großem Umfang produziert werden und die Bekämpfung effektiv von statten gehen kann. Da der Erreger in kurzen Abständen jeweils ein anderes Gen für diese Oberflächenproteine aktiviert und damit die Oberfläche ändert, läuft die Immunreaktion ins Leere.

b) Individuelle Lösung.

3

Die Malaria-Gebiete erstrecken sich heute im Wesentlichen auf die tropischen Regionen und Teile von Südafrika. Darüber hinaus findet man in den subtropischen und gemäßigten Breiten große Gebiete mit Anopheles und einer potenziellen Malariagefährdung, ohne dass die Krankheit auftritt, und Gebiete mit Anopheles, in denen Plasmodium aus klimatischen Gründen nicht vorkommen kann.

Durch die Klimaerwärmung nimmt das Risiko für Malaria besonders in den jetzigen Malariagebieten Südasiens und Südostasiens sowie Madagaskar stark zu. Das Risiko steigt auch in vielen Gebieten mit jetziger potenzieller Malariagefährdung an. Eine geringe Zunahme des Malariarisikos findet man in weiten Bereichen Afrikas, Südamerikas und Chinas. Eine Abnahme des Risikos ist auf ganz wenige kleine Gebiete beschränkt, einige kleine Regionen werden als neu gefährdet ausgewiesen.

Die Zunahme der Gefährdung in den jetzigen Malariagebieten dürfte auf eine bessere und schnellere Vermehrung des Erregers und der Anopheles-Mücke basieren. Auch die Übertragungsintensität nimmt bei höheren Temperaturen zu. Für die Risikozunahme in den gemäßigten Regionen gelten die gleichen Gründe, wenn auch die Auswirkung nicht so stark ausfällt. Klar erscheint, dass sich die Malariagebiete ausweiten werden und das Risiko auch in den schon jetzt betroffenen Gebieten steigen wird, während eine Abnahme der Gefährdung kaum zu erwarten ist.

9.4 Regulation der Individuenanzahl in Populationen

1

Abb. 1: Das Nahrungsangebot im Herbst ist entscheidend für das Überleben der jungen Kohlmeisen. Zum einen ist bei großem Nahrungsangebot die Möglichkeit besser, Fettreserven anzulegen, zum anderen reichen die Nahrungsvorräte weiter in den Winter hinein und verkürzen eventuell auftretende „Durststrecken" bezüglich der Nahrung. Es gilt: Je größer die Nahrungsmenge, desto größer die Überlebensrate, desto größer die Population (je kleiner die Nahrungsmenge, desto kleiner die Überlebensrate, desto kleiner die Population).

Abb. 2: Die Anzahl der Brutpaare im Vorjahr ist ein Maß für die Populationsdichte im Vorjahr. Diese hat Auswirkungen auf die Anzahl der Brutpaare im aktuellen Jahr. Man kann sagen: Je höher die Populationsdichte, desto kleiner die Nahrungsmenge und Reviergröße, desto geringer die Geburtenrate, desto kleiner die Population (je kleiner die Populationsdichte, desto größer die Nahrungsmenge und Reviergröße, desto größer die Geburtenrate, desto größer die Population).

In Abb. 1 ist eine dichteunabhängige Regulation dargestellt, in Abb. 2 eine dichteabhängige Regulation.

2

Die Individuendichte beim Queller hat Auswirkungen auf die Versorgung der einzelnen Pflanzen z. B. mit Licht, Platz zum Wurzeln und damit möglicherweise auch der Nährsalzversorgung. Die Abbildung 4 zeigt, dass die Samenzahl pro Pflanze mit zunehmender Individuendichte stark sinkt. Dies hängt womöglich mit der Versorgung der Pflanzen zusammen. Denkbar wäre auch die Absonderung von stressbedingten Stoffen, die die Samenzahl beeinflussen. Die hohe Konkurrenz um die Ressourcen bedeutet Stress für die einzelne Pflanze. Weniger Samen pro Pflanze haben eine geringere Individuendichte in der nächsten Generation zur Folge und nachfolgend eine wieder höhere Samenzahl. Somit reguliert die intraspezifische Konkurrenz die Populationsdichte.

3

Individuelle Lösung, darin z. B.:
Proximate Erklärung: Der Urin der Weibchen in der Population mit hoher Individuendichte enthält Duftstoffe, die in jungen weiblichen Tieren die Hormonproduktion hemmen, oder der Urin enthält Stresshormone, die die Entwicklung der jungen Weibchen beeinflussen.
Ultimate Erklärung: Die Entwicklung junger Weibchen wird durch den Urin beeinflusst, sodass eine Überbevölkerung vermieden wird.

4

a) Die Zahl der Reviere der Mönchsgrasmücke ist in Normaljahren wesentlich höher als die der Gartengrasmücke (1. Teilabbildung). Die Reviere der Mönchsgrasmücke werden besetzt, bevor die Gartengrasmücke aus den Winterquartieren kommt (2. Teilabbildung). Ohne die Konkurrenz durch die Mönchsgrasmücke besetzt die Gartengrasmücke erheblich mehr Reviere als in Normaljahren (3. Teilabbildung). Nach Freilassung der weggefangenen Mönchsgrasmücken besetzen diese Reviere, die Zahl der Gartengrasmückenreviere geht unter der Konkurrenz zurück (4. Teilabbildung).

b) Die Reviere der Mönchsgrasmücke werden besetzt, bevor die Gartengrasmücke aus dem Winterquartier zurückkommt. Die Mönchsgrasmücke ist also zunächst keiner interspezifischen Konkurrenz ausgesetzt. Diese tritt erst nach Rückkehr der Gartengrasmücke auf, wobei die Mönchsgrasmücke weitgehend (oder ganz) ihre Reviere verteidigt. Darauf deutet die Revierverteilung im Normaljahr im Vergleich zur Revierverteilung vor dem Eintreffen der Gartengrasmücke hin. Im Experiment werden nun die Mönchsgrasmücken weggefangen, bevor die Gartengrasmücken in der Region eintreffen. Diese besetzen nun erheblich mehr Reviere als in Normaljahren, da sie nun keiner interspezifischen Konkurrenz ausgesetzt sind (3. Teilabbildung). Nachdem die Mönchsgrasmücken wieder freigelassen wurden, tritt erneut die Konkurrenz zwischen den Arten auf, wobei sich die Mönchsgrasmücken als konkurrenzstärker erweisen, denn die Zahl der Reviere der Gartengrasmücke sinkt. Allerdings gelingt es der Mönchsgrasmücke nicht, die Anzahl der Reviere vor dem Eintreffen der Gartengrasmücke wieder zu erreichen.

Die Zahl der Reviere der Gartengrasmücke und damit ihre Populationsdichte hängt also von der interspezifischen Konkurrenz mit der Mönchsgrasmücke ab. Die Hypothese ist zutreffend.

9.5 Das Konzept der ökologischen Nische

1

Individuelle Lösung.

2

a) Molops elatus bevorzugt eher niedrige Temperaturen zwischen 6 °C und 20 °C. In diesem Temperaturbereich halten sich 86 % der Tiere auf, der Schwerpunkt liegt im Bereich 11 °C bis 15 °C. Gleichzeitig liebt Molops elatus eine eher hohe Luftfeuchtigkeit, wobei die Präferenz nicht besonders stark ausgeprägt ist. Die Mehrzahl dieser Käfer hält sich vorwiegend im Dunkeln oder im Schwachlicht auf.

Poecilus cupreus bevorzugt eher hohe Temperaturen. Die meisten Käfer halten sich im Bereich zwischen 26 °C und 40 °C auf. Dabei lieben die Käfer eher trockene Luft. Die meisten Käfer (31,5 %) findet man im Dunkeln, doch ist Poecilus cupreus bei allen Lichtintensitäten zu finden.

Die beiden Käfer besetzen mit Sicherheit unterschiedliche ökologische Nischen. Molops elatus scheint mehr im kühlen Schatten z. B. kalt gemäßigter Wälder zu leben. Die Daten von Poecilus cupreus deuten hingegen mehr auf einen Käfer der Wüste oder Steppe hin, zumindest liebt er warme bis heiße, trockene Standorte.

b) Individuelle Lösung.

3

In Abb. 2a wurde das Vorkommen eines Organismus (Art A) bezüglich pH-Wert und Feuchte dargestellt. Die Untersuchungen erfolgten ohne Konkurrenz. Es wurde bezüglich der beiden Gradienten also die physiologische Potenz zugrunde gelegt. In Abb. 2b erfolgten die gleichen Untersuchungen, allerdings betrachtete man hier zwei Arten gleichzeitig. Damit erforschte man das Vorkommen der beiden Arten in einer Konkurrenzsituation, legte also die ökologische Potenz (wenn auch eingeschränkt, weil nur die Konkurrenz mit einer Art untersucht wurde) zugrunde. Da die ökologische Nische durch das Zusammenwirken der ökologischen Potenzen beschrieben wird, kommt dieses zweite Modell dem heutigen Verständnis der ökologischen Nische näher.

10 Vernetzte Beziehungen in Ökosystemen

10.1 Stoffkreisläufe in Ökosystemen

1

Kohlenstoff ist in der Atmosphäre in Kohlenstoffdioxid gebunden. Ein Teil des Kohlenstoffdioxids ist in Wasser gelöst. Durch die Fotosynthese wird Kohlenstoff in Form von Biomasse in den Produzenten gebunden. Über die Nahrungskette gelangt Kohlenstoff in Form von Biomasse in Primärkonsumenten und Konsumenten höherer Stufen. Alle diese Organismen geben durch die Zellatmung Kohlenstoffdioxid ab, das so wieder in die Atmosphäre gelangt. Produzenten und Konsumenten werden als Abfall (totes organisches Material) von den Destruenten abgebaut, wobei Kohlenstoffdioxid in die Atmosphäre abgegeben wird.

2

a) Weißfichte, Amerikanische Espe, Balsampappel, Grauweide, Büffelbeeren, Zwergbirke, Kräuter und Gräser sind Produzenten.
Elch, Schneeschuhhase, Fichtenwaldhuhn, Moorschneehuhn, Ziesel, Rothörnchen, kleine Nagetiere, Insekten und Sperlingsvögel sind Primärkonsumenten, wobei Sperlingsvögel auch als Sekundärkonsumenten auftreten. Wolf, Kojote, Luchs, Steinadler, Vielfraß, Rotfuchs, Virginia-Uhu, Habicht, Rotschwanzbussard, Kornweihe, Sperbereule und Buntfalke sind Sekundärkonsumenten. Luchs, Vielfraß und Virginia-Uhu fungieren auch als Tertiärkonsumenten.
Zwei Nahrungsketten: Individuelle Lösung, z. B. Büffelbeeren (Produzent) => Insekten (Primärkonsument) => Sperlingsvögel (Sekundärkonsument) => Kornweihe (Tertiärkonsument)

b) Der Biomassefluss verläuft von den Produzenten über die Primärproduzenten zu den Sekundärproduzenten bzw. weiter zu Tertiärproduzenten usw. Darüber hinaus werden tote Organismen (aller Trophieebenen, soweit sie nicht von Aasfressern verzehrt werden) durch Destruenten mineralisiert, wobei Biomasse in die Destruenten fließt.

3

Individuelle Lösung.

10.2 Energiefluss in Ökosystemen

1

a) Unter Energiefluss versteht man die Weitergabe von Energie von Trophieebene zu Trophieebene in einem Ökosystem.
Unter Energieentwertung versteht man die Umwandlung von chemischer Energie in Wärme. Es heißt deshalb Entwertung, weil Wärme von Organismen nicht weiter in eine andere nutzbare Energieform gewandelt werden kann.
Der Energiefluss führt im Ökosystem nur in eine Richtung, nämlich von der Sonnenstrahlung zur Wärme. Eine Umkehrung ist nicht möglich. Wie der Name sagt, ist ein Stoffkreislauf ein Kreislauf. Das bedeutet, dass ein Element immer wieder verwendet wird, es geht nicht verloren. Es wandert nur durch die verschiedenen Stationen, z. B. die Trophieebenen.

b) Die Abbildung zeigt den Energiefluss und damit die Energieweitergabe von Trophieebene zu Trophieebene. 5 % der eingestrahlten Sonnenenergie werden von den Produzenten fixiert. Durch ihren Stoffwechsel geben sie entwertete Energie in Form von Wärme ab. Zur nächsten Trophieebene, den Konsumenten 1. Ordnung, werden nur 10 % der Energie weiter gegeben, das entspricht 0,5 % der Sonnenenergie oder 600 kJ. Auch die Primärkonsumenten geben Wärme ab, nur 10 % werden an die Sekundärkonsumenten weiter gegeben. Das entspricht 0,05 % der eingestrahlten Sonnenenergie oder 60 kJ. Auch weiterhin werden von Trophieebene zu Trophieebene nur 10 % der Energie weiter gegeben. In jeder Trophieebene entsteht Abfall in Form von abgestorbenem Material, Ausscheidungen usw., der letztendlich von den Destruenten verarbeitet wird.
Individuelle Lösung, z. B.
Pappel → Insekten → Sperlingsvögel → Kornweihe

2

Der Wald hat eine große Biomasse, davon ist der weitaus größte Anteil in den Produzenten (Bäume, Sträucher) gespeichert. Im Wald leben sehr viele verschiedene Tierarten in allen Konsumentenstufen. Auch die Destruenten sind in der Laubschicht sehr stark vertreten. Es findet daher ein großer Energiefluss über alle Trophieebenen statt.

Der Kartoffelacker ist eine Monokultur an Produzenten. Die Biomasse ist erheblich geringer. Infolge der Monokultur (und der Bekämpfung von Insekten) findet man kaum Konsumenten (der Endkonsument ist der Mensch in seiner Wohnung). Auch gibt es kaum Destruenten, da nur zur Erntezeit Abfall anfällt. Der Energiefluss ist daher in diesem Ökosystem sehr gering, er geht kaum über die Produzenten hinaus.

Die Großstadt muss differenziert betrachtet werden. Die versiegelten Flächen (Gebäude, Asphalt, Pflaster) besitzen keine Biomasse, ein Energiefluss findet nicht statt. In den Gärten und Parkanlagen hingegen findet man durchaus eine reichhaltige Flora und Fauna mit entsprechender Biomasse auf den unterschiedlichen Trophieebenen. Der Energiefluss dürfte in diesen Bereichen zwischen Wald und Kartoffelacker liegen.

3

a) Grasland: Die beiden Pyramiden sind sich sehr ähnlich. Es überwiegen die Masse bzw. Energie der Produzenten. Erheblich kleiner sind Energie und Masse der Primärkonsumenten, gefolgt von den Sekundärkonsumenten. In der Energiepyramide sind die Mengen für Primärkonsumenten und Sekundärkonsumenten größer als in der Biomassepyramide.

Wald: Für den Wald gelten die gleichen Aussagen wie für das Grasland, nur dass hier sowohl für die Energiepyramide als auch für die Biomassepyramide die Mengen für die Primärkonsumenten und Sekundärkonsumenten im Vergleich zum Grasland sehr viel kleiner ausfallen.

In den meisten terrestrischen Ökosystemen sind die dominierenden Fotosynthese betreibenden Pflanzen groß. Sie speichern ihre Energie für lange Zeiträume. Daher weist die Ebene der Primärproduzenten in diesen Systemen eine große Biomasse auf. Der Energiefluss nimmt jedoch in Grasländern einen ganz anderen Verlauf als in Wäldern. Bäume speichern einen Großteil ihrer Energie als Holz, das aus schwer verdaulichem Material besteht. Holz wird nur selten gefressen, solange ein Baum nicht krank oder auf andere Weise geschwächt ist. Im Gegensatz dazu produzieren die Pflanzen der Grasländer nur wenige schwer verdauliche verholzte Gewebe. Säugetiere können in Grasländern 30 bis 40 % der oberirdischen jährlichen Nettoprimärproduktion verzehren, Insekten weitere fünf bis 15 %. Bodenorganismen, vor allem Nematoden, können sechs bis 40 % der unterirdischen Produktion aufnehmen. Daher enthält die Ebene der Herbivoren in Grasländern eine relativ größere Biomasse als in Wäldern.

b) In den meisten aquatischen Ökosystemen sind die dominierenden photosynthetisch aktiven Organismen einzelliges Plankton und Bakterien. Diese einzelligen Organismen zeichnen sich durch eine sehr hohe Zellteilungsrate aus; dabei ernährt in diesem Fall oft eine geringe Biomasse an Primärproduzenten eine sehr viel größere Biomasse an Herbivoren, die erheblich langsamer wachsen und sich vermehren. Dadurch kann eine umgekehrte Biomassepyramide entstehen, obgleich die Energiepyramide für das gleiche Ökosystem die typische Form aufweist.

4

Unter Bruttoprimärproduktion versteht man die gesamte Masse an organischer Substanz, die von den Produzenten aufgebaut wird. In ihr ist Energie in Form von chemischer Energie gespeichert. Die Pflanze baut in der Atmung einen Teil dieser Biomasse zur Energiegewinnung wieder ab. Der Rest wird als Nettoprimärproduktion bezeichnet. Die Nettoprimärproduktion ist daher immer geringer als die Bruttoprimärproduktion, da die Produzenten immer Biomasse veratmen, um zu überleben. Der begrenzende Faktor ist daher auf jeden Fall die Bruttoprimärproduktion.

10.3 Stickstoffkreislauf und Überdüngung

1

Der größte Vorrat an Stickstoff befindet sich mit $3,9*10^{15}$ t in der Atmosphäre. Von dort gelangt der Stickstoff durch biologische (44 Mio. t durch Knöllchenbakterien) oder industrielle (30 Mio. t) Fixierung in den Boden. Auch durch elektrische Entladungen entstehen Ammonium- und Nitrationen, die sich in Wasser lösen und ebenfalls in den Boden gelangen. Der Vorrat beträgt hier etwa 100 – 140 Milliarden Tonnen. Pflanzen nehmen den Stickstoff auf (Assimilation). Von dort gelangt er in die Nahrungskette. Totes organisches Material wird von den Destruenten mineralisiert. Dabei gelangen Ammoniumionen wieder in den Boden (Ammonifikation). Sie können wieder von Pflanzen aufgenommen werden oder von Bakterien durch Nitrifikation in Nitrit- und Nitrationen umgewandelt werden. Nitrationen stehen ebenfalls den Pflanzen zur Verfügung. Ein geringer Anteil wird durch Denitrifikation wieder an die Atmosphäre abgegeben (80 Mio. t).

Der in Gewässern und in organischer Substanz gebundene Stickstoffvorrat ist im Vergleich zur Atmosphäre und dem Boden gering.

2

Individuelle Lösung, z. B.: Eintrag von Nitrat und Phosphat bei Regen in Bäche und Flüsse $\Rightarrow$ Transport der Ionen mit dem Wasser in das Meer $\Rightarrow$ vermehrtes Algenwachstum $\Rightarrow$ Absterben von vielen Algen bei schlechtem Wetter (trüb, Kälte) $\Rightarrow$ Verbrauch von Sauerstoff beim biologischen Abbau der abgestorbenen Algen $\Rightarrow$ akuter Sauerstoffmangel $\Rightarrow$ weiteres Absterben von Organismen $\Rightarrow$ Verschärfung des Sauerstoffmangels.

3

Das von den Wurzeln aufgenommene Nitrat wird in die Zellen des Blattes transportiert und dort im Cytoplasma durch das Reduktionsäquivalent $NADH + H^+$ zu Nitrit reduziert. Dieses gelangt in die Chloroplasten, wo es durch Ferredoxin zu Ammoniumionen weiter reduziert wird. Die Ammoniumionen reagieren unter ATP-Verbrauch mit Glutamat zu Glutamin. Zwei Moleküle Glutamin reagieren mit 2 α-Ketoglutarat zu zwei Molekülen Glutamat, wobei Ferredoxin oxidiert wird. Von den beiden Glutamatmolekülen verbleibt eines im Kreislauf und reagiert wieder mit einem Ammoniumion, während das andere in das Cytoplasma abgegeben wird und der Aminosäuresynthese zur Verfügung steht.

4

Zum Lösen dieser Aufgabe werden Kenntnisse zur „Eutrophierung" aus der Mittelstufe vorausgesetzt. Für weitere Informationen kann Kapitel 10.10 (Ökosystem See) herangezogen werden. Die braune Schicht am Grund des Sees stellt Schlamm aus abgestorbenem Material dar. Dargestellt ist ein See im Sommer. In dieser Jahreszeit findet aufgrund der Stagnation kaum ein Stoffaustausch zwischen den Schichten des Sees statt.

Ammoniumionen werden durch Bakterien (Ammonifikation) aus dem abgestorbenen Material freigesetzt. Sie können aufgrund des fehlenden Sauerstoffs nicht oxidiert werden und verbleiben im tiefen Wasser, da aufgrund von Lichtmangel kein Pflanzenwachstum in den unteren Schichten stattfindet. In den oberen Schichten findet man durch Eintrag Nitrat, das aufgrund der Stagnation nicht in die Tiefe gelangt. Vorhandenes Ammonium wird in Gegenwart von Sauerstoff ebenfalls schnell in Nitrat umgewandelt (Nitrifikation) oder so von den Pflanzen aufgenommen. Kohlenstoffdioxid wird teilweise aus dem organischen Material freigesetzt, aber wegen des fehlenden Pflanzenwachstums nicht verbraucht. In den oberen Schichten wird es dagegen bei der Fotosynthese von den Pflanzen aufgenommen. Der Sauerstoff gelangt über die Wasseroberfläche und die Fotosynthese in das Wasser, wird aber aufgrund der Stagnation nicht in die Tiefe befördert. Die Algenverteilung und Lichtverteilung bestimmen sich gegenseitig.

10.4 Übersicht: Stoffkreisläufe und Energiefluss in einem Ökosystem

10.5 Fließgleichgewichte in offenen Systemen

1

a) Es gibt mehrere Möglichkeiten, z. B.:

	Vergleich mit Citrat-Zyklus	Vergleich mit der Atmungskette
Wasserzufluss	Acetyl-CoA	NADH+H$^+$
Wasserrad	Bildung von Reduktionsäquivalenten/ATP	Komplex I/II/III/IV
Glühlampe	Muskel	Ort des ATP-Verbrauchs/Muskel
Wasserabfluss	Oxalacetat	Wasser
Wasserstand	Konzentration von z. B. Isocitrat	Konzentration/ Menge des reduzierten Komplexes
Niveau des Wasserbehälters	Energieniveau von z. B. Isocitrat	Energieniveau/Redoxpotenzial der Komplexe

b)

Analogie-Beispiel	Citrat-Zyklus
Der Wasserzufluss sorgt in einem Wasserbehälter für einen genügend hohen Wasserstand.	Acetyl-CoA wird in den Citrat-Zyklus eingeschleust und mit Oxalacetat über Citrat zu Isocitrat umgewandelt.
Aus dem Wasserbehälter fließt das Wasser in einen Behälter, der tiefer steht, und treibt dabei ein Wasserrad an.	Isocitrat wird zu α-Ketoglutarat umgewandelt. Dieser Stoff hat ein geringeres Energieniveau als Isocitrat.
Das Wasserrad erzeugt elektrischen Strom, der eine Glühlampe zum Leuchten bringt.	Es entstehen Reduktionsäquivalente/ATP, die Reduktionsäquivalente werden in der Atmungskette ebenfalls in ATP umgewandelt. ATP wird im Muskel verbraucht.
Dieser Vorgang wiederholt sich.	Der gleiche Vorgang wiederholt sich bei der Reaktion von α-Ketoglutarat zu Succinyl-CoA und weiteren Stufen.
Das Wasser fließt aus dem letzten Behälter, der natürlich am tiefsten steht.	Oxalacetat hat das niedrigste Energieniveau der beteiligten Stoffe.
Das Wasser bleibt unverändert, lediglich das Energieniveau wird geringer, da es von Stufe zu Stufe fällt. Das Wasser fließt ab.	Die Stoffe verändern sich im Laufe des Vorganges. Das Energieniveau sinkt dabei. Der letzte Stoff, das Oxalacetat, wird wieder durch Reaktion mit Acetyl-CoA zu Citrat.

2

a) Zelle: Die Zelle ist ein offenes System, sie nimmt Sauerstoff und Glucose auf. Durch den Energiestoffwechsel werden diese Stoffe in Kohlenstoffdioxid (und Wasser) umgewandelt, die von der Zelle abgegeben werden. Die bei diesen Prozessen frei werdende Energie wird von der Zelle genutzt. Entwertete Energie (Wärme) wird an die Umgebung abgegeben.

Organismus: Der Organismus nimmt Wasser, Nahrung und Sauerstoff auf. Durch den Stoffwechsel entstehen daraus Kohlenstoffdioxid und Wasser, die an die Umgebung abgegeben werden. Durch die Stoffwechselprozesse gewinnt der Organismus Energie für die Lebensvorgänge. Entwertete Energie wird in Form von Wärme abgegeben.

Beim Organismus handelt es sich beim Fließgleichgewicht um die Summe aller zellulären Fließgleichgewichte dieses Organismus.

Ökosystem: Das Fließgleichgewicht eines Ökosystems ist die Summe der Fließgleichgewichte aller im Ökosystem vorkommenden Organismen. Von diesen Organismen hängt es z. B. ab, ob von dem Ökosystem mehr Kohlenstoffdioxid aufgenommen wird als abgegeben oder umgekehrt. Dies gilt auch für Wasser und Sauerstoff. Hinzu kommt, dass die Zusammensetzung der Flora und Fauna nicht unbedingt konstant ist (Zu- und Abwanderung). Grundsätzlich sind beim Wald (und allen auf Fotosynthese basierenden Ökosystemen) die Einstrahlung von Licht (und Wärme) und die Wärmeabgabe charakteristisch.

b) In einem jungen Wald ist die Stoffaufnahme höher als die Stoffabgabe, da hier Biomasse aufgebaut wird. In dieser Biomasse ist Energie gespeichert. In einem Wald im Endstadium entspricht die Stoffaufnahme im Ökosystem der Stoffabgabe, Masse wird nur umgebaut. Die Energie für Lebensvorgänge stammt in beiden Fällen aus dem Licht.

10.6 Funktionen des Bodens

1

a) Bodenfunktionen:
a: Mehrere Funktionen möglich, z. B. Lebensraumfunktion, Produktionsfunktion, Regulationsfunktion, Zersetzungsfunktion
b: Produktionsfunktion
c: Kulturfunktion
d: Filterfunktion
e: Rohstofffunktion

b)
Individuelle Lösung.
c)
Individuelle Lösung.
d)
Individuelle Lösung.

2

Der Boden nimmt eine zentrale Stellung beim Umsatz von Schadstoffen ein. Er dient zunächst als „Speicherort", von dem aus Schadstoffe entweder abgebaut werden oder an die Atmosphäre abgegeben bzw. ausgewaschen werden. Verbleibende Schadstoffe können von Pflanzen aufgenommen werden. Der Umfang dieser Vorgänge hängt von der Art des Bodens und der Schadstoffe ab. Durch Adsorption können Schadstoffe dauerhaft im Boden verbleiben bzw. die Abgabe verzögert werden. Dadurch kommt dem Boden eine wichtige Filterfunktion zu, um z. B. das Grundwasser vor Schadstoffbelastung zu bewahren.

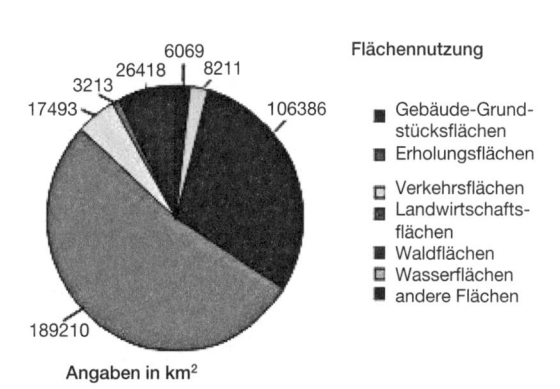

3

Individuelle Lösung.

4

Individuelle Lösung, z. B.:

Flächennutzung
- Gebäude-Grundstücksflächen: 26418
- Erholungsflächen: 3213
- Verkehrsflächen: 17493
- Landwirtschaftsflächen: 189210
- Waldflächen: 106386
- Wasserflächen: 8211
- andere Flächen: 6069

Angaben in km²

10.7 Biologische Aktivität im Boden

1

a) An beiden Standorten verläuft der Abbau der Streu zunächst für alle drei Maschenweiten synchron. Im Moder-Buchenwald treten Unterschiede erst nach ca. 11 Monaten auf. Während der Abbau bei groben und mittleren Maschenweiten weiterhin noch sehr ähnlich verläuft, findet der Abbau bei feiner Maschenweite stufenförmig sehr viel langsamer statt. Erst gegen Ende des Beobachtungszeitraums kommt es zu einer Annäherung der Restmengen.
Im Auwald erfolgt der Abbau sehr viel schneller als im Moder-Buchenwald. Bis zu acht Monate verlaufen die Restmengenkurven fast identisch, danach erfolgt der Abbau im grobmaschigen Netz sehr viel schneller. Schon nach 12 Monaten wird ein Wert erreicht, der im Moder-Buchenwald erst nach 48 Monaten zu beobachten ist.

b) Die Makro- und Megafauna tritt in erster Linie wohl als Konsument auf, die organisches Material z. B. in Form von Blättern verzehrt. Damit werden grobe Strukturen zerstört und zerkleinert und damit für Pilze und die Meso- bzw. Mikrofauna zugänglicher gemacht. Dies wird in dem beschleunigten Abbau deutlich. In den ersten Monaten der Beobachtung spielt dies noch keine so große Rolle, weil hier noch genügend kleine Streuteile vorhanden sind, die mineralisiert werden können. Für große Streuteile benötigen die kleinen Organismen wesentlich länger, wenn die größeren Tiere nicht für die Zerkleinerung sorgen.

c) Individuelle Lösung, darin z. B.: Im Auwaldboden herrschen aufgrund der höheren Feuchtigkeit bessere Vermehrungsbedingungen für Bakterien und Pilze. Auch viele Tiere des Bodens sind feuchtigkeitsliebend, finden also im Auwald bessere Lebensbedingungen.

2

a) In dem Experiment wird die Katalase-Reaktion in Abhängigkeit von der Bodentiefe untersucht. Da diese Reaktion für alle aeroben Organismen gilt, lässt sich daraus auf die Effektivität des aeroben Stoffwechsels (und damit des aeroben Abbaus) in den verschiedenen Bodentiefen schließen.

b) Da jeweils eine konstante Menge an Wasserstoffperoxid zugegeben wird, ist es am einfachsten und sinnvoll, die Zeit zu messen, in der eine bestimmte Menge Sauerstoff (Verdrängung von 5 cm Wassersäule) produziert wird.

$$2 H_2O_2 \rightarrow 2 H_2O + O_2$$

An der Oberfläche des Bodens werden 5 cm Wassersäule in wenigen Sekunden verdrängt. In 5 cm Bodentiefe dauert es etwa 30 Sekunden, in 10 – 15 cm Bodentiefe 60 Sekunden. Ab 20 cm Bodentiefe werden ca. 180 Sekunden benötigt, ab 40 cm sogar 360 Sekunden. Da für den aeroben Stoffwechsel Sauerstoff benötigt wird, kann man daraus auf die Anzahl bzw. Effektivität der aeroben Organismen schließen. Je weniger Sauerstoff im Boden vorhanden ist, desto weniger aeroben Stoffwechsel findet man und desto länger dauert der Abbau des Wasserstoffperoxids. Man erkennt, dass mit zunehmender Bodentiefe die Katalase-Reaktion schwächer wird, es also weniger aerobe Organismen gibt. Weil der aerobe Abbau wesentlich effektiver ist als der anaerobe (Vergleich ATP-Bilanzen), kann man daraus schließen, dass der Abbau von organischem Material in den oberen Bodenschichten am schnellsten vonstatten geht.

10.8 Bioindikatoren für Bodeneigenschaften

1

Die Rotbuche hat sowohl gegenüber der Feuchtigkeit als auch gegenüber dem pH-Wert eine große ökologische Potenz. Sie ist als Bioindikator daher nicht geeignet. Die Schwarzerle hat bezüglich der Feuchtigkeit eine enge ökologische Potenz, gegenüber dem pH-Wert ist die ökologische Potenz weiter. Allerdings ist die Schwarzerle auf kalkhaltige Standorte beschränkt. Sie kann als Indikator für feuchte, kalkhaltige Standorte dienen.

2

a)
Rechenbeispiel für den Mittelwert von F bei Bestandsaufnahme A:
1. Berechnung der Summe aller Zahlen von F für die Bestandsaufnahme A:
 5 + 4 + 4 + 5 + 4 + 3 + 5 + 3 + 5 = 38
2. Summe aller Zahlen für F durch Artenzahl der Aufnahme A teilen:
 38 : 9 = 4,22 (gerundet)

Das Bingelkraut wird nicht mitgerechnet, da sein Verhalten indifferent ist (Zeigerwert = x).
Lösungen:

	F	R
A	4,22	7,14
B	5,25	6,83
C	5	2,33
D	6,4	6,83

Grafik: Individuelle Lösung, z. B.:

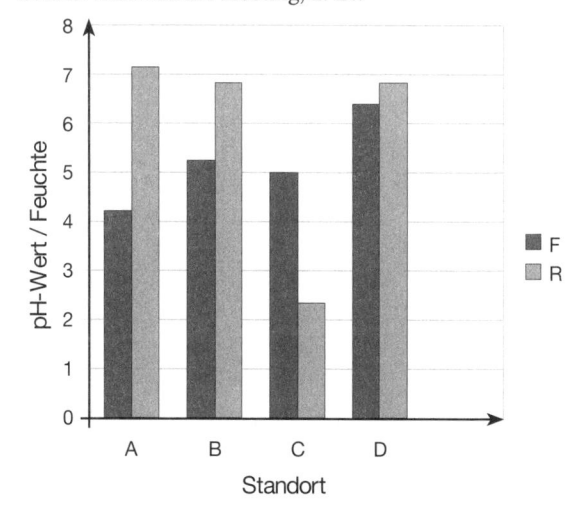

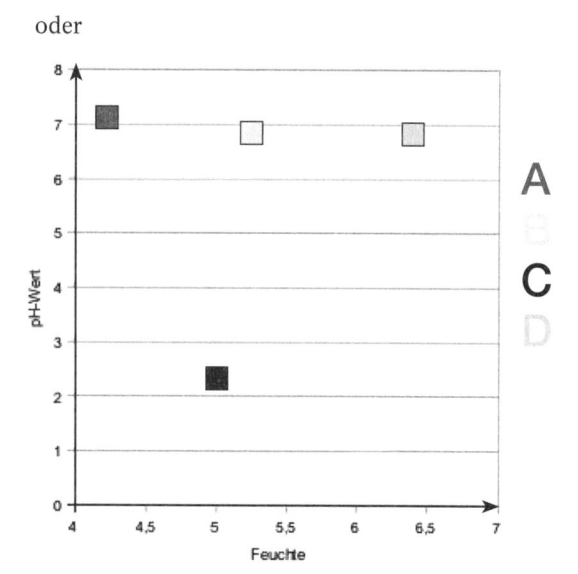

oder

b), c) A, B: Die Bestandsaufnahmen erfolgten auf höher gelegenem Kalkboden. Da Kalk basisch ist, ist zu erwarten, dass hier Pflanzen wachsen, die basischen bis neutralen Boden lieben. Die Pflanzen sind Anzeiger für frische Böden, wobei der Frischegrad bei B stärker ausgeprägt ist. Dies ist in Hinblick auf die tiefer gelegene Bestandsaufnahme zu erwarten, da möglicherweise der Grundwasserspiegel leichter zu erreichen ist. Niederschläge, die im Boden gespeichert werden, sind am Grund dieser Bodenschicht länger verfügbar als in höheren Lagen. (Wasser fließt nach unten.)
C: Die Vegetation zeigt Frische- und Säureanzeiger. Offenbar ist Sandstein eine Bodenart, die sauer ist und das Wasser schlecht speichern kann.
D: Der Standort am Wasser zeigt erwartungsgemäß Feuchtezeiger, die neutralen Boden lieben. Der Auelehm ist offenbar ein Boden, der neutral reagiert.
d) Die pH-Messungen entsprechen den Auswertungen der Standortaufnahmen und den Hypothesen der Bodenbeschaffenheit: A: pH = 7,9 => leicht basisch, B: pH = 6,7 => neutral bis leicht sauer, C: pH = 4,9 => sauer und D: pH = 7,6 => neutral bis leicht alkalisch.

10.9 Ökosystem Wald

1

a)

	Sommergrüner Laubwald	Borealer Wald	Immergrüner tropischer Wald
Niederschläge	Über das ganze Jahr verteilt, aber überwiegend im Sommerhalbjahr	Überwiegend im Sommerhalbjahr, aber wesentlich geringer als im sommergrünen Laubwald	Über das ganze Jahr verteilt, im Mai bis Juli weniger, Niederschläge weitaus höher als in den anderen Waldtypen
Temperatur	Fast das ganze Jahr über mit positiven Werten, glockenförmige Kurve mit Maximum im Juli/August	Fast das ganze Jahr über mit negativen Werten, nur im Sommer über 0 °C, glockenförmige Kurve mit Maximum im Juni/Juli	Relativ gleichförmig über das ganze Jahr mit Werten um 20 °C
Artenzusammensetzung	Überwiegend Laubwald, viele Pflanzen- und Tierarten, Bodenorganismen artenreich	Überwiegend Nadelwald, wenige Pflanzen- und Tierarten, Boden nur in der Tiefe artenreich	Laubbäume und Kletterpflanzen, Tier- und Pflanzenwelt sehr artenreich, ebenso die Bodenorganismen
Aktivität der Organismen	Hauptsächlich im Frühling und Sommer, im Winter keine Fotosynthese	Hauptsächlich im Frühling und Sommer, mit Ausnahme der Bodenorganismen, aber kürzer als im Laubwald, Fotosynthese nur bei Temperaturen über 0 °C	Aktivität bei allen Organismen im ganzen Jahr hoch

b) Die meisten Organismen sind wechselwarm und unterliegen damit der RGT-Regel. Ihre Aktivität ist bei niedrigen Temperaturen gering, bei hohen Temperaturen hoch. Das gilt auch für die Fotosynthese als Nahrungsgrundlage des Ökosystems Wald. Dies erklärt die hohe Aktivität im Sommer bei dem sommergrünen Laubwald und dem borealen Nadelwald. Der immergrüne tropische Wald bietet durch ziemlich gleichmäßige Bedingungen (Wasser ist auch im Juli noch genügend vorhanden) und hohe Temperatur ideale Aktivitätsvoraussetzungen. Das bedeutet auch durch die hohe Produktivität ein großes Nahrungsangebot und hat eine hohe Artenvielfalt (viele ökologische Nischen) zur Folge.

Der boreale Wald hat durch die ungünstigen Temperaturen auch die ungünstigsten Lebensbedingungen (wenig Nahrung, oft auch nur periodisch verfügbar, lange Frostperiode) und daher die geringste Artenvielfalt. Der sommergrüne Laubwald liegt zwischen diesen Systemen.

2

a) Individuelle Lösung, darin enthalten die Rolle der Produzenten, Konsumenten und Destruenten.

b) Eine Kohlenstoffsenke ist ein Reservoir, das Kohlenstoff aufnimmt und speichert. In allen drei Phasen ist gemäß Abb. 4 der Wald eine Kohlenstoffsenke, weil hier Biomasse (Nettoprimärproduktion vorhanden) aufgebaut wird und damit Kohlenstoff in dieser Biomasse gespeichert wird. Wenn in der Altersphase schließlich die Nettoprimärproduktion auf Null zurückgegangen ist (außerhalb des Darstellungsbereiches), ist der Wald keine Kohlenstoffsenke mehr, sondern ein Kohlenstoffspeicher. Am Übergang von der Aufbauphase zur Reifephase hat der Wald als Kohlenstoffsenke die größte Wirkung.

3

Individuelle Lösung.

4

a) Die Baumwurzel ohne Mykorrhiza besteht aus dem Leitungsgewebe mit Phloem, dem Rindengewebe und der Rhizodermis aus der die Wurzelhaare hervor gehen. Eine Oberflächenvergrößerung erfolgt nur durch die Wurzelhaare.

Bei der Baumwurzel mit Mykorrhiza ist der Aufbau in der Wurzelmitte identisch. Weiter nach außen hin ist das Rindengewebe von dem Pilzgeflecht durchdrungen. Eine Rhizodermis ist nicht zu erkennen, dafür findet sich an deren Stelle eine dicke Lage aus Pilzgeflecht, von der viele Hyphen des Pilzes in das Erdreich abzweigen. Unter Einbeziehung des Pilzgeflechtes ist die Oberfläche enorm vergrößert.

b) Aus dem Bereich „Struktur und Funktion" greift hier vor allem das Prinzip der Oberflächenvergrößerung. Da die Aufnahme von Wasser und Mineralsalzen über die gesamte Oberfläche der Mykorrhiza erfolgt, bedeutet diese Oberflächenvergrößerung ein enorm höheres Wachstumspotenzial für die Bäume und für den Wald insgesamt eine viel höhere Biomasseproduktion.

c) Individuelle Lösung, darin z. B.: Vergleich des Wachstums von Bäumen der gleichen Art mit und ohne Mykorrhiza, Versuch der Kultivierung des Pilzgeflechts ohne Bäume und Vergleich der Biomassezunahme des Pilzes mit und ohne Bäume oder andere Lösung.

10.10 Ökosystem See

1

a) Sommer: Wasser hat bei 4 °C seine größte Dichte. Dieses Wasser ist in den tieferen Zonen des Sees, das leichtere Wasser von 17 °C bis 22 °C befindet sich an der Oberfläche. Infolge der Dichteunterschiede gibt es kaum einen Austausch zwischen dem Oberflächen- und dem Tiefenwasser, weil die Zirkulation nur auf die warme Wasserschicht beschränkt bleibt. Den schmalen Übergang zwischen diesen Schichten bezeichnet man als Sprungschicht. Sie ist durch ein starkes Temperaturgefälle gekennzeichnet. An der Oberfläche löst sich Sauerstoff im Wasser. Durch Diffusion breitet er sich aus, es kommt aber infolge der stabilen Schichtung kaum zu einer höheren Sauerstoffkonzentration in der Tiefe. Dort finden am Grund sauerstoffzehrende Abbauprozesse statt. Diese bewirken ein Sauerstoffkonzentrationsgefälle im Tiefenwasser. In der Sprungschicht findet man, ähnlich wie bei der Temperatur, den Übergang vom sauerstoffreichen Oberflächenwasser zum sauerstoffarmen Tiefenwasser.

Herbst: Das Wasser hat im ganzen See die gleiche Temperatur und damit die gleiche Dichte. Durch den Wind kommt es daher zu einer Zirkulation des Wassers, die bis in die Tiefe reicht. Dies hat auch einen gleichmäßigen, hohen Sauerstoffgehalt in allen Tiefen zur Folge.

Winter: Das kalte Wasser mit einer geringeren Temperatur als 4 °C hat eine geringere Dichte und befindet sich daher über dem Wasser mit 4 °C. Eis verhindert zudem die weitere Zufuhr von Sauerstoff. Eine Wasserzirkulation findet nicht statt, es gelangt daher auch kein weiterer Sauerstoff in die tiefen Bereiche. Da dort weiterhin sauerstoffzehrende Prozesse ablaufen, nimmt der Sauerstoffgehalt dort ab.

Frühjahr: Es herrschen die gleichen Verhältnisse wie im Herbst.

b) Die Messwerte wurden im Sommer aufgezeichnet. Durch die Sommerstagnation findet kaum ein Austausch zwischen Tiefen- und Oberflächenwasser statt. In der Tiefe ist die Konzentration an Phosphat-, Nitrat- und Ammoniumionen durch die dort ablaufenden Abbauprozesse durch Destruenten groß. Diese Ionen gelangen aber kaum durch die Sprungschicht nach oben. Im Oberflächenwasser wurden die dort vorhandenen Ionen durch das Wachstum der Algen aufgenommen und in Biomasse gespeichert. Der Ionengehalt der drei Ionenarten ist dort also gering.

2

a) Im Oberflächenwasser ist die Lichtintensität hoch. Es findet, begünstigt durch die hohe Temperatur in dieser Schicht und die große Tageslänge, Fotosynthese unter sehr guten Bedingungen statt. Die Fotosynthese überwiegt die Zellatmung. In der Sprungschicht sind Lichtintensität und Temperatur geringer, die Fotosynthese kann die Zellatmung nur noch kompensieren. Im tiefen Wasser kann infolge von Lichtmangel nur wenig oder gar keine Fotosynthese stattfinden. Es finden daher fast nur noch sauerstoffzehrende Prozesse statt. Die Zellatmung überwiegt die Fotosynthese.

b) Individuelle Lösung.

3

Individuelle Lösung.

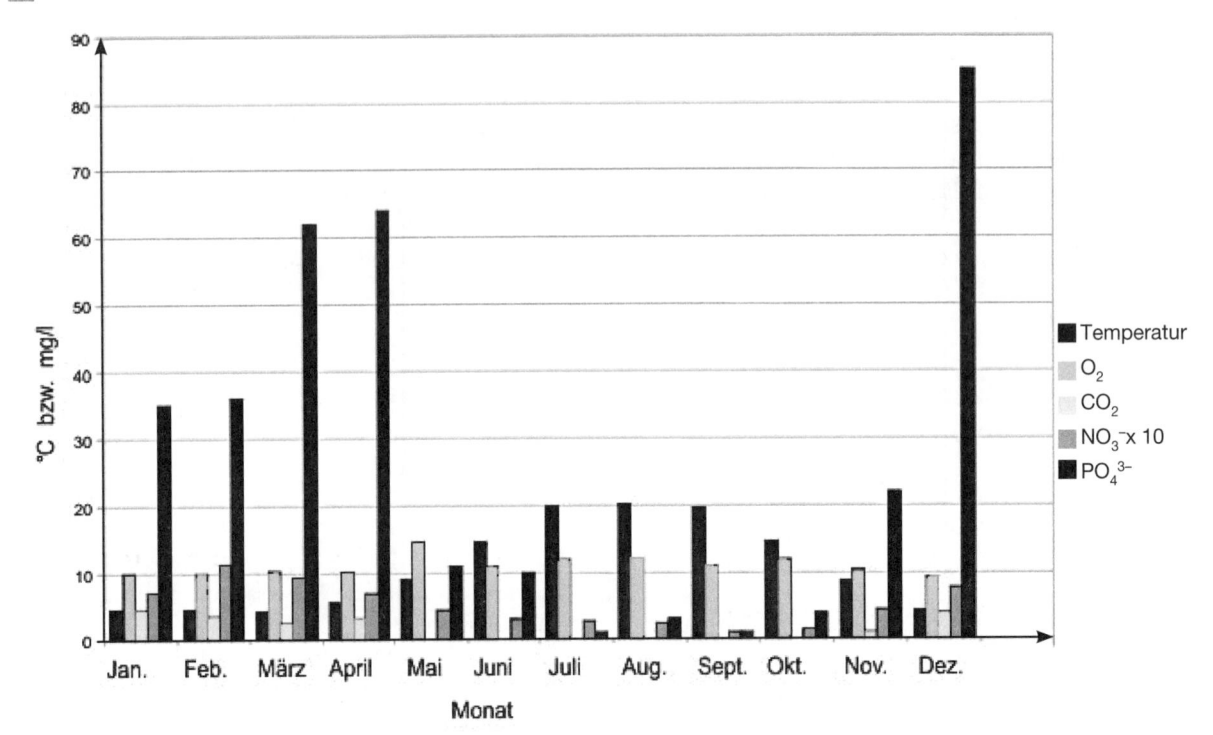

4

In den Monaten Mai bis Oktober findet man im Wasser kein messbares Kohlenstoffdioxid. Dies kann man mit der Fotosynthese erklären, die in dieser Zeit infolge der großen Tageslänge und der höheren Temperatur besonders intensiv abläuft und das Kohlenstoffdioxid vollständig fixiert. Die Fotosynthese ist wahrscheinlich auch für den trotz der höheren Temperatur relativ hohen Sauerstoffgehalt im Wasser in dieser Zeit verantwortlich. Durch die Fotosynthese wird organisches Material aufgebaut, da sich Algen und andere Pflanzen vermehren und wachsen. Der Nitratgehalt sinkt dadurch. Ebenso verhält es sich mit dem Phosphat, das im Winter in hoher Konzentration vorhanden ist, besonders in den Monaten Juli bis Oktober aber nur in geringer Konzentration vorliegt. Stickstoff und Phosphor sind in dieser Zeit weitgehend in organischem Material gespeichert. Im Herbst sterben aufgrund der geringen Tageslänge Pflanzen ab. Mit zeitlicher Verzögerung gelangen beide Elemente durch den Abbau wieder in Ionenform in das Wasser. Durch die zurückgehende Tageslänge und Temperatur geht die Fotosynthese zurück, der Gehalt an Kohlenstoffdioxid nimmt wieder zu. Der Sauerstoffgehalt sinkt nicht stark ab, weil trotz der Abbauprozesse durch die Destruenten in Oberflächennähe genügend Sauerstoff gelöst werden kann.

10.11 Produktivität verschiedener Ökosysteme

1

a) Individuelle Lösung, darin z. B.: Auf die ganze Erde bezogen ist der tropische Regenwald das Ökosystem mit der höchsten Nettoprimärproduktion, gefolgt vom offenen Meer und den tropischen Savannen und Graslandern. Man kann die hohen Werte bei den tropischen Ökosystemen mit der hohen Temperatur (die Fotosynthese unterliegt der RGT-Regel) und der guten Wasserversorgung erklären. Beim offen Ozean spielt die sehr große Fläche die entscheidende Rolle. Die Tabelle macht deutlich, dass der tropische Regenwald den größten Kohlenstoffspeicher in Form von Biomasse darstellt, gefolgt von den Wäldern der gemäßigten Zone.
Oder andere Lösung.

b)

	Nettoprimärproduktion in Gigatonnen (10^9 t) C pro Jahr	Nettoprimärproduktion in g C pro Jahr	Fläche in Millionen km² · 10^6	Fläche in m² · 10^{12}	Nettoprimärproduktion in g C /(m²·a)	Nettoprimärproduktion in g C /(m²·d)
tropische Regenwälder	21,9	21,9 · 10^{15}	26,7	26,7	820	2,25
Wälder der gemäßigten Zonen	8,1	8,1 · 10^{15}	15,5	15,5	523	1,43
tropische Savannen und Grasland	14,9	14,9 · 10^{15}	39,9	39,9	373	1,02
Nadelwald	2,6	2,6 · 10^{15}	20,0	20,0	130	0,36
Wüsten und Halbwüsten	3,5	3,5 · 10^{15}	42,2	42,2	83	0,23
Agrarland	1,9	1,9 · 10^{15}	3,1	3,1	613	1,68
offener Ozean	18,9	18,9 · 10^{15}	332	332	57	0,16

Durch die Umrechnung wird die Produktivität deutlicher. Man erkennt, dass der tropische Regenwald die höchste Nettoprimärproduktion hat, das offene Meer die geringste. Das Agrarland verfügt über die zweithöchste Nettoprimärproduktion. Hier ist zu berücksichtigen, dass es durch die Ernte zu kaum einer Veratmung von Biomasse durch heterotrophe Organismen kommt.

2

Abb. 4 zeigt, dass die Bruttoprimärproduktion des Regenwaldes sehr viel höher ist als die des Buchenwaldes. Allerdings ist der Biomassezuwachs im Regenwald viel geringer als im Buchenwald. Dies liegt an den hohen Verlusten durch Atmung (hier müssen alle Organismen berücksichtigt werden, nicht nur die Respiration der autotrophen Organismen) und Biomasse, die durch Destruenten abgebaut wird. Der Biomassezuwachs entspricht also der Nettoproduktion. Dies muss berücksichtigt werden, wenn man diesen Sachverhalt mit der Abb. 3 vergleicht. Dort ist die Nettoprimärproduktion aufgeführt. Sie liegt für den Regenwald auf die Fläche bezogen höher als beim Wald der gemäßigten Zonen. Abb. 4 zeigt, dass die Nettoprimärproduktion nicht ausreicht, um den Biomassezuwachs im Ökosystem richtig zu beurteilen.

3

Im Ökosystem A ist die Produktivität proportional zur Anzahl der Pflanzenarten, im Ökosystem B erhält man eine Sättigungskurve. Im Ökosystem C erhält man ein Maximum und in Ökosystem D gibt es keinen Zusammenhang zwischen der Anzahl der Pflanzenarten und der Produktivität des Ökosystems.

Die genannte Hypothese ist aufgrund dieser Forschungsarbeiten nicht haltbar. Dennoch deutet sich an, dass für eine Vielzahl von Ökosystemen eine Tendenz zu hoher Produktivität bei großer Pflanzenartenzahl vorliegt.

10.12 Ökosystem Hochmoor

1

a) Individuelle Lösung.
b) Individuelle Lösung.

2

a) Individuelle Lösung.
b) Individuelle Lösung.
c) Individuelle Lösung.

3

Angepasstheit	Struktur/Funktion
Wenige Wurzeln	Torfmoos lebt in wasserreicher Umgebung und nimmt Mineralsalze über die Oberfläche auf, ein ausgeprägtes Wurzelsystem zur Wasseraufnahme und Mineralsalzaufnahme ist nicht notwendig.
Blätter mit klebrigen Drüsenhaaren und Verdauungsdrüsen in der Blattmitte	Es handelt sich um eine Angepasstheit an eine mineralsalzarme Umgebung. Wichtige Elemente wie Stickstoff und Phosphor werden durch das Fangen und Verdauen von Insekten gewonnen. Die rötlichen Drüsenhaare locken Insekten an, die an den Haaren kleben bleiben. Die Proteasen der Verdauungsdrüsen und Ameisensäure zersetzen das Insekt. Die Blätter sind also stark abgewandelt (Abwandlungsprinzip) und dienen nur noch teilweise der Fotosynthese.
Lange Stiele mit Blüten	Angepasstheit an den hohen Wasserstand. Die Blüten müssen sich immer oberhalb des Wasserspiegels befinden.

11 Anthropogene Einflüsse und nachhaltige Zukunft

11.1 Der globale Kohlenstoffkreislauf

1

a) Natürlicher Kohlenstoffkreiskauf
Individuelle Lösung, z. B.:
oder andere Lösung.

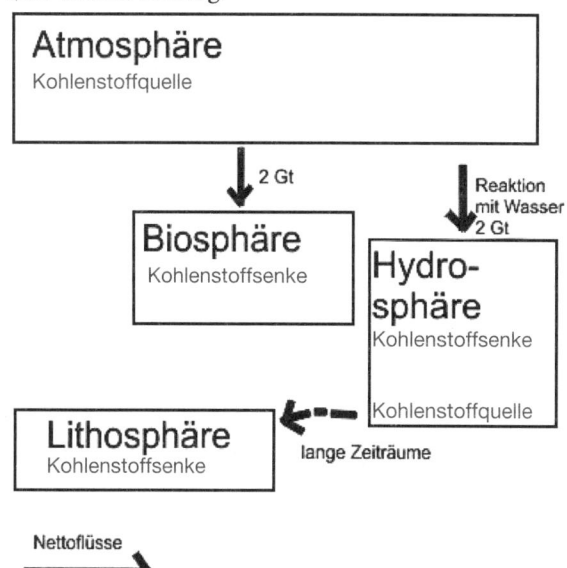

```
┌─────────────────────────────┐
│ Atmosphäre                  │
│ Kohlenstoffquelle           │
└─────────────────────────────┘
         │ 2 Gt        │ Reaktion
         ▼             ▼ mit Wasser
   ┌──────────┐     2 Gt
   │ Biosphäre│   ┌──────────┐
   │Kohlenstoff│   │ Hydro-   │
   │ senke    │   │ sphäre   │
   └──────────┘   │Kohlenstoff│
                  │ senke    │
   ┌──────────┐   │Kohlenstoff│
   │Lithosphäre│◄--│ quelle   │
   │Kohlenstoff│ lange Zeiträume
   │ senke    │
   └──────────┘
```

Nettoflüsse ──►

b) Anthropogene Veränderungen
Individuelle Lösung, z. B.:

```
┌─────────────────────────────────────┐
│ Atmosphäre                          │
│ Kohlenstoffsenke   Kohlenstoffquelle│
└─────────────────────────────────────┘
    ▲   2 Gt ▼  Land-  ▲   Verminderung
    │        │ nutzung │   ▼ Reaktion
Verbrennung  ┌─────────┐  mit Wasser
  6 Gt       │Biosphäre│  2 Gt
    │        └─────────┘  ┌──────────┐
    │                     │ Hydro-   │
    │                     │ sphäre   │
    │                     │Kohlenstoff│
    │                     │ senke    │
    │                     │Kohlenstoff│
    │                     │ quelle   │
  ┌────────────┐Kohlen-   └──────────┘
  │Lithosphäre │stoff—  ◄-- lange Zeiträume
  │Kohlenstoffquelle senke│
  └────────────┘
```

Nettoflüsse ──►   menschliche Einflüsse ----

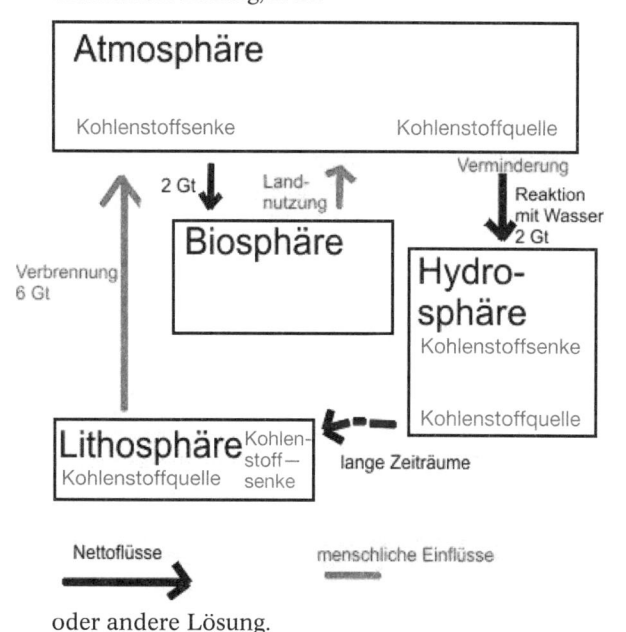

oder andere Lösung.

c) Individuelle Lösung, darin z. B.: Durch den Einfluss des Menschen wird der Kohlenstoffgehalt in der Atmosphäre in Form von Kohlenstoffdioxid weiter zunehmen. Dies geschieht durch die fortlaufende Verbrennung fossiler Brennstoffe, aber auch durch Brandrodung z. B. des tropischen Regenwaldes. Dadurch vermindert sich die Fotosyntheseleistung und gleichzeitig fällt der Regenwald als Kohlenstoffsenke teilweise weg. Die in Aufgabe 1c) beschriebenen Vorgänge führen dazu, dass der Ozean weniger Kohlenstoffdioxid aufnehmen kann, da an der Oberfläche schnell eine Sättigung eintritt und der Kohlenstoff nicht mehr in die Tiefe transportiert wird. Alle diese Faktoren führen zu einer weiteren Kohlenstoffdioxidzunahme in der Atmosphäre.

2

Abb. 1 ist eine Momentaufnahme, Entwicklungstendenzen sind darin nicht enthalten. Es werden quantitativ Angaben über die wichtigsten Kohlenstoffströme gemacht. Senken und Quellen sind nicht direkt ersichtlich.
Abb. 2 zeigt die Entwicklung seit 1850. Dabei wird zwischen anthropogenen Kohlenstoffquellen und globalen Senken unterschieden. Die Abbildung zeigt, dass besonders seit etwa 1945 die anthropogenen Quellen, hauptsächlich die Verbrennung fossiler Brennstoffe, stark anstiegen und der Trend offenbar über das Jahr 2000 anhält. Der größte Teil des Kohlenstoffes wurde von den Meeren aufgenommen, ein kleinerer Teil führte zu einer Erhöhung der Kohlenstoffdioxidkonzentration in der Atmosphäre. Ein dritter Anteil, etwa so viel wie die Kohlenstoffdioxidmengenzunahme in der Atmosphäre, gelangte in nicht identifizierte Senken, wahrscheinlich in Form von Biomasse in der Biosphäre.

3

a) Ein höherer Kohlenstoffdioxidgehalt in der Luft führt dazu, dass mehr Kohlenstoffdioxid in Wasser gelöst wird. Dadurch verschiebt sich das chemische Gleichgewicht in Richtung Kohlensäure und der pH-Wert sinkt durch die höhere Konzentration von H^+- Ionen.
Die Versauerung ist im Nord- und Südatlantik besonders weit vorangeschritten, während der indische Ozean und

große Teile des Pazifiks noch wenig betroffen sind. Dabei spielen möglicherweise Meeresströmungen und vorherrschende Winde im Zusammenhang mit den Kohlenstoffdioxidquellen eine Rolle.

b) Individuelle Lösung, darin z. B.: Durch einen niedrigeren pH-Wert können viele Schalentiere keine oder nur dünne Schalen ausbilden und sind in ihrem Bestand gefährdet. Möglicherweise sind auch Produzenten beeinträchtigt. Dies verändert die Nahrungskette und damit die Lebensgrundlagen für weite Bereiche des Ökosystems.

11.2 Der Treibhauseffekt

1

a) Der Treibhauseffekt beruht in beiden Fällen auf dem gleichen Phänomen: Ein Teil der Energie, die mit der Sonneneinstrahlung auf die Erde trifft, wird wieder reflektiert und verlässt die Erde. Einige Gase (Distickstoffmonoxid, Kohlenstoffdioxid, Methan und Wasserdampf) in der Atmosphäre verhindern diese Abstrahlung in das Weltall, es bleibt mehr Energie im Bereich der irdischen Atmosphäre, die sich dadurch erwärmt. Beim natürlichen Treibhauseffekt führt dies zu einer höheren Temperatur, als normalerweise ohne diese Treibhausgase zu erwarten wäre. Zusätzlich dazu erhöht der Mensch die Konzentration von Treibhausgasen durch Verbrennung von fossilen Energieträgern, Intensivierung der Landwirtschaft (Viehzucht, Reisanbau, Stickstoffdüngung) und Brandrodung. Diese Konzentrationserhöhung führt zu einer weiteren Temperaturerhöhung in der Atmosphäre.

b) CO_2: Verbrennung von organischem Material und fossilen Energieträgern, Atmung, Abbauprozesse.
CH_4: Abbauprozesse, Abgabe aus den Pansen von Wiederkäuern, entsteht in Sumpfgebieten und überfluteten Feldern (Reisanbau).
N_2O: Entstehung in stickstoffhaltigen Böden bei Sauerstoffmangel.
H_2O: Verdunstung, Verbrennung von organischem Material.

c) Siehe Abb. 2, z. B.: Zunahme von Krankheiten wie Malaria, Aussterben von Arten, Veränderung der Verfügbarkeit von Wasser und Dürre, Überflutung von Küsten und vermehrt Unwetter, Veränderung der Getreideproduktivität.

2

Die Abbildung 3 zeigt eine Periodik in der Konzentration der Treibhausgase Kohlenstoffdioxid und Methan. Damit einher geht synchron die Veränderung der Temperatur. Eine Periode dauert etwa 100 000 Jahre, wobei es jeweils zu einem starken Anstieg und danach zu einer allmählichen Abflachung kommt. Der letzte Anstieg unterscheidet sich von den vorhergehenden dadurch, dass die Konzentration von Kohlenstoffdioxid mehr als doppelt so hoch ansteigt als in den vergangenen Perioden. Eine größere Temperaturerhöhung ist damit zu erwarten.

3

a) Eiablage, Schlüpfen der Jungtiere und das Flüggewerden der Jungtiere ist bei den Kohlmeisen in dem niederländischen Nationalpark seit 1980 bis heute unverändert geblieben. Hingegen hat sich das Vorkommen ihrer Hauptnahrung zur Brutzeit, der Frostspannerraupen, im Maximum vom 28. Mai auf den 15. Mai verschoben, wobei die Form der Vorkommens-Kurve unverändert geblieben ist. Das heißt, die Dauer des Vorkommens und Anzahl der Frostspannerraupen ist konstant geblieben, nur der Zeitraum hat sich verändert. Dies liegt an dem früheren Ausschlagen der Eichen infolge milderer Spätfrühlinge. Die Frostspannerraupen sind auf junge Blätter als Nahrung angewiesen und haben sich dem veränderten Ausschlagen der Bäume angepasst.

b) 1980 war die Raupenzahl zum Zeitpunkt des Schlüpfens der Kohlmeisen gering. Der Nahrungsbedarf der Jungvögel ist direkt nach dem Schlüpfen gering. Er steigt mit zunehmendem Alter und Wachstum der Jungvögel. Die zunehmende Zahl der Frostspannerraupen kann diesen erhöhten Bedarf decken, bis diese Nahrung mit dem Flüggewerden langsam versiegt und die Jungvögel auf andere Nahrungsquellen umsteigen müssen.

Durch die Vorverlegung des Vorkommens der Frostspannerraupen liegt das Maximum zur Zeit des Schlüpfens und nimmt bei zunehmendem Nahrungsbedarf der Jungvögel schon wieder ab. Es ergibt sich während der Fütterungsperiode der Kohlmeisen also ein Mangel an der Hauptnahrung, der durch andere Nahrungsquellen gedeckt werden muss. Ist dies nicht möglich, wird die Zahl der überlebenden Jungvögel gering ausfallen.

11.3 Kohlenstoffdioxid-Bilanzen und Nachhaltigkeit

1
a) Individuelle Lösung.
b) Individuelle Lösung.
c) Individuelle Lösung.

2
a) Das Plakat des Kraftstoffherstellers gibt an, dass die Kohlenstoffdioxid-Emissionen eines Biodieselnutzers um 60 % geringer sind als die eines Nutzers von herkömmlichem Kraftstoff.
Das Diagramm der Welthungerhilfe zeigt die Zunahme der Produktionen von Ethanol und Biodiesel im Zusammenhang mit den Preisen für Pflanzenöle und Lebensmittel insgesamt. Dabei zeigt sich ein direkter Zusammenhang zwischen der Produktionssteigerung der beiden Alternativkraftstoffe und der Steigerung der Lebensmittelpreise insgesamt, die Steigerung der Pflanzenölpreise nahm von 2007 an überproportional zu.

b) Individuelle Lösung, darin z. B.: Die Lebensmittelpreise steigen mit zunehmender Produktion von Ethanol und Biodiesel an, weil damit zunehmend Flächen für den Anbau von Produkten verwendet werden, die zu Ethanol bzw. Biodiesel verarbeitet werden und weniger Lebensmittel produziert werden. Zusätzlich erhöhen die Gewinnchancen durch die hohen Pflanzenölpreise den Flächendruck zu ungunsten der Lebensmittelproduktion. Ärmere Bevölkerungsschichten können möglicherweise die hohen Preise für Lebensmittel nicht aufbringen. Hunger und Verelendung sind die Folgen (soziale Fallen). Der Anbau von Pflanzen für Pflanzenöle bringt erst in späteren Jahren Profit, die Flächen werden aus wirtschaftlichen Gründen auf Jahre hinaus dem Lebensmittelanbau entzogen. Außerdem entstehen auf lange Sicht Abhängigkeiten von den Produzenten der Biokraftstoffhersteller (zeitliche und räumliche Fallen).
c) Individuelle Lösung.

11.4 Ökologisches Bewerten: Beispiel Kursfahrt

—

11.5 Ökologisches Bewerten: Beispiel Streuobstwiese

1
Individuelle Lösung.

11.6 Bedeutung der Biodiversität

1

Ebene der Gene: Innerhalb einer Population unterscheiden sich die einzelnen Individuen voneinander. Diese Unterschiede sind teils auf Modifikationen zurückzuführen, im Wesentlichen aber auf genetische Unterschiede, die dadurch zustande kommen, dass verschiedene Allele in den verschiedenen Individuen miteinander kombiniert sind.

Ebene der Arten: In einem Ökosystem leben unterschiedliche Arten, die in ihren Beziehungen zueinander in einem Netzwerk eingebunden sind. Je mehr Arten in einem Ökosystem leben, umso größer ist die Biodiversität dieses Ökosystems.

Ebene der Ökosysteme: Es gibt eine Vielzahl von Ökosystemen, die sich in ihren klimatischen Bedingungen und ihrer Artenzusammensetzung unterscheiden. Je höher die Vielfalt an Ökosystemen, umso größer ist auch hier die Biodiversität.

2

Der Wildapfel existiert in vielen verschiedenen Formen. Einige wichtige Merkmale für eine Züchtung sind z. B. viel Fruchtfleisch, ansprechende Farbe, Süße der reifen Früchte, Widerstandsfähigkeit gegenüber Schädlingen, Klimaangepasstheiten usw. Durch fortlaufende Kreuzungen können Merkmale, die für ein bestimmtes Kreuzungsziel von Nutzen sind, miteinander kombiniert werden. Die genetischen Anlagen dafür findet man in der Vielfalt des Wildapfels. Diese Vielfalt ist daher die Grundlage für alle Züchtungen.

3

Durch Veränderung der Umwelt verändern sich auch die Selektionsfaktoren für die Organismen eines Ökosystems. Nur solche Organismen, deren Phänotyp mit diesen neuen Umweltbedingungen zu Recht kommt, können überleben. Grundlage für verschiedene Phänotypen in einer Population ist eine große genetische Variabilität. Je größer diese ist, umso größer ist die Wahrscheinlichkeit, dass Individuen einer Population bei einer Umweltveränderung, wie z. B. der Klimaerwärmung, überleben und die Population fortbesteht.

4

Die biologische Vielfalt ist die Grundlage für das Funktionieren der Ökosysteme. Da der Mensch Teil der Ökosysteme ist, hat die biologische Vielfalt fundamentalen Wert für den Menschen. Dieser Wert kann unter verschiedenen Gesichtspunkten betrachtet werden: Wirtschaftlicher Wert, ökologischer Wert z. B. in Form von Ökosystem-Dienstleistungen und damit verbunden als Wert für das Wohlergehen der Menschen. Die Biodiversität ist bedroht durch den Menschen.
Gründe für den Schutz: Individuelle Lösung.

5

Individuelle Lösung.

11.7 Grüne Gentechnik – Fakten

1

a) Aus dem Text:
- Erhöhung des Ertrages
- Verbesserung der Qualität
- Erhöhung der Widerstandsfähigkeit gegen Schädlinge und Umweltbedingungen
- Produktion spezieller Inhaltsstoffe als Rohstoff für die Industrie
- Resistenz gegen Herbizide

Weitere wünschenswerte Eigenschaften: Individuelle Lösung.

b) Bei der klassischen Pflanzenzüchtung werden ausschließlich Gen-Ressourcen derselben Art genutzt. Durch Kreuzung will man erstrebenswerte Eigenschaften kombinieren. Bei der gentechnischen Pflanzenzüchtung werden Gen-Ressourcen von anderen Arten genutzt, z. B. andere Pflanzenarten, Pilze, Bakterien oder Viren. Dabei werden entsprechende Gene identifiziert, isoliert und anschließend auf die gewünschte Nutzpflanze übertragen. Bei beiden Verfahren werden Pflanzen mit den gewünschten Eigenschaften selektiert und kultiviert. Bevor sie als neue Nutzpflanzensorte zugelassen werden, unterliegen sie Prüfverfahren im Testanbau. Die Dauer der Züchtung ist bei beiden Verfahren gleich.

c) Durch gentechnische Verfahren können Eigenschaften in eine Nutzpflanze durch Gentransfer eingebracht werden, die bei der Art vorher nicht vorhandenen waren. Die Züchtungsziele können daher breiter gesteckt werden als bei der herkömmlichen Züchtung.

2

a) Individuelle Lösung.

b) Mit der Einführung des herbizidresistenten Sojas erwartete man einen einfacheren Anbau, der mit höheren Erträgen gekoppelt war. Damit waren natürlich höhere Gewinnerwartungen verbunden.
Es zeigte sich, dass die Erwartungen nur in den ersten Jahren erfüllt wurden. Der großflächige Anbau führte schnell zu sozialen Problemen und Landflucht, da Kleinbauern wegen geringerer Wettbewerbsfähigkeit verdrängt wurden. Zudem wurde der Anbau anderer Lebensmittel vernachlässigt, was zu Engpässen im Lebensmittelbereich führte. Die Ertragserwartungen wurden schon nach wenigen Jahren nicht erfüllt, da durch eine wachsende Herbizidbelastung der Böden die Qualität und Menge der Ernte zurück ging. Außerdem traten mit der Zeit herbizidresistente Wildkräuter auf, was zudem die Ernte beeinträchtigte.
Falsch eingeschätzt wurden die zunehmende Herbizidbelastung der Böden und die Entstehung von resistenten Wildkräutern mit ihren Folgen für die Menge und Qualität der Ernte (zeitliche Entwicklungen) sowie die zunehmende Konkurrenz für Kleinbauern und die Auswirkungen auf die Lebensmittelproduktion (soziale Entwicklungen).

3

a) Im Bio-Bereich ist Gentechnik auf allen Stufen der Produktion und in allen Produkten verboten. Im konventionellen Bereich sind gentechnisch veränderte Pflanzen und Tiere und die daraus hergestellten Produkte kennzeichnungspflichtig (1). Ebenso müssen Lebensmittel, die gentechnisch veränderte Mikroorganismen enthalten, gekennzeichnet werden (2). Allerdings unterliegen durch gentechnisch veränderte Organismen hergestellte Nahrungsbestandteile, die dem Lebensmittel zugesetzt werden, keiner Kennzeichnungspflicht (3).

b)

Lebensmittel	Kennzeichnungspflicht	Begründung nach Aufgabe 3a
Milch von gentechnisch veränderten Kühen	Ja	(1)
Öl aus gentechnisch verändertem Soja	Ja	(1)
Joghurt, der von gentechnisch veränderten Milchsäurebakterien hergestellt wurde	Ja	(2) Joghurt enthält noch Bakterien.
Käse, der mit gentechnisch veränderten Schimmelpilzen hergestellt wurde	Ja	(2) Der Käse enthält noch Pilzbestandteile.
Eier von Hühnern, die mit gentechnisch verändertem Mais gefüttert wurden	Nein	Weder (1) noch (2)
Käse mit dem gentechnisch erzeugten Enzym Chymosin	Nein	(3)

c) Individuelle Lösung.

d) Individuelle Lösung, darin z. B.: Es ist nicht auszuschließen, dass Pollen von gentechnisch veränderten Pflanzen durch Wind in Bioprodukte gelangen. Verunreinigungen können bei der Lagerung oder beim Transport vorkommen.

11.8 Grüne Gentechnik – Chancen und Risiken

1

a) Individuelle Lösung, darin z. B.:

Argumente für grüne Gentechnik	Argumente gegen grüne Gentechnik
Steigerung landwirtschaftlicher Erträge um die Weltbevölkerung zu ernähren. Dies schont unberührte Flächen, die sonst urbar gemacht werden müssen. => Naturschutz	Manipulierte Gene können über Insekten, Pollen oder Pflanzenteile auf andere Pflanzen übertragen werden. Es besteht die Gefahr, dass Allergien dadurch steigen. => Gesundheit
Lebensmittel werden durch höhere Preise bei steigender Qualität billiger. => Soziale Aspekte Gentechnisch veränderte Pflanzen können gesünder sein. => Gesundheit	Risiken in sozialen, ökologischen und strukturellen Bereichen sind nicht kalkulierbar. Ein Ausstieg ist nicht möglich. => Soziale Verantwortung
Schonung von Ressourcen wie Wasser und Dünger. => Ökologische und soziale Gesichtspunkte	Gentechnik zur Bekämpfung des Hungers nicht notwendig. Ökologische und soziale Risiken können durch ein Verbot vermieden werden. => Ökologische und soziale Gesichtspunkte
Gentechnik ist Motor in der Pflanzenzüchtung. Sie bietet große Potenziale für gesündere und widerstandsfähigere Pflanzen und nachwachsende Rohstoffe. => Wirtschaftliche Aspekte	Nutzen nur für wenige, z. B. Konzerne wie Monsanto oder Großagrarbetriebe. => Soziale Aspekte
+ weitere individuelle Argumente	+ weitere individuelle Argumente

b) Individuelle Lösung.

12 Bau und Funktion von Nerven- und Sinneszellen

12.1 Nervenzellen und Nervensysteme

1

Ein Neuron besteht aus vier Zonen mit unterschiedlichen Aufgaben. Die Dendriten und das Soma gehören zur Signalaufnahmeregion. Hier setzen Axone vorgeschalteter Neuronen an. Der Übergang vom Soma zum Axon heißt Axonhügel. Er stellt die Signalauslöseregion dar, in der die ankommenden Signale verrechnet und zu elektrischen Signalen zusammengefasst werden, die mit hoher Geschwindigkeit am Axon entlang laufen. Das Axon wird von einer Myelinhülle umschlossen und ist die Region der Signalfortleitung. Am Ende des Axons befindet sich die Synapse. Hier findet die Signalübertragung an eine nachgeschaltete Zelle statt, indem die elektrischen Signale in chemische Signale umgewandelt werden. Die chemischen Signalstoffe bezeichnet man als Neurotransmitter. Sie binden an Rezeptoren der nachgeschalteten Muskelzelle und lösen dort wieder elektrische Signale aus.
Skizze und Vortrag: Individuelle Lösung.

2

Individuelle Lösung, darin z. B.: Das Vorderende markiert die Bewegungsrichtung. Viele Sinnesrezeptoren werden in Richtung der Fortbewegung angeordnet sein. Das Gehirn ist der Ort, in dem diese Sinneseindrücke gesammelt und ausgewertet werden. Dadurch, dass das Gehirn sich am Vorderende befindet, sind die Wege von den Rezeptoren bis zur Verrechnungsstelle kurz, die Signalübermittlung also schnell.

12.2 Das Ruhepotenzial

1

a) Aufgrund des Konzentrationsgefälles werden Kaliumionen nach außen und Chloridionen nach innen wandern. Dadurch kommt es zu einem Ladungsgradienten zwischen dem Inneren des Axons und dem Außenmedium. Im Inneren überwiegen die negativen Ladungen, außerhalb die positiven. Der Überschuss an negativer Ladung im Inneren begrenzt durch die Anziehungskräfte die Menge der nach außen wandernden positiven Kaliumionen. Umgekehrt begrenzt der Überschuss an positiven Ladungen im Außenmedium den weiteren Einstrom von Chloridionen in das Axon. Die Natriumionen spielen kurzfristig aufgrund der sehr geringen Durchlässigkeit kaum eine Rolle. Es stellt sich eine Ionenverteilung wie im Ruhepotenzial (Abb. 3) ein.
Hinweis: Eine Argumentation über Abstoßungskräfte gleicher Ladung ist auch möglich.
b) Die Ionenverteilung würde sich in diesem Gedankenexperiment verschieben, denn nun würden aufgrund des Konzentrations- und des Ladungsgefälles auch Natriumionen in das Axoninnere strömen und damit den Überschuss an negativer Ladung mindern. Es könnten dadurch mehr Kaliumionen nach außen und mehr Chloridionen nach innen wandern. Dadurch würde sich nahezu ein Ausgleich für die Konzentration von Kalium-, Natrium- und Chloridionen auf beiden Seiten der Membran ergeben. Eine Ladungsdifferenz zwischen Außen und Innen würde immer noch bestehen, weil die organischen Anionen im Axoninneren verbleiben.

2

Durch die Zugabe von positiven Natriumionen wird die Ladungsdifferenz zwischen Innen und Außen zunächst größer. Dadurch wird das Kräftegleichgewicht des Ruhepotenzials gestört: Die Abstoßung für Kaliumionen wird außen größer, gleichzeitig nehmen die Anziehungskräfte von Innen zu. Bei den Chloridionen nehmen die Anziehungskräfte außen zu und die Abstoßung im Inneren wird größer. Es strömen also Kaliumionen wieder zurück ins Axoninnere (nicht alle) und Chloridionen wieder

nach außen. Diese Ionenströme wirken der wachsenden Ladungsdifferenz durch die Natriumionen-Zugabe entgegen, sie wird also gedämpft.
Eine Kurve könnte wie folgt aussehen:

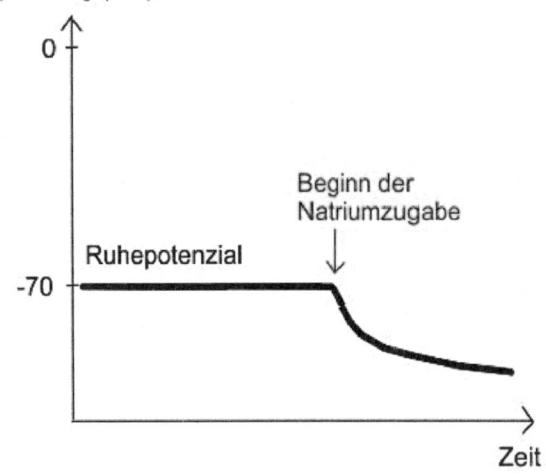

Spannung (mV)

[Diagramm: Die Spannung liegt zunächst konstant bei −70 mV (Ruhepotenzial). Mit Beginn der Natriumzugabe fällt die Kurve ab und nähert sich einem neuen, negativeren Wert an. Achsen: Spannung (mV) vertikal, Zeit horizontal.]

3

Zwar strömen aufgrund des Diffusionspotenzials Chloridionen nach Innen, doch werden dadurch die Anziehungskräfte durch die positiven Natriumionen auf die restlichen Chloridionen verstärkt. Auch behindern Abstoßungen durch die negativen organischen Anionen im Inneren das Einströmen. Es stellt sich also ein Gleichgewicht ein, bei dem insgesamt nur wenige Chloridionen nach Innen gewandert sind bzw. es strömen weiterhin Chloridionen in das Axoninnere ein, im Gegenzug aber genauso viele hinaus, so dass ein dynamisches Gleichgewicht entsteht.

4

Da die Membran nicht ganz undurchlässig für Natriumionen ist, würden nach und nach Natriumionen aufgrund des Diffussionspotenzials und des elektrischen Potenzials einströmen. Es würde sich mit der Zeit ein Zustand einstellen, wie er in Aufgabe 1b) beschrieben wird.

5

Messung mit selektiv permeabler Membran: Natriumionen strömen aufgrund des Diffusionspotenzials in den Schenkel mit Wasser über. Zwar besteht auch für die Sulfationen ein solches Diffusionspotenzial aufgrund des Konzentrationsgefälles, doch können diese die Membran nicht passieren. Infolge der Natriumionenwanderung entsteht im linken Schenkel ein Überschuss an negativer Ladung und im anderen Schenkel ein Überschuss an positiver Ladung durch die eingewanderten Natriumionen. Eine elektrische Spannung wird messbar (Abb. 5). Die Ladungsdifferenz zwischen den beiden Schenkeln verhindert schließlich, dass weitere Natriumionen in den rechten Schenkel wandern (Anziehungskräfte durch Sulfationen, Abstoßung im anderen Schenkel durch bereits vorhandene Natriumionen). Es stellt sich ein Ionengleichgewicht ein.

Messung mit Diaphragma: Da die Natriumionen schneller durch das Diaphragma wandern können als die Sulfationen, entsteht kurzfristig im rechten Schenkel ein Überschuss an positiver Ladung. Im linken Schenkel herrscht in dieser Zeit durch die noch nicht gewanderten Sulfationen ein Überschuss an negativer Ladung. Kurzzeitig ist eine elektrische Spannung messbar. Mit zeitlicher Verzögerung wandern so viele Sulfationen in den linken Schenkel, bis die Konzentration in beiden Schenkeln ausgeglichen ist. Das gleiche tritt bei den Natriumionen ein, nur schneller. Nach dem Ausgleich beider Ionenarten besteht weder ein Diffusionspotenzial noch ein elektrisches Potenzial. Es ist keine Spannung messbar.

12.3 Das Aktionspotenzial an Nervenzellen

1

a) In der Abbildung werden gleichzeitig die Spannungsänderung während eines Aktionspotenzials und die Ströme von Natrium- und Kaliumionen dargestellt. Wird bei dem Membranpotenzial der Schwellenwert von ca. −50 mV im Axon erreicht, öffnen sich die spannungsgesteuerten Natriumkanäle an dieser Stelle. Natriumionen strömen schnell in das Axon ein. Dadurch wird die Membranspannung schnell kleiner, es kommt sogar zu einer Umpolung: Das Axoninnere wird positiv, das Außenmedium negativ. Dadurch öffnen sich die spannungsgesteuerten Kaliumkanäle, Kalium strömt aus dem Axoninneren ins Außenmedium. Dieser Strom verläuft langsamer als der Natriumstrom. Während der Natriumstrom bereits abnimmt, weil sich die Natriumkanäle schließen, nimmt der Kaliumstrom noch weiter zu, bevor auch er wieder zurück geht. Die Ladungsverteilung nimmt dadurch wieder ihre alte Form an. Die Spannungsänderung eines Aktionspotenzials ergibt sich aus der Summe von Natriumstrom und Kaliumstrom. Die konstanten Ströme von Natrium- und Kaliumionen nach dem Aktionspotenzial werden durch die Ionenpumpen verursacht, die Natriumionen aus dem Axon herauspumpen und im Gegenzug Kaliumionen nach innen transportieren.

b) Natriumstrom: Nach dem Öffnen der Natriumkanäle strömen Natriumionen ins Axoninnere. Der Strom verlangsamt sich nach ca. 0,6 ms, weil sich nach und nach die Kanäle wieder schließen. Es strömen aber immer noch Natriumionen ins Axon hinein. Erst nach ca. 2,8 ms kommt der Einstrom zum Erliegen. Der nachfolgende Ausstrom wird durch die Ionenpumpen verursacht.
Gesamtstrom: Zunächst besteht der Gesamtstrom nur aus dem Natriumstrom. Nach etwa 0,5 ms öffnen sich die Kaliumkanäle, der einsetzende Kaliumstrom wirkt dem Natriumstrom entgegen. Der Gesamtstrom nimmt daher ab und kehrt sich schließlich um. Er bleibt solange erhalten, bis der Kaliumausstrom zum Erliegen kommt (außerhalb der dargestellten Messung). Der Gesamtstrom ist also der resultierende Strom aus dem Natriumstrom und dem Kaliumstrom.

2

A: Die Aussage ist falsch. Nur bei einer angelegten Spannung, die das Ruhepotenzial verringert, also positiv ist, kann ein Aktionspotenzial ausgelöst werden (siehe fünfte angelegte Spannung). Im anderen Fall kann der Schwellenwert zur Auslösung nicht erreicht werden (siehe dritte angelegte Spannung).
B: Die Aussage ist falsch, die Dauer ist nicht entscheidend, nur die Höhe (siehe fünfte und sechste angelegte Spannung). Eine Spannung längerer Dauer ohne die entsprechende Höhe führt zu keinem Aktionspotenzial (siehe vierte angelegte Spannung).
C: Die Aussage ist falsch. Die Spannung muss zwar den Schwellenwert von 50 mV überschreiten, entscheidend ist neben der Höhe aber auch die Polung der Spannung (siehe dritte und fünfte angelegte Spannung).
D: Die Aussage ist falsch, eine hohe Dauerspannung erzeugt eine Folge von Aktionspotenzialen (siehe sechste angelegte Spannung).

3

Die Abbildung zeigt den Gesamtstrom für die verschiedenen Zeiten von 30 s, 60 s und 90 s nach der Zugabe von Tetrodoxin (TTX), analog zu Abb. 3. Dabei fällt auf, dass die Ionenströme nach innen mit zunehmender Zeit kleiner ausfallen.
Da der Ionenstrom nach innen bis zum Zeitpunkt von ca. 0,5 ms nur aus dem Natriumstrom besteht (siehe Abb. 3), muss folglich der Natriumeinstrom durch das Gift behindert werden. Dieser Effekt verstärkt sich mit zunehmender Zeit. Am einfachsten lässt sich dies mit der Annahme erklären, dass TTX die Natriumkanäle blockiert.
Zwischen ca. 2,5 ms (30 s nach TTX-Zugabe) bis ca. 1,5 ms (90 s nach TTX-Zugabe) entsteht ein Ionenstrom ins Zelläußere, der durch einen Ausstrom von Kaliumionen erklärt werden kann. Der Kaliumstrom wird also vermutlich von dem Gift nicht behindert. Allerdings strömen bei einem verringerten Natriumeinstrom infolge der veränderten Anziehungskräfte auch weniger Kaliumionen aus dem Axon heraus.

12.4 Kontinuierliche und saltatorische Erregungsleitung

1

Abbildung	Kontinuierliche Erregungsleitung	Saltatorische Erregungsleitung
2,4	Die Axone haben keine Hüllzellen.	Die Axone haben Hüllzellen.
4a	Die beiden Messstellen liegen am Axon dicht beieinander. Das Aktionspotenzial (AP) befindet sich an der linken Messstelle. Dort findet man die entsprechende Spannungsumkehr. An der rechten Messstelle herrscht noch das Ruhepotenzial.	Die Messstellen liegen jeweils im Bereich zweier benachbarter Ranvierscher Schnürringe. Das Aktionspotenzial (AP) befindet sich an der linken Messstelle. Dort findet man die entsprechende Spannungsumkehr. An der rechten Messstelle herrscht noch das Ruhepotenzial.
4b	Die während des APs eingeströmten Natriumionen wandern teilweise in die Nachbarregion ab. Kaliumionen bewegen sich außerhalb des Axons in die Gegenrichtung. Diese Ausgleichsströme bewirken in der Nachbarregion eine Depolarisation, die an der rechten Messstelle registriert wird.	Die während des APs eingeströmten Natriumionen wandern teilweise bis in die Region des nächsten Ranvierschen Schnürrings ab. Kaliumionen bewegen sich außerhalb des Axons um die Hüllzellen in die Gegenrichtung. Diese Ausgleichsströme bewirken im Bereich des benachbarten Ranvierschen Schnürrings eine Depolarisation, die an der rechten Messstelle registriert wird.
4c	An der rechten Messstelle wird ein AP ausgelöst, an der linken Messstelle herrscht nach dem AP wieder das Ruhepotenzial. Die Strecke, die vom AP „zurückgelegt" wurde, ist gering.	An der rechten Messstelle wird ein AP ausgelöst, an der linken Messstelle herrscht nach dem AP wieder das Ruhepotenzial. Die Strecke, die vom AP „zurückgelegt" wurde ist sehr viel größer, sie beträgt die Entfernung zwischen zwei Ranvierschen Schnürringen.
	Die Leitungsgeschwindigkeit ist relativ gering.	Die Leitungsgeschwindigkeit ist hoch.

2

Die Aktionspotenzialfrequenz ist an beiden Messstellen B und C gleich und entspricht exakt der Frequenz an der Messstelle A. Begründung: Wenn ein Aktionspotenzial die Verzweigungsstelle des Axons erreicht, werden die Ausgleichsströme in beide Richtungen weiter laufen und jeweils in der Nachbarregion ein neues Aktionspotenzial auslösen. Da jeweils nur die benachbarte Region betroffen ist, findet keine nennenswerte Abschwächung dieser Ströme statt. Die Aktionspotenzialfrequenz bleibt also in beiden Axonenden erhalten. Bei der saltatorischen Erregungsleitung wäre der jeweilige benachbarte Ranviersche Schnürring betroffen, auch hier würden an beiden Axonenden Aktionspotenziale ausgelöst.

3

Sowohl der Frosch als auch die Katze besitzen Neurone mit Axonen, die Hüllzellen besitzen, und solche, die keine Hüllzellen haben. Generell kann man sagen, dass Axone mit Hüllzellen sehr viel schneller leiten als Axone ohne Hüllzellen und Axone mit großem Durchmesser schneller leiten als dünne Axone. Außerdem kann man sehen, dass die Leitungsgeschwindigkeit bei höherer Temperatur größer ist als bei niedriger Temperatur.
Offenbar werden in beiden Tieren für Vorgänge, die sehr schnell ablaufen müssen (z. B. Beutefang => motorische Neuronen) Axone mit Hüllzellen verwendet, für Vorgänge, die keine große Geschwindigkeiten verlangen (z. B. Verdauung) werden die materialsparenden Axone ohne Hüllzellen eingesetzt. Die Katze als gleichwarmes Tier

mit hoher Körpertemperatur besitzt immer eine gleichschnelle Erregungsleitung, der Frosch als wechselwarmes Tier ist bei tiefen Temperaturen in der Reaktion und Bewegung langsamer.

4

Individuelle Lösung.

12.5 Multiple Sklerose

1

Die Abbildung zeigt, dass Frauen häufiger erkranken als Männer. Die Angaben aus Großbritannien und Kanada weichen leicht voneinander ab, zeigen aber die gleiche Tendenz. Demnach muss eine erbliche Komponente als Ursache vorhanden sein. Dies zeigt die erhöhte Konkordanzrate bei Verwandten. Es wird weiterhin deutlich, dass die Konkordanz umso höher ist, je größer die genetische Übereinstimmung ist. Am höchsten ist sie bei eineiigen Zwillingen, die ja das gleiche Erbgut haben. Geschwister und zweieiige Zwillinge sind genetisch gleich zu behandeln, was sich auch in der gleichen Konkordanzrate widerspiegelt. Bei Adoptivgeschwistern ist die Konkordanzrate genau so hoch wie in der Gesamtbevölkerung, was der Tatsache entspricht, dass sie nicht genetisch verwandt sind. Diese Untersuchung zeigt außerdem, dass nicht das ähnliche Umfeld bei Verwandten die ausschlaggebende Rolle spielt, sondern die genetische Ähnlichkeit (sonst müsste die Konkordanzrate bei Adoptivgeschwistern höher sein als in der Gesamtbevölkerung). Weiterhin müssen außer einer genetischen Ursache noch weitere Faktoren eine Rolle spielen, sonst müsste die Konkordanzrate bei eineiigen Zwillingen nahe bei 100 % liegen.

2

Individuelle Lösung, darin z. B.: Menschen leben in einer sehr komplexen Umwelt. Es kommt praktisch nicht vor, dass sich die Umwelten von zwei Menschen exakt gleichen. Dies trifft auch auf die hier genannten Faktoren zu. Beispielsweise lässt sich der Einfluss der Ernährung nicht quantitativ untersuchen, da die betroffenen Menschen alle unterschiedliche Ernährungsgewohnheiten besitzen, die kaum miteinander vergleichbar sind. Dies trifft auch auf die anderen genannten Faktoren zu. Es können also nur statistische Angaben herangezogen werden. Das Problem liegt dabei in der Komplexität der Faktoren und in der relativ kleinen Gruppe der Erkrankten. Zum Vergleich müsste man zur Untersuchung Gruppen bilden, deren Mitglieder bezüglich eines Faktors eine Ähnlichkeit vorweisen müssten. Zur statistischen Absicherung müssten diese Gruppen möglichst groß sein, was bei der geringen Zahl schwierig ist. Es bleibt offenbar nur die Möglichkeit, über einen langen Zeitraum entsprechende Daten zu sammeln.
Oder andere Argumentation.

3

Individuelle Lösung, darin z. B.: Durch eine Schwangerschaft ist langfristig keine Verschlechterung der Prognose zum „normalen" Verlauf der Krankheit zu erwarten. Für das Kind ergibt sich eine Wahrscheinlichkeit von ca. 3 %, später an Multipler Sklerose zu erkranken. Das ist nicht übermäßig hoch, aber um den Faktor 10 bis 15 höher als bei gesunden Eltern. Das Dilemma für das Paar besteht daher wohl hauptsächlich in der Ungewissheit über den Verlauf der Krankheit bei der Frau: Kann Sie das Kind auf lange Sicht versorgen und die Mutterrolle ausfüllen? Was geschieht, wenn die Krankheit zu einer schnellen Verschlechterung führt und die Frau auf den Rollstuhl angewiesen ist?
Oder andere Lösung.

12.6 Informationsübertragung an Synapsen

1

Individuelle Lösung.

2

a)

	Curare	Botulinumtoxin
Vorkommen	Natürlich, in Pflanzen	Natürlich, in Bakterien
Wirkort	Postsynaptische Zelle	Präsynaptische Zelle
Mechanismus	Verhindert Öffnung der Natriumkanäle	Verhindert Transmitterausschüttung
Folgen I	Keine Weiterleitung von Signalen => Lähmung	Keine Weiterleitung von Signalen => Lähmung
Folgen II	Tod durch Atemlähmung	Tod durch Atemlähmung

b) Individuelle Lösung, darin z. B.: Von Curare müssen entsprechend viele Moleküle vorhanden sein, um die meisten oder alle Rezeptoren auf der postsynaptischen Membran zu besetzen. Dies gelingt nur, wenn die Konzentration des Giftes genügend groß ist (siehe kompetitiver Mechanismus). Botulinumtoxin wirkt als Enzym. Bei hohen Wechselzahlen genügen sehr kleine Mengen, um trotzdem eine große Wirkung zu entfalten. Es genügen offensichtlich wenige Moleküle des Giftes, um die Proteine, die zur Membranverschmelzung notwendig sind, zu spalten.

3

Individuelle Lösung, darin z. B.: Vorteile: Faltenglättung; Einsatz bei bestimmten spastischen Lähmungen.
Nachteile: Nur kurze Wirkung, muss daher ständig wiederholt werden; gesundheitliche Risiken; Verlust an Mimik.
Bewertung individuell.

4

Durch die schlagartige Ausschüttung der Transmitter werden die Muskeln zur Kontraktion stimuliert. Da die Transmittermenge die normale „Dosis" übersteigt, verkrampfen die Muskeln. Diese Verkrampfung bewirkt die Schmerzen. Die zeitliche Verzögerung beim Eintreten des Schmerzes ergibt sich aus der allmählichen Ausbreitung des Giftes im Körper. Die Krämpfe sind auch dafür verantwortlich, dass die Muskulatur nicht mehr richtig arbeitet. Dies zeigt sich auch bei der Atmung. Beklemmungsgefühle können durch die Krämpfe und die mit den Symptomen verbundene Angst ausgelöst werden.

12.7 Neuronale Verrechnung

1

Aktionspotenziale, die an der Synapse gegenüber der Messstelle B ankommen, bewirken bei B ein länger andauerndes erregendes postsynaptisches Potenzial. Dieses Potenzial breitet sich unter Abschwächung über die Zelle aus. Die kürzere Aktionspotenzialfreqzenz am unteren Axon bewirkt an der Messstelle D ein kurzes inhibitorisches postsynaptisches Potenzial, das sich ebenfalls unter Abschwächung über die Zelle ausbreitet. Am Axonhügel kommt es zur endgültigen Verrechnung dieser beiden Potenziale: Vor dem Eintreffen des IPSP werden durch die Überschreitung des Schwellenwertes durch die Depolarisation des EPSP Aktionspotenziale ausgelöst, mit dem Eintreffen des IPSP wird der Schwellenwert nicht mehr erreicht, es entsteht eine Lücke in der Aktionspotenzialfrequenz an Messstelle E. Nach dem Abklingen des IPSP am Axonhügel werden durch das länger andauernde EPSP wieder Aktionspotenziale ausgelöst. Es handelt sich hier um eine räumliche Summation der beiden postsynaptischen Potenziale.

2

a) Steigt in dem Modell der Flüssigkeitsspiegel der Salzlösung, wird der Stromkreis beim Erreichen des Drahtes geschlossen und die Glühbirne leuchtet auf. Der Flüssigkeitsspiegel kann durch Herausziehen von Spritzenkolben leerer Spritzen abgesenkt und durch Eindrücken des Kolbens von vollen Spritzen erhöht werden.

b)

Modellelement	Synapsenelement
Flasche	Neuron
Ansatzstellen der Spritzen	Synapsen am Neuron
Leuchtende Glühbirne	Aktionspotenzialfrequenz am Axon des Neurons
Nichtleuchtende Glühbirne	Axon in Ruhe
Flüssigkeitsspiegel	Potenzial am Axonhügel des Neurons
Flüssigkeitsspiegel unterhalb des Drahtes	Potenzial unterhalb des Schwellenwertes
Flüssigkeitsspiegel erreicht den Draht	Der Schwellenwert am Axonhügel wird überschritten
Gefüllte Spritze, deren Kolben eingedrückt wird	Erregende Synapse, großes EPSP
Halb gefüllte Spritze, deren Kolben eingedrückt wird	Erregende Synapse, kleines EPSP
Leere Spritze, die aufgezogen wird	Hemmende Synapse, großes IPSP
Leere Spritze, die halb aufgezogen wird, oder halbvolle Spritze, die ganz aufgezogen wird	Hemmende Synapse, kleines IPSP

c) Individuelle Lösung, darin z. B.: Verrechnung wird deutlich. Nachteile: Unterschiedliche Gewichtung von Synapsen aufgrund des Ortes werden nicht berücksichtigt. Synapsen können nicht gleichzeitig hemmend und erregend sein (halbvolle Spritzen), „Dauerreize" sind nicht möglich, usw.

3

Messstelle E zeigt in Abb. 3a weniger Aktionspotenziale (AP) als Messstelle A. Besonders in der Mitte ist die AP-Frequenz geringer. Dies deutet darauf hin, dass die

Synapse bei A eine erregende Synapse ist und D eine hemmende Synapse, die die Wirkung von A herabsetzt. Demnach ist das Postsynaptische Potenzial (PSP) bei A ein länger andauerndes EPSP und bei D ein kurzes IPSP.

In Abb. 3b ist an der Messstelle E kein AP messbar. Das PSP der Synapse B muss aufgrund der AP-Frequenz stärker sein als das von D. Da kein AP bei E ausgelöst wird, ist B eine hemmende Synapse mit einem längeren IPSP. Synapse C kann nach Abb. 3a hemmend oder erregend sein. Bei Betrachtung von Abb. 3c wird klar, dass C eine erregende Synapse ist, denn die AP-Frequenz von A wird durch C verstärkt. Bei C misst man also ein kurzes EPSP.

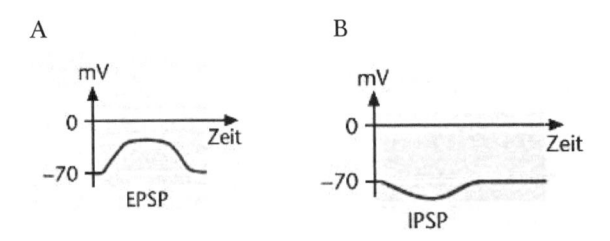

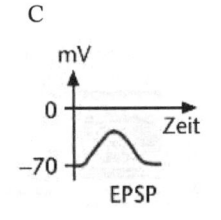

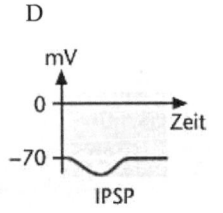

4

Werden durch die Schmerzrezeptoren über den sensorischen Nerv Aktionspotenziale in das Rückenmark geleitet, so werden die Signale über die blau dargestellten Neurone auf den motorischen Nerv übertragen. Aktionspotenziale, die über diesen Nerv zum Muskel gelangen, bewirken das Zurückziehen der Hand. Dieser Reflex kann vom Gehirn über das rot dargestellte Neuron beeinflusst werden: Die am unteren blauen Neuron ansitzende hemmende Synapse verhindert, dass im unteren blauen Neuron der Schwellenwert für Aktionspotenziale überschritten wird, der Muskel wird dadurch trotz der Schmerzen nicht aktiviert. Damit wird ein möglicherweise größerer Unfall vermieden, der durch das unkontrollierte Wegziehen der Hand mit Umstoßen des Topfes entstehen könnte.

12.8 Beeinflussung von Nervenzellen durch neuroaktive Stoffe

1

Individuelle Lösung, darin z. B.:

Schritt	Förderung	Hemmung
1	Natriumkanäle: Dauereinstrom von Natriumionen, keine Aktionspotenziale mehr möglich. Kaliumkanäle: Aktionspotenziale können nicht entstehen, da der Natriumionen-Einstrom sofort durch einen entsprechenden Kaliumionen-Ausstrom kompensiert wird.	Es kann kein Aktionspotenzial entstehen. Nach dem Natriumeinstrom kommt es nicht zu einer Wiederherstellung des alten Ladungsgefälles. Es können keine weiteren Aktionspotenziale entstehen.
2	Es strömen mehr Calciumionen in die Zelle, es wandern mehr Vesikel mit Transmitter zur präsynaptischen Membran und werden ausgeschüttet. Die übertragenen Signale werden verstärkt.	Die Wanderung der Vesikel wird eingeschränkt oder unterbleibt. Keine oder nur geringe Übertragung des Signals an der Synapse.
3	Störung des Stoffwechsels.	Bei fehlendem Transmitter erfolgt keine Signalübertragung.
4	Es werden möglicherweise mehr Vesikel, aber mit weniger Inhalt gebildet, die Übertragung des Signals wird behindert.	Es werden keine Vesikel gebildet, Transmitter kann nicht ausgeschüttet werden, die Signalübertragung unterbleibt.
5	Es wird mehr Transmitter ausgeschüttet, die Signalstärke wird erhöht.	Es kommt zu keiner Transmitterausschüttung und damit zu keiner Signalübertragung
6	Die Wirkung der Kanäle wird verstärkt.	Es kommt zu keinem postsynaptischen Potenzial.
7	Die Signalstärke wird geringer, weil der Transmitter nur kurz auf die Rezeptoren einwirken kann und schnell abgebaut wird.	Der Transmitter wird nicht abgebaut und verbleibt daher an den Rezeptoren. Bei einer erregenden Synapse kommt es daher zu einem Dauerreiz.
8	Durch schnelle Wiederaufnahme und Resynthese der Transmitterbruchstücke kann nach einer Signalausschüttung schneller wieder ein nachfolgendes Signal übertragen werden.	Nach einiger Zeit kann nicht genügend Transmitter in der präsynaptischen Zelle produziert werden, die Signalübertragung wird gestört bzw. kommt zum Erliegen.

2

Individuelle Lösung.

3

In der ersten Auflage des Buches wurde bei Abb. 3a) die Beschriftung der blauen und der grünen Kurve verwechselt. Die Antwort bezieht sich auf die korrigierte Abbildung.
Kegelschnecke: Das Aktionspotenzial beginnt ganz normal, doch wird die Repolarisation verhindert. Dies deutet, wie auch im Grundwissentext beschrieben, darauf hin, dass die Kaliumkanäle geschlossen bleiben. Kaliumionen können also nicht nach außen gelangen und die ursprünglichen Ladungsverhältnisse wieder herstellen.

Kugelfisch: Die Depolarisation, die normalerweise zum Aktionspotenzial führt, ist vorhanden. Allerdings kommt es nur zu einer geringfügigen weiteren Depolarisation, die übliche Spannungsumkehr unterbleibt. Dies ist mit einer Hemmung der Natriumkanäle durch das Gift des Kugelfisches zu erklären. Es können keine weiteren Natriumionen in das Axon eindringen, es kann kein Aktionspotenzial ausgelöst werden.

4

Individuelle Lösung, z. B.:
S: An der postsynaptischen Membran findet infolge des Pharmakons eine Dauerdepolarisation statt, unabhängig von der Aktionspotenzialfrequenz der präsynaptischen

Zelle. S muss also die Natriumkanäle an der postsynaptischen Membran öffnen.

P: Das Pharmakon „dämpft" die Wirkung der Aktionspotenziale. Die Tatsache, dass bei höherer Frequenz doch eine geringfügige Depolarisation auftritt, spricht für einen Hemmstoff, der in Konkurrenz zum Transmitter an den Rezeptoren der postsynaptischen Membran steht. Es handelt sich offenbar um eine kompetitive Hemmung.

P + N: Die beiden Pharmaka heben sich offenbar in ihrer Wirkung auf. Dies lässt darauf schließen, dass auch der Wirkort gleich ist. N müsste also möglicherweise die Transmitterkonzentration erhöhen. Dies könnte z. B. geschehen, indem der Abbau des Transmitters durch das Enzym gehemmt würde.

5

Individuelle Lösung.

12.9 Bau und Funktion der Skelettmuskulatur

1

a) 1: Bereich der parallel liegenden Myosinfilamente
2: Bereich der parallel liegenden Z-Scheiben
3: Bereich der parallel liegenden Aktinfilamente
4: Bereich der parallel liegenden Z-Scheiben
5: Bereich der parallel liegenden Aktinfilamente
6: Bereich der parallel liegenden Myosinfilamente

b) a: Bereich der Aktinfilamente außerhalb der Überlappungsregion mit Myosin
b: Bereich der Myosinfilamente außerhalb der Überlappungsregion mit Aktin
c: Bereich der Z-Scheibe
d: Bereich der Überlappung von Myosin- und Aktinfilamenten

2

Die erste Auflage enthält in der rechten Spalte der Abb. 5 Angaben zur Geschwindigkeit, die in der folgenden Auflage gestrichen werden. Die Lösung bezieht sich auf die korrigierte Abbildung.

Alle motorischen Endplatten eines Neurons übertragen das gleiche Signal an Muskelfasern. Je weniger motorische Endplatten von einem Neuron ausgehen, umso kleiner ist der entsprechende Abschnitt des Muskels, der bei der Aktivität des Neurons kontrahiert. Daher ist bei einem Muskel, bei dem ein Neuron nur wenige motorische Endplatten besitzt, der Muskel sehr viel differenzierter zu steuern als ein Muskel, bei dem durch eine Vielzahl an motorischen Endplatten viele Muskelfasern bzw. Muskelabschnitte gleichzeitig durch ein Neuron angesprochen werden. Eine solche Feinabstimmung ist bei der Gesichtsmuskulatur (Mimik) und bei der Augensteuerung wesentlich vorteilhafter als bei den großen Muskeln der Arme und Beine, wo es mehr auf die Kraft als auf Feinabstimmung ankommt. Eine geringe Zahl an motorischen Endplatten bei diesen Muskeln würde eine große Zahl an Neuronen erfordern, ein zusätzlicher Materialaufwand, der sich in der Evolution offenbar nicht durchgesetzt hat.

3

A: Die Aussage stützt die Verletzungsthese. Bei einer einmaligen Kontraktion sollte in der Regel keine so starke Erschöpfung infolge von Sauerstoffmangel (Milchsäuregärung) vorhanden sein, Verletzungen durch die Kraftanstrengung sollten aber nicht ungewöhnlich sein.

B: Die Aussage stützt sowohl die Milchsäurethese als auch die Verletzungsthese. Bei untrainierten Menschen tritt bei Dauerbelastung schneller Erschöpfung und Sauerstoffmangel im Muskel auf als bei trainierten. Allerdings ist die Wahrscheinlichkeit für das Auftreten von Mikroverletzungen bei untrainierten Menschen sicherlich höher als bei trainierten.

C: Die Aussage stützt die Verletzungsthese. Durch Dehnübungen sollte keine Erschöpfung der Muskulatur auftreten. Dass durch ein Dehnübungsprogramm die Anfälligkeit von Muskelkater verringert wird, stützt ebenfalls die Verletzungsthese. Durch die Übungen wird mit großer Wahrscheinlichkeit die molekulare Struktur der Z-Scheiben gestärkt.

12.10 Muskelkontraktion

1

a) Bei Anwesenheit von Calciumionen verbinden sich die Köpfe der Myosinmoleküle mit dem Aktin und kippen um 45°. Dadurch gleitet das Myosin am Aktin um etwa 10 nm entlang. Durch Bindung von ATP an das Myosin wird die Bindung zwischen Myosin und Aktin wieder gelöst. Durch die Spaltung des ATP in ADP und eine Phosphatgruppe richten sich die Myosinköpfchen wieder auf. Dieser Vorgang wiederholt sich, solange ATP und Calciumionen im Sarkomer vorhanden sind.

b) Durch den Tod verändern sich die Membraneigenschaften, so dass Calciumionen auch ohne ankommende Aktionspotenziale in das Sarkomer gelangen. Dies führt zur Bindung zwischen Myosin und Aktin. Die Bindungen lösen sich in Gegenwart von ATP wieder. Das ATP wird verbraucht, im toten Organismus aber nicht wieder hergestellt. Wenn das gesamte ATP verbraucht ist, werden die Bindungen zwischen Myosin und Aktin nicht mehr gelöst. Die beiden Filamente sind nicht mehr gegeneinander verschiebbar, die Totenstarre ist eingetreten.

c) Individuelle Lösung, z. B.:

2

a) In den ersten Sekunden einer Belastung wird das vorhandene ATP gespalten. Noch während dieser Zeit beginnt die ATP-Herstellung durch Spaltung von Kreatinphosphat, das nach etwa 20 Sekunden aufgebraucht ist. Schon nach ca. fünf Sekunden setzt die Produktion von ATP durch Milchsäuregärung ein, die dann bis etwa zwei Minuten die Hauptquelle von ATP ist. Die ATP-Synthese aus der Zellatmung beginnt etwa 15 Sekunden nach Beginn der Belastung. Nach ca. vier Minuten wird fast der gesamte ATP-Bedarf aus der Atmung gedeckt.

b) Die Zellatmung liefert 38 mol ATP aus 1 mol Glucose, die Milchsäuregärung nur 2 mol ATP pro 1 mol Glucose.

c) Nudeln bestehen überwiegend aus Stärke, die schnell zu Glucose abgebaut wird. Damit erhalten die Sportler einen großen leicht verdaulichen „Vorrat" an Stärke/Glucose, um bei dem langen Lauf genügend Energie in Form von ATP aus der Zellatmung zu gewinnen.

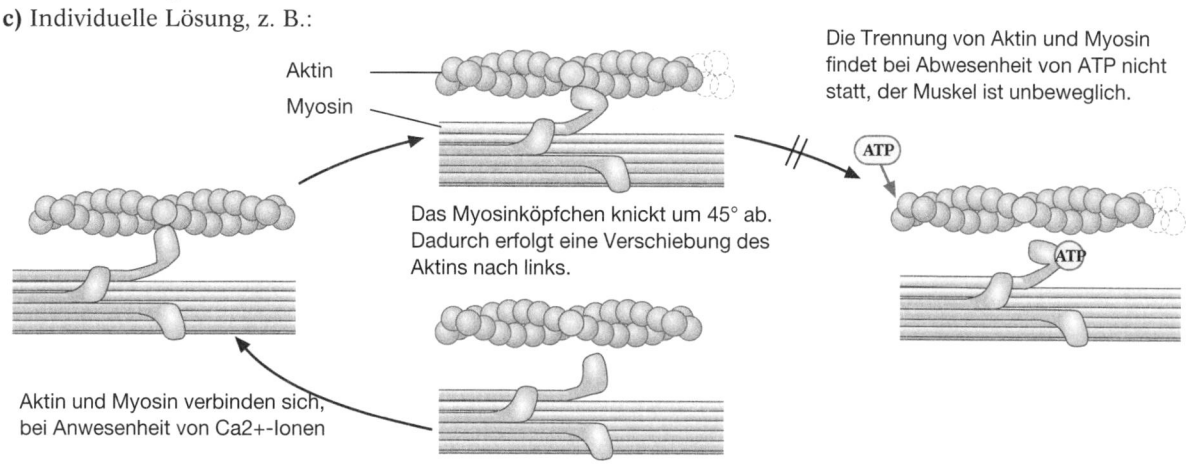

3

a) Schwere Arbeit: Die Sauerstoffaufnahme steigt bis zum Ende der Arbeit bei vier Minuten von 0,8 l/min auf 3,7 l/min schnell in S-Kurven-Form an. Die Arbeit endet am Punkt der höchsten Sauerstoffaufnahme. Nach Beendigung der Arbeit sinkt die Kurve innerhalb von sieben Minuten auf den Ausgangswert ab. Die schwere Arbeit ist hier also keine Dauerbelastung.

Leichte Arbeit: Die Sauerstoffaufnahme steigt rasch auf einen Maximalwert von etwa 1,4 l/min an und bleibt auf diesem Niveau, bis das Ende der Arbeit erreicht ist. Danach fällt sie in wenigen Minuten auf den Ausgangswert. Die leichte Arbeit kann man hier als eine Dauerbelastung auffassen, deren Sauerstoffbedarf kontinuierlich durch die Atmung gedeckt wird.

b) Bei der leichten Arbeit (z. B.: Rasenmähen, Fegen, etc.) erreicht die Sauerstoffaufnahme schnell das relativ tief liegende Maximum und bleibt für den Rest der Arbeit auf diesem Niveau. Der Sauerstoffbedarf wird also die ganze Zeit über kontinuierlich durch die Sauerstoffaufnahme gedeckt.

Bei der schweren Arbeit (z. B.: Tragen schwerer Lasten die Treppe hinauf, etc.) steigt die Sauerstoffaufnahme viel höher an als bei der leichten Arbeit. Die Steigerung erstreckt sich über eine längere Zeit. Auch der Rückgang nach Beendigung der Zeit dauert länger. Ein andauernder Maximalwert ist nicht vorhanden, offenbar fehlt die Phase, in der der Sauerstoffbedarf voll von der Aufnahme gedeckt wird.

c) Bei beiden Formen der Arbeit geht der Körper zumindest am Anfang eine Sauerstoffschuld ein, da er bereits Leistung erbringt, es aber einige Zeit dauert, bis die Sauerstoffaufnahme hoch gefahren wird. Diese Schuld wird in beiden Fällen nach Beendigung der Arbeit wieder ausgeglichen, indem die Sauerstoffaufnahme noch über dem Normalwert liegt, obwohl die Arbeit beendet ist. Mit dem Ausgleich der Schuld hat die Sauerstoffaufnahme ihren Normalwert wieder erreicht. Die Sauerstoffschuld wird also durch die farbig unterlegten Flächen nach Beendigung der Arbeit symbolisiert.

4

Experiment 1	Experiment 2
Die Belastung erfolgte offenbar im aeroben Bereich. Nahezu über die gesamte Zeit (Ausnahme die erste Minute – s. Abb. 2) wurde das benötigte ATP durch Zellatmung hergestellt, wobei der Verbrauch nicht höher als die hergestellte Menge war.	Durch die Blockade der Atmungskette konnte kein ATP durch Zellatmung hergestellt werden. Bei der anschließenden Belastung konnte zunächst nur auf gespeichertes ATP und ATP aus der Kreatinphosphat-Spaltung zurückgegriffen werden. Dieser Vorrat reichte nur für 40 Kontraktionen aus. Danach stand nur noch ATP aus der Milchsäuregärung zur Verfügung. Da dieser Stoffwechselweg nur wenig ATP liefert, sank die ATP-Konzentration ab (Verbrauch höher als Produktion) und der pH-Wert sank durch die gebildete Milchsäure auf 6,4 ab.

12.11 Neuronale Steuerung der Muskelkontraktion

1

a) Ankommende Aktionspotenziale
↓
Ausschüttung von Transmitter in den synaptischen Spalt
↓
Öffnung von Natriumkanälen an der postsynaptischen Membran
↓
Einstrom von Natriumionen
↓
Endplattenpotenzial
↓
Bei Überschreitung des Schwellenwertes Auslösung von Aktionspotenzialen
↓
Weiterleitung der Aktionspotenziale über die Membran und die T-Tubuli zum Sarkoplasmatischen Retikulum
↓
Öffnung der Calciumionenkanäle
↓
Calciumionen strömen ins Cytoplasma
↓
Bindung von Myosin und Aktin, Umklappen der Myosinköpfe => Verschiebung der Filamente
↓
Lösen der Bindungen durch ATP
↓
Wiederholung der Bindung, Verschiebung der Filamente ...
↓
Muskel kontrahiert

b) Die Abläufe unterscheiden sich an der postsynaptischen Membran. Während bei der interneuralen Synapse an der postsynaptischen Membran ein postsynaptisches Potenzial entsteht, das über die Zelle zum Axonhügel läuft und erst dort bei Überschreitung des Schwellenwertes Aktionspotenziale auslöst, können an der motorischen Endplatte über den Transmitter Acetylcholin direkt Aktionspotenziale ausgelöst werden, die über die Membran zu den einzelnen Sarkomeren laufen.

2

a) Individuelle Lösung, z. B.:
Allgemein: Wie funktioniert die Muskelkontraktion? Oder speziell: Ist jede Muskelkontraktion mit einem Anstieg der Calciumionen-Konzentration in der Zelle verbunden?
Durch das Protein Aequorin ist es möglich, die Änderung der Calciumionen-Konzentration optisch sichtbar zu machen. Dazu muss das Protein in die einzelnen Zellen gebracht werden. Der Lichtdetektor überträgt die Lichtsignale auf das Oszilloskop, das gleichzeitig die Muskelaktivität über einen Kraftmesser aufnimmt. So können Calciumionen-Konzentration und Muskelaktivität gleichzeitig erfasst werden.

b) Die Messergebnisse machen deutlich, dass jedes Aktionspotenzial ein Lichtsignal zur Folge hat. Gleichzeitig ist eine Kraftentfaltung des Muskels zu beobachten. Bei höheren Aktionspotenzial-Frequenzen verschmelzen sowohl die einzelnen Lichtsignale als auch die Signale des Kraftmessers miteinander. Damit ist ein Zusammenhang zwischen Calciumionen-Konzentration und Muskelkontraktion nachgewiesen.

3

Die aus dem Sarkoplasmatischen Retikulum freigesetzten Calciumionen werden mit Hilfe von Ionenpumpen wieder aus dem Cytoplasma in das Sarkoplasmatische Retikulum gepumpt. Das dazu benötigte ATP wird in den Mitochondrien erzeugt. Die Wärmeentwicklung beruht sowohl auf der Wärmeabgabe der Mitochondrien bei der ATP-Synthese als auch der Wärmeabgabe der Ionenpumpen in der Membran des Sarkoplasmatischen Retikulums.

12.12 Trainingseffekte

1

In der ersten Auflage des Buches wird eine Lösung in der Tabelle verlangt. Dieser Zusatz wird in der folgenden Auflage gestrichen werden. Die Lösung bezieht sich auf die korrigierte Aufgabenstellung.

Regelmäßiges Training bewirkt:
- Verbesserung von Beweglichkeit, Ausdauer und Kraft
- Größere und zahlreichere Mitochondrien, dadurch kann mehr ATP hergestellt werden
- Eine größere Glykogenreserve
- Eine Steigerung der Sarkomeranzahl in den Muskelfasern
- Zusätzliche Blutkapillaren in den Muskeln, dadurch intensivere Zellatmung
- Erst spätere und geringere Lactatbildung bei Belastung
- Eine Vergrößerung des Herzens, so kann es mehr Blut pro Minute pumpen
- Eine Zunahme der Blutmenge, das Blut wird dünnflüssiger
- Weniger Ablagerungen in den Arterien und damit elastischere Arterienwände
- Vergrößerung der inneren Oberfläche der Lunge, dadurch verbesserte Sauerstoffaufnahme

2

a) In dem standardisierten Verfahren wird die Belastung auf Watt pro kg Körpergewicht bezogen, nicht auf das absolute Körpergewicht. Es zeigt sich, dass die Lactat-Werte bei dem untrainierten Menschen schon ab einer Belastung von ca. 1 Watt pro kg Körpergewicht ansteigen. Ab ca. 2 Watt pro kg Körpergewicht steigt die Lactatkonzentration noch steiler an und erreicht bei ca. 2,7 Watt pro kg Körpergewicht einen Wert von ca. 8 mmol/l. Die Lactat-Werte beim ausdauertrainierten Menschen steigen weitaus langsamer und erst bei stärkerer Belastung an. Sie erreichen einen Wert von ca. 8 mmol/l bei einer Belastung von 4,5 Watt pro Kilogramm.

b) Durch das Training wurde die innere Oberfläche der Lunge und das Herz vergrößert und die Durchblutung der Muskulatur verbessert. Diese Anpassungsvorgänge bewirken, dass schnell und mehr Sauerstoff in die Muskeln transportiert werden kann. Dieser Sauerstoff kann durch die größere Anzahl (und größere Form) von Mitochondrien für eine höhere ATP-Produktion genutzt werden. Dadurch ist die Belastungsgrenze höher und es wird erst später Lactat, das ja unter Sauerstoffmangel entsteht, gebildet.

3

Durch das Training sind in der Regel weniger Ablagerungen in den Arterien zu finden. Die Arterienwände sind damit elastischer und der arterielle Blutdruck geringer als in durch Ablagerungen starren Arterien. Damit ist auch ein geringeres Arteriosklerose-Risiko verbunden. Auch das größere Schlagvolumen des Herzens begünstigt einen geringeren arteriellen Blutdruck, weil das Herz langsamer schlägt. Die Atemfrequenz ist geringer, weil durch die größere innere Oberfläche mehr Sauerstoff aufgenommen werden kann, weniger Atemzüge reichen also aus.

4

Das Myoglobin als Sauerstoffspeicher hat den Vorteil, dass bei einer plötzlichen starken Belastung bereits genügend Sauerstoff vor Ort in den Muskeln vorhanden ist, um schnell große Mengen an ATP ohne Lactatbildung zu erzeugen. Bis durch eine schnellere Atmung und Herztätigkeit zusätzlicher Sauerstoff herangeführt werden kann, vergeht eine gewisse Zeit, die durch den Myoglobinspeicher überbrückt werden kann. Auf diesen Speicher kann auch bei schnellen Belastungen (z. B. Sprint) zurückgegriffen werden. Myoglobin unterstützt zudem den Sauerstofftransport von der Zellmembran zu den Mitochondrien, es kann also mehr Sauerstoff in der gleichen Zeit zu den Mitochondrien transportiert werden als durch reine Diffusion und führt dadurch zu einer höheren ATP-Produktion. Eine höhere Myoglobinproduktion und eine größere Myoglobinmenge erhöht also die Leistungsfähigkeit der Muskeln und damit des Körpers.

5

a) Im Wesentlichen wird VO_2max von der inneren Oberfläche der Lunge im Vergleich zur Körpermasse bestimmt. Diese Oberfläche wird durch Trainingseffekte beeinflusst. Grundsätzlich wird die Oberfläche umso größer, je höher der andauernde Sauerstoffbedarf bei Belastung ist und je intensiver das Training erfolgt (Anzahl der Trainingsstunden, Häufigkeit des Trainings etc.).

b) Die erste Auflage des Buches enthält in der Tabelle Werte für Marathonläufer, die in der folgenden Auflage gestrichen werden. Die Lösung bezieht sich auf die korrigierte Fassung.

Untrainierte Menschen haben einen wesentlich geringeren VO_2max-Wert als trainierte. Dass der Wert bei Frauen niedriger ist als bei Männern, liegt daran, dass Frauen im Durchschnitt auf Grund ihrer geringeren Muskelmasse anteilig am Körpergewicht eine kleinere innere Lungenoberfläche benötigen.

400 m werden heute als Sprintstrecke angesehen. Die Läufer gehen dabei eine hohe Sauerstoffschuld ein, denn nur ein geringer Teil des Sauerstoffbedarfs wird während des Laufes aus der Atmung gedeckt. Die Sauerstoffschuld wird nach dem Lauf „in Ruhe" wieder ausgeglichen.

1500 m ist eine Distanz, bei der der Sauerstoffbedarf zum größten Teil direkt aus der Atmung gedeckt wird, aber dennoch eine Sauerstoffschuld eingegangen wird. VO_2max ist bei diesen Sportlern daher höher als bei den 400-m-Läufern, aber geringer als bei 10 000-m-Läufern, die ihren Sauerstoffbedarf auf der Langstrecke ganz aus der laufenden Atmung beziehen müssen. Je länger die Strecken sind, für die die Läufer trainiert sind, desto größer ist offensichtlich die innere Oberfläche ihrer Lungen im Vergleich zu ihrer Körpermasse.

12.13 Riechen: Vom Reiz zum Aktionspotenzial

1

Geruchsstoffe, die in den Nasenraum gelangen, binden an passende Rezeptoren, die sich an den Cilien von Riechsinneszellen in der Riechschleimhaut befinden. Durch diesen Vorgang verändert sich das Membranpotenzial dieser Zellen, es entsteht eine Depolarisation. Man nennt dieses Potenzial Rezeptorpotenzial. Der Vorgang, bei dem durch das Andocken von Geruchsmolekülen an einen passenden Rezeptor eine Veränderung des Membranpotenzials in der Zelle hervorgerufen wird, ist eine Form der Signaltransduktion. Wenn das Rezeptorpotenzial in den Cilien einen Schwellenwert übersteigt, entstehen in den Riechsinneszellen Aktionspotenziale. Diese werden über die Axone zum Riechkolben weitergeleitet.

2

a) Abb. 3a: Die Messung erfolgt im Nasenraum oder in dem Flüssigkeitsfilm der Riechschleimhaut.
Abb. 3b: Die Aktionspotenziale werden am Axon der Riechsinneszelle gemessen.
Abb. 3c: Die Messung erfolgt in den Cilien der Riechsinneszelle.
b) Die Abbildung zeigt, dass bei gleichbleibender Konzentration des Geruchsstoffes das Rezeptorpotenzial und infolge dessen auch die Aktionspotenzial-Frequenz kleiner wird und schließlich auf null zurückgeht. Es gelangen also nach einiger Zeit keine Aktionspotenziale mehr in das Gehirn, obwohl der Geruchsstoff noch vorhanden ist. Die Geruchswahrnehmung ist nicht mehr gegeben.

3

Jede Riechsinneszelle hat einen bestimmten Rezeptortyp. Da die Geruchsmoleküle nicht nur zu einem Rezeptortyp passen, sondern an mehrere Typen binden können, werden durch das gleiche Geruchsmolekül verschiedene Riechsinneszellen erregt und leiten Aktionspotenziale zum Gehirn weiter. Das Muster der Aktionspotenzial-Frequenzen aus diesen verschiedenen aktivierten Riechsinneszellen ergibt im Gehirn den für den Stoff typischen Geruch.

4

a) Bei Zitrone reagiert der grün dargestellte Zelltyp mit einer hohen Aktionspotenzial-Frequenz, der blau dargestellte mit einer geringeren Aktionspotenzial-Frequenz, während am gelben Zelltyp nur ein Rezeptorpotenzial ausgelöst wird, das zu gering ist, um Aktionspotenziale auszulösen. Bei Rosenblüte reagieren alle Zelltypen mit Aktionspotenzialen, wobei hier der blau dargestellte Zelltyp am stärksten reagiert, der gelbe am schwächsten. Bei Pfefferminz reagieren der grüne und der gelbe Zelltyp am stärksten, während der blaue nur schwach aktiviert wird. Bei Mandel wird der grüne Zelltyp gar nicht aktiviert, während der blaue kaum und der gelbe am stärksten reagieren.
b) Die Messungen bestätigen das Modell der Abb. 2 und erweitern es noch, indem nicht nur ausgesagt wird, welche Zelltypen reagieren, sondern auch dass sie unterschiedlich stark reagieren. Dadurch erhöht sich die Zahl verschiedener Aktivitätsmuster gegenüber dem Modell erheblich.

5

Individuelle Lösung, darin z. B.: Der Blütenduft lockt Insekten an, die die Blüten bestäuben.

6

Die Frauen reagieren offenbar auf die Pheromone aus den Wattebauschen durch Veränderung ihres Menstruationszyklus. Es findet also eine Kommunikation statt.

Hypothese: Individuelle Lösung, z. B.: Es handelt sich um einen Mechanismus zur Synchronisation des Zyklus, um Streitigkeiten in der Gruppe um empfangsbereite Frauen zu vermeiden.
Oder andere Lösung.

12.14 Molekulare Vorgänge der Signaltransduktion an Sinneszellen

1

Geruchsstoff bindet an den Rezeptor in der Cilienmembran
↓
Aktivierung des G-Proteins
↓
Aktivierung der Adenylatcyclase
↓
Synthese von cAMP
↓
cAMP bindet an Ionenkanäle
↓
Öffnung von Natriumionen- und Calciumionen-Kanälen
↓
Die Membran wird durch einströmende Natriumionen und Calciumionen depolarisiert
↓
Calciumionen lösen einen Ausstrom von Chloridonen aus, der die Depolarisation verstärkt
↓
Dieses Rezeptorpotenzial breitet sich in der Zelle aus

2

Mechanorezeptor: Hier wirkt der Reiz, also der Druck, direkt auf die Ionenkanäle, die sich bei Druck öffnen und so positive Ionen einströmen lassen. Diese Ionen verursachen das Rezeptorpotenzial. Der Vorgang läuft nicht über den Second messenger cAMP.
Thermorezeptor: Die Wärme wirkt nicht direkt auf die Ionenkanäle, sondern auf ein Protein, das den benachbarten Ionenkanal öffnet. Die dann einströmenden positiven Ionen verursachen wiederum das Rezeptorpotenzial, cAMP ist auch hier nicht beteiligt.

Fotorezeptor: Die Signaltransduktion erfolgt ähnlich wie in der Riechsinneszelle: Der Reiz, also Licht, wirkt auf ein Rezeptormolekül (Rhodopsin), das an ein G-Protein gekoppelt ist. Dieses überträgt das Signal allerdings nicht wie bei der Riechsinneszelle auf eine Adenylatcyclase, sondern auf die Phosphodiesterase. Die Phosphodiesterase bewirkt eine Schließung des Ionenkanals, der durch cGMP kontrolliert wird. Im Vergleich zur Riechsinneszelle wird als Second messenger hier cGMP anstatt cAMP eingesetzt.

3

a) Bei der unbelichteten Lichtsinneszelle sind die Natriumkanäle geöffnet, die Zelle ist also stark depolarisiert. Dies hat zur Folge, dass viel Transmitter ausgeschüttet wird, der das nachgeschaltete Neuron hemmt. Es kommen also keine Aktionspotenziale im Gehirn an. In der depolarisierten Lichtsinneszelle ist cGMP an die Phosphodiesterase und den Ionenkanal gebunden.
Trifft Licht auf das Rhodopsin, aktiviert es das G-Protein. Dieses aktiviert wiederum viele Phosphodiesterase-Moleküle. cGMP wird daraufhin von Phosphodiesterase gespalten, worauf sich der Ionenkanal schließt. Das Rezeptorpotenzial ebbt ab und es wird kein Transmitter ausgeschüttet, das nachgeschaltete Neuron wird aktiviert. Bei diesem Vorgang kommt es zu einer Signalverstärkung: Ein Molekül Rhodopsin aktiviert über das G-Protein mehr als 100 Phosphodiesterase-Moleküle, von denen jedes wiederum etwa 1000 Moleküle cGMP spaltet.
b) Der Vorteil der Signalverstärkung liegt darin, dass eine geringe Lichtmenge ausreicht, um viele Enzyme zu aktivieren. Diese spalten eine große Anzahl von cGMP, so dass in sehr kurzer Zeit viele Ionenkanäle geschlossen werden. Die Änderung des Rezeptorpotenzials erfolgt

dadurch sehr schnell. Da schon eine geringe Lichtmenge das Rezeptorpotenzial der Lichtsinneszellen stark verändert, kann der Mensch auch relativ schwache Lichtreize wahrnehmen.

c) Die Synapsen der Lichtsinneszellen sind hemmende Synapsen. Solange sie aktiv sind, werden im nachgeschalteten Neuron keine Aktionspotenziale ausgelöst. Die größte Transmittermenge wird bei völliger Dunkelheit ausgeschüttet und damit auch keine Aktionspotenziale ins Gehirn gesendet, weil dann die Hemmung des nachgeschalteten Neurons am größten ist. Die Transmittermenge richtet sich nach der Zahl der geöffneten Ionenkanäle, die bei Dunkelheit am größten ist.

4

Bei der Lichtsinneszelle dient das Licht dazu, das G-Protein über das Rhodopsin zu aktivieren und damit die Ionenkanäle zu schließen. Das Licht hat also nur auslösende Funktion und es wird dazu nur wenig Licht benötigt.

Bei der Fotosynthese muss möglichst viel Licht absorbiert werden, weil die Lichtenergie den Elektronentransport in der Lichtreaktion antreibt. Je mehr Licht absorbiert wird, umso effektiver läuft die Fotosynthese ab.

12.15 Vom Reiz zur Reaktion

1

Durch die Sinneszellen wird der Reiz aufgenommen und über das periphere Nervensystem als sensorischer Input zum Integrationszentrum, dem zentralen Nervensystem geleitet. Die Sinneszellen dienen also nur der Aufnahme und Weiterleitung von Reizen. Die Verarbeitung der Reize und damit auch die eigentliche Wahrnehmung erfolgt im zentralen Nervensystem. Dies wird in Abb. 1 deutlich, indem hier die Signale von Nachbarneuronen, z. B. Hemmung oder Verstärkung, in die Reaktionskette eingebracht werden. Die Effektoren werden über den motorischen Output vom Integrationszentrum gesteuert. In diesem Funktionsbereich erfolgt also die Übermittlung der Signale über das periphere Nervensystem zu den Muskeln, die sich entsprechend kontrahieren und so als Output die Reaktion vollziehen.

2

Schwacher Druckreiz	Starker Druckreiz
In der Sinneszelle ist ein schwaches Rezeptorpotenzial messbar, das ableitende Axon sendet mit einer geringen Aktionspotenzial-Frequenz.	In der Sinneszelle ist ein starkes Rezeptorpotenzial messbar, das ableitende Axon sendet mit einer hohen Aktionspotenzial-Frequenz.
Über eine erregende Synapse wird das nachfolgende Neuron 1 erregt. Das EPSP in diesem Neuron fällt aufgrund der geringen ankommenden Aktionspotenzial-Frequenz wiederum klein aus, ebenso die Aktionspotenzial-Frequenz am ableitenden Axon.	Über eine erregende Synapse wird das nachfolgende Neuron 1 erregt. Das EPSP in diesem Neuron fällt aufgrund der hohen ankommenden Aktionspotenzial-Frequenz wiederum groß aus, ebenso die Aktionspotenzial-Frequenz am ableitenden Axon.
Das Signal wird über eine Synapse auf das motorische Neuron 3 übertragen. Das EPSP der postsynaptischen Membran gleicht dem EPSP im Neuron 1. Am gleichen Neuron 3 erzeugt eine hemmende Synapse, die über eine vom Neuron 2 kommende kurze aber hohe Aktionspotenzialfrequenz aktiviert wird, ein IPSP. Die beiden PSP werden am Axonhügel miteinander verrechnet, so dass ein Potenzial mit zwei Peaks entsteht. Dem gemäß zeigt das ableitende Axon des motorischen Neurons 3 zwei getrennte Signale.	Das Signal wird über eine Synapse auf das motorische Neuron 3 übertragen. Das EPSP der postsynaptischen Membran gleicht dem EPSP im Neuron 1. Am gleichen Neuron 3 erzeugt eine hemmende Synapse, die über eine vom Neuron 2 kommende kurze, aber hohe Aktionspotenzial-Frequenz aktiviert wird, ein IPSP. Die beiden PSP werden am Axonhügel miteinander verrechnet, so dass ein Potenzial mit zwei Maxima entsteht. Dazwischen liegt ein Plateau, dessen Wert über dem Ruhepotenzial liegt. Dem gemäß zeigt das ableitende Axon des motorischen Neurons 3 ein Signal, das am Anfang und Ende eine hohe Aktionspotenzial-Frequenz zeigt, die durch eine Phase mit geringerer Aktionspotenzial-Frequenz voneinander getrennt sind.
Diese Signale werden zum Muskel geleitet. Der Muskel wird vermutlich zwei Mal kurz hintereinander schwach zucken.	Dieses Signal wird zum Muskel geleitet. Der Muskel wird sich kontrahieren, wobei die Bewegung differenziert erst schnell, dann langsamer und schließlich wieder schneller ausfällt.

Die farbig hinterlegten Schritte finden im zentralen Nervensystem statt.

3

a) Fahrzeug 1: Das Fahrzeug ist genau auf die Lichtquelle ausgerichtet und fährt darauf zu. Auf beide Sensoren fällt somit gleich viel Licht, beide Motoren werden umso mehr gehemmt, je näher das Fahrzeug der Lichtquelle kommt. Das Fahrzeug wird also mit Einschalten der Lichtquelle immer langsamer und schließlich wahrscheinlich zum Stehen kommen.

Fahrzeug 2: Das Fahrzeug ist genau auf die Lichtquelle ausgerichtet und fährt darauf zu. Auf beide Sensoren fällt somit gleich viel Licht, der rechte Motor wird infolgedessen gehemmt, der linke wird beschleunigt. Dadurch wird das Fahrzeug nach rechts abdrehen, bis auf beide Sensoren kein Licht mehr fällt, und danach geradeaus weiter fahren.

Fahrzeug 3: Das Fahrzeug ist genau auf die Lichtquelle ausgerichtet und fährt darauf zu. Auf beide Sensoren fällt somit gleich viel Licht, beide Motoren werden beschleunigen. Das Fahrzeug fährt mit steigender Geschwindigkeit auf die Lichtquelle zu und wird mit ihr kollidieren (falls sie sich in der gleichen Ebene befindet).

Fahrzeug 4: Das Fahrzeug ist genau auf die Lichtquelle ausgerichtet und fährt darauf zu. Auf beide Sensoren fällt somit gleich viel Licht, beide Motoren werden beschleunigen. Das Fahrzeug fährt mit steigender Geschwindigkeit auf die Lichtquelle zu und wird mit ihr kollidieren (falls sie sich in der gleichen Ebene befindet).

b) Bei den Fahrzeugmodellen ist jeweils ein Sensor mit einem Effektor, also einem Motor, direkt gekoppelt. Jeder Effektor ist damit auch mit einem anderen Sensor verbunden. Eine Verrechnung ist bei den Modellen nicht gegeben, es handelt sich nur um direkte Reiz-Effektor-Beziehungen, doch ist jeweils eine Abstufung der Reaktion gekoppelt an die Lichtaufnahme des Sensors möglich. Die Reaktion des Autos ist eine Summe dieser Einzelbeziehungen.

In der Abb. 1b ist nicht nur eine Abstufung in der Reizstärke gegeben, es können durch Verrechnung im zentralen Nervensystem auch andere Einflüsse auf den Effektor eine Rolle spielen. Dadurch ist eine sehr differenzierte Reaktion des Muskels möglich. Dazu kommt, dass auf den Organismus bezogen der Reiz nicht nur zur Reaktion eines Muskels führen kann, sondern dass auch andere Muskeln durch den gleichen Sensor angesprochen werden können und gegebenenfalls Rückkopplungen zu der Gesamtreaktion beitragen.

12.16 Vergleich hormoneller und neuronaler Informationsübertragung

1

	Hormonelle Informationsübertragung	Neuronale Informationsübertragung
Vorgang der Informationsübertragung	Die Übertragung erfolgt durch spezielle Moleküle, die Hormone. Sie werden im ganzen Körper durch das Blut verteilt, zeigen aber nur an den Zellen Wirkung, die über die passenden Rezeptoren an ihrer Oberfläche verfügen (Schlüssel-Schloss-Prinzip). Bei Andocken der Hormone an die Rezeptoren wird durch Signaltransduktion eine intrazelluläre Antwort hervorgerufen.	Die Übertragung erfolgt durch elektrische Signale, die Aktionspotenziale, die über die Axone der Neuronen direkt zu den Zielzellen gelangen. Dort erfolgt die Übertragung an den Synapsen mittels chemischer Stoffe, den Transmittermolekülen, die aber nur extrem kurze Entfernungen zwischen den Zellen überbrücken und dort durch Signaltransduktion (Andocken nach dem Schlüssel-Schloss-Prinzip) eine intrazelluläre Antwort hervorrufen.
Geschwindigkeit der Informationsübertragung	Langsamer als bei der neuronalen Übertragung. Die Hormone werden mit dem Blut und durch Diffusion zu den Zielzellen transportiert.	Die Geschwindigkeit ist viel höher als bei der hormonellen Übertragung, da die elektrischen Impulse sehr schnell auch über große Strecken übertragen werden.
Informationsverschlüsselung	Die Signalstärke richtet sich nach der Menge der ausgeschütteten Hormone.	Die Verschlüsselung liegt in der Frequenz der Aktionspotenziale, die über die Axone zu den Zielzellen laufen.
Dauer der Wirkung an Zielzellen	Meist länger andauernd, die Dauer richtet sich nach der Menge der Hormonmoleküle, wie lange die Freisetzung erfolgt und wie schnell die Hormone von Enzymen abgebaut werden.	Meist nur so lange, wie das Signal anhält, also so lange wie Aktionspotenziale über die Neurone an den Synapsen zu den Zielzellen ankommen.

2

a) Individuelle Lösung, darin z. B.: Bei Neuronen verläuft die Übertragung des Aktionspotenzials über eine große Entfernung innerhalb (bzw. entlang) einer einzigen spezialisierten Zelle bis zur nächsten Synapse. Bei der Venusfliegenfalle verläuft die Übertragung über eine Vielzahl von „normalen" Pflanzenzellen, würde also gewissermaßen einer Leitung über sehr viele Synapsen entsprechen.

b) Da die Aufgabe in dieser Form von Schülern nicht gelöst werden kann, wird diese Teilaufgabe in der nächsten Auflage gestrichen.

c) Darwin stellte die Hypothese auf, dass die Venusfliegenfalle über Neurone verfüge, mit deren Hilfe die Signale übertragen würden.

Die im Text genannte wissenschaftliche Überprüfung ist auch nach heutigen Kriterien richtig. Es wird in einem Experiment geklärt, ob es bei der Pflanze entsprechende elektrische Signale gibt, die denen der Neurone entsprechen. Allerdings hört die Beweisführung nach der Messung an der Blattoberseite auf. Es wird nicht untersucht, ob wirkliche neuronale Strukturen vorhanden sind und wie die Signalübertragung funktioniert. Eine morphologische Untersuchung wäre zur damaligen Zeit möglich gewesen, auch wenn eine genaue Messung von Ionenströmen sicher noch nicht möglich war.

13 Zusammenwirken von Hormon- und Nervensystem bei Stress

13.1 Der Anpassungswert der Stressreaktion

1

Proximate Perspektive	Ultimate Perspektive
Die Herzfrequenz, der Blutdruck und die Atemfrequenz steigen.	Damit kann schnell mehr Sauerstoff in die Muskeln und das Gehirn transportiert werden.
Die Muskeln werden durch den Abbau von Glykogen und Fett mit Glucose und Fettsäuren für die Zellatmung versorgt.	Es besteht damit eine hohe Leistungsbereitschaft und eine Energiereserve, die eine große Kraftentfaltung (schnelle Reaktion) möglich macht.
Die Aufmerksamkeit, speziell auf den Gefahrenpunkt, wird erhöht.	Der Betroffene wird nicht abgelenkt, er kann z. B. Verhaltensweisen des Feindes besser und schneller wahrnehmen und entsprechend darauf reagieren.
Verdauung und Immunabwehr werden zurück gefahren.	Es wird die gesamte Energie in die Leistungsfähigkeit von Muskulatur und Gehirn geleitet und nicht unnötig für in dieser Situation unwichtige Vorgänge verwendet.

2

a) Individuelle Lösung.
b) Individuelle Lösung.

3

a) Individuelle Lösung, darin z. B.: Der Frühmensch war vielen unterschiedlichen direkten Bedrohungen ausgesetzt, denen er nur mit größter körperlicher Anstrengung begegnen oder entkommen konnte. Die Stressreaktion ist eine Abfolge von physiologischen Vorgängen, um den Körper in äußerst kurzer Zeit in höchste Anstrengungsbereitschaft zu bringen. Genau dies brachte einen hohen Überlebensvorteil.
b) Individuelle Lösung.

13.2 Hormonelle und neuronale Grundlagen der Stressreaktion

1

a) Neurone des Hypothalamus bewirken über das Rückenmark die Freisetzung von Adrenalin aus dem Nebennierenmark. Dieser Vorgang verläuft sehr schnell. Adrenalin erhöht den Blutdruck und die Herzfrequenz. Es beschleunigt die Atmung und bewirkt den Glykogenabbau in den Muskeln und der Leber, wodurch der Blutzuckerspiegel ansteigt. Gleichzeitig wird die Aktivität der Verdauungs- und Fortpflanzungsorgane gedrosselt.

Bei den hormonellen Schritten der Stressreaktion wird über eine Hormonkaskade beginnend im Hypothalamus (CRH, ACTH und Cortisol) die Wirkung des Adrenalins unterstützt. Diese Wirkung der Hormonkaskade verläuft langsamer als die Adrenalinausschüttung und Adrenalinwirkung. Dabei werden Proteinreserven zu Aminosäuren abgebaut, die für Reparaturen zur Verfügung stehen und eine weitere Glucosereserve darstellen. Außerdem wirkt Cortisol entzündungshemmend. Gleichzeitig setzt über eine Rückkopplung eine Dämpfung der Hypothalamus- und Hypophysenreaktion ein, um ein Überschießen der Stressreaktion zu vermeiden.

b)

Proximate Perspektive	Ultimate Perspektive
Die Herzfrequenz und der Blutdruck steigen.	Damit kann schnell mehr Sauerstoff in die Muskeln und das Gehirn transportiert werden.
In der Leber wird Glykogen zu Glucose abgebaut. Die Muskeln werden durch den Abbau von Glykogen und Fett mit Glucose und Fettsäuren für die Zellatmung versorgt.	Es besteht damit eine hohe Leistungsbereitschaft und eine Energiereserve, die eine große Kraftentfaltung (schnelle Reaktion) möglich machen.
Die Aufmerksamkeit, speziell auf den Gefahrenpunkt, wird erhöht.	Der Betroffene wird nicht abgelenkt, er kann z. B. Verhaltensweisen des Feindes besser und schneller wahrnehmen und entsprechend darauf reagieren.
Die Atemfrequenz nimmt zu.	Die Aufnahme von Sauerstoff wird intensiviert.
Die Verdauung wird zurück gefahren, ebenso die Tätigkeit der Fortpflanzungsorgane.	Es wird die gesamte Energie in die Leistungsfähigkeit von Muskulatur und Gehirn geleitet und nicht unnötig für in dieser Situation unwichtige Vorgänge verwendet.

2

a) Die Skala des linken Diagramms zeigt die Cortisolkonzentration im Blutplasma in µg/dl an, die ACTH-Konzentration (µg/ml) kann an der Skala im rechten Diagramm abgelesen werden.
Ergometerbelastung: Während der Stressphase steigt der Gehalt an ACTH von ca. 35 µg/ml auf ca. 65 µg/ml und sinkt nach Beendigung der Belastung auf einen Wert bei ca. 25 µg/ml ab, wobei dieser Vorgang langsamer verläuft. Die Cortisol-Ausschüttung erfolgt zeitlich versetzt, das Maximum von 20 µg/dl wird erst eine Stunde nach Beendigung der Belastung erreicht. Danach fällt die Konzentration im Blut allmählich wieder auf ca. 8 µg/dl ab.

Prüfungssituation: Auch hier steigen ACTH und Cortisol zeitlich versetzt an und die ACTH-Konzentration erreicht ihr Maximum von ca. 58 µg/ml eine Stunde nach Beginn der Prüfung. Die ACTH-Konzentration sinkt noch während des Examens aufgrund der dämpfenden Wirkung des Cortisols wieder ab. Das Cortisol-Maximum von 20 µg/dl ist zwei Stunden nach Prüfungsbeginn erreicht, dann fällt auch hier die Konzentration wieder auf einen Wert von 10 µg/dl ab.

b) Die Adrenalinausschüttung verläuft in etwa parallel zur ACTH-Konzentration, allerdings zeitlich etwas nach vorne verschoben (schnellere neuronale Reaktion). Die Glucosekurve verläuft mit einer sehr kleinen zeitlichen Verzögerung wie die Adrenalin-Kurve z. B.:

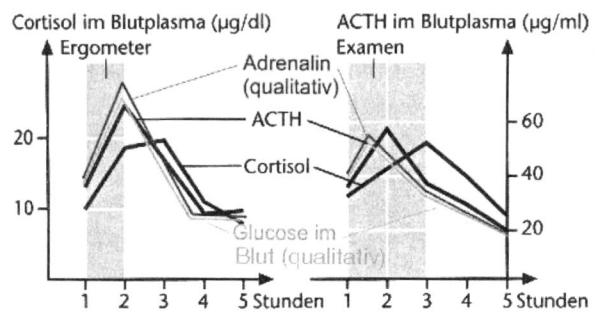

c) Individuelle Lösung.

3

a) Ausgelöst durch Stressoren wird im Hypothalamus CRH gebildet und ausgeschüttet. Dieses Hormon bindet an spezifische Rezeptoren der Hypophysenzellen und bewirkt so die Bildung von ACTH in den Zellen. Das dann ausgeschüttete ACTH bewirkt in der Nebennierenrinde (durch Binden an den entsprechenden Rezeptor und Signaltransduktion) die Synthese von Cortisol. Das Cortisol wird von den Zielzellen aufgenommen und bewirkt durch eine Reaktionskaskade in der Zelle eine Veränderung bei der Genaktivität und damit im Zellstoffwechsel. Gleichzeitig bindet Cortisol an Rezeptoren der Zellen von Hypothalamus und Hypophyse und bewirkt dort eine negative Rückkopplung.

b) Individuelle Lösung, darin z. B.: Sind die Rezeptoren für Cortisol im Hypothalamus und der Hypophyse defekt, unterbleibt die negative Rückkopplung. Es besteht die Gefahr, dass die Stressreaktion überschießt und außer Kontrolle gerät (z. B. Abbau der Reserven bis zur völligen Erschöpfung des Organismus mit gesundheitlichen Folgen).
Wenn die ACTH-Rezeptoren an den Zellen der Nebennierenrinde defekt sind, wird kein Cortisol synthetisiert. In diesem Falle unterbleibt die unterstützende Funktion für die Adrenalinwirkung bei längerfristigem Stress, sodass möglicherweise die Stressreaktion nicht ihre volle Wirkung erzielt. Die Dämpfung im Gehirn entfällt, es kann daher bei kurzfristigem Stress möglicherweise zu einem Überschießen der Stressreaktion kommen.

4

Der Dauerstress bei jungen Ratten führt offenbar zu einer dauerhaften Veränderung in der Genaktivität, die die negative Rückkopplung stark reduziert oder verhindert. Dadurch sind die Tiere viel stärker stressanfällig, weil Stressoren die Stressreaktion auslösen, eine Dämpfung dagegen weitgehend entfällt und sich die Stressreaktion dadurch höher schaukelt und gleichzeitig sehr lange anhält. Es könnte z. B. sein, dass die Rezeptoren für Cortisol im Hypothalamus und in der Hypophyse gestört sind, oder dass diese Rezeptoren nur in geringem Maße in den Zellen angelegt werden. Außerdem könnte durch eine oder mehrere Veränderungen in der Signalkette in Abb. 3 (z. B. das Fehlen des Rezeptors für CRH oder ACTH oder eine Verminderung der Rezeptormenge) weniger Cortisol hergestellt werden. So würde eine Dämpfung der Stressreaktion ebenfalls entfallen.

13.3 Zelluläre Wirkmechanismen von hydrophilen und lipophilen Hormonen

1

Hydrophile Proteohormone können die Zellmembran der Zielzelle nicht passieren. Sie binden außen an der Zielzelle an einen Rezeptor, der eine intrazelluläre Reaktionskette auslöst. Zu Beginn dieser Kette wird der second messenger aktiviert, der wiederum ein weiteres Enzym aktiviert und so fort. Während dieser Kette werden immer mehr Moleküle eingebunden, so dass ein Verstärkereffekt eintritt. Das Endprodukt verändert in der Zelle die Enzymfunktionen oder wirkt als Transkriptionsfaktor.

Im Gegensatz zu den hydrophilen Hormonen können die lipophilen Hormone die Zellmembran der Zielzelle passieren und binden daher an einen Rezeptor innerhalb der Zelle. Dieser Hormon-Rezeptor-Komplex gelangt in den Zellkern und wirkt als Transkriptionsfaktor.

2

a)
1: Testosteron passiert die Zellmembran und gelangt so ins Cytoplasma.
2: Testosteron bindet an einen intrazellulären Rezeptor.
3: Der Testosteron-Rezeptor-Komplex gelangt in den Zellkern und wirkt als Transkriptionsfaktor an der DNA.
4: Transkription
5: mRNA
6: Die mRNA verlässt den Zellkern und wandert zu den Ribosomen.
7: An den Ribosomen werden gemäß der Bauanleitung der mRNA Proteine gebildet.

b) Testosteron ist in der Embryonalentwicklung für die Bildung und Entwicklung der Hoden und des äußeren Genitals verantwortlich. Zudem beeinflusst es die Differenzierung des Gehirns, es entsteht ein „männliches Gehirn".

In der Pubertät sorgt Testosteron für die Entwicklung der äußeren Genitalien und bewirkt die Bildung von Spermien. Es ist die Ursache für die Ausbildung der sekundären Geschlechtsmerkmale (Bartwuchs, tiefe Stimme, Körperbehaarung, Längenwachstum, Veränderung des Körperbaus hin zu den männlichen Proportionen). Der Einfluss von Testosteron bleibt auch nach der Pubertät erhalten, es spielt eine Rolle im Muskelaufbau, im Stoffwechsel und in der Psyche sowie im Verhalten.

c) Individuelle Lösung, darin z. B.: Anabolika fördern den Proteinaufbau und bewirken bei Sportlern und Sportlerinnen in Zusammenhang mit entsprechendem Training eine Zunahme an Muskelmasse, Kraft und Ausdauer. Bei langfristiger Einnahme könnten Verhaltensänderungen, eine Verstärkung der Körper-, Gesichts- und Achselbehaarung sowie eine Veränderung der Stimmlage und des Körperaufbaus hin zu männlicheren Proportionen auftreten.

3

a) Adrenalin als hydrophiles Hormon kann die Zellmembran nicht passieren. Es bindet an den speziellen Adrenalin-Rezeptor, der dadurch das G-Protein aktiviert. Dieses G-Protein aktiviert das Enzym Adenylat-Cyclase, das dadurch den second messenger cAMP bildet. cAMP aktiviert in der Zelle Enzym A, das wiederum Enzym B aktiviert. Enzym B aktiviert nun Enzym C, das Glykogen in seine Glucose-Bausteine spaltet. Jeder Aktivierungsprozess ist mit einer Verstärkung verbunden, weil jedes aktivierte Molekül viele Moleküle des nachfolgenden Enzyms aktiviert.

b) Da in jedem Schritt der intrazellulären Reaktionskette jeweils von einem Molekül viele Moleküle aktiviert werden, kommt es in ganz kurzer Zeit zu einem Verstärkereffekt um den Faktor 1.000 000. Dadurch kann in sehr kurzer Zeit sehr viel Glucose aus Glykogen bereit gestellt werden. Dies ist bei der ursprünglichen Stressreaktion (z. B. Gefahr durch wilde Tiere) von größter Wichtigkeit, da nur so genügend Energie für körperliche Höchstleistung (z. B. schnelles Wegrennen) vorhanden ist.

14 Lernen und Gedächtnis

14.1 Lernen und Gedächtnis

1

Kohlmeise: Die Tatsache, dass sich das Verhalten der Kohlmeisen in der Population stark ausbreitete, deutet darauf hin, dass die Tiere es von Artgenossen übernommen haben. Es handelt sich daher um Lernen durch Nachahmung.

Schimpanse: Das Tier möchte die Bananen an der Decke haben, kann sie aber nicht direkt erreichen. Das Problem wird gelöst, indem der Schimpanse Kisten aufeinander stapelt und so die Bananen erreicht. Unter der Voraussetzung, dass das Tier dieses Verhalten noch nicht bei einem Artgenossen oder bei z. B. Menschen gesehen hat, handelt es sich um Lernen durch Einsicht. Das Tier löst sein Problem gedanklich im Voraus, bevor es die Tat ausführt.

Maus: Jeder Hebeldruck nach einem Lichtblitz wird mit einer Futtergabe belohnt. Die Kurve in Abb. 3 zeigt, dass die Zahl der richtigen Hebeldrücke innerhalb der zwölf Tage ständig zunahm. Es handelt sich um Lernen durch Verstärkung.

2

a)

```
                    Gedächtnis
                   /          \
         Kurzzeitgedächtnis    Langzeitgedächtnis
                              /              \
                   deklaratives Gedächtnis   prozedurales
                    /        \                Gedächtnis
         semantisches    episodisches
          Gedächtnis      Gedächtnis
```

b)
1: Episodisches Gedächtnis
2: Semantisches Gedächtnis
3: Episodisches Gedächtnis + semantisches Gedächtnis
4: Episodisches Gedächtnis
5: Semantisches Gedächtnis
6: Semantisches Gedächtnis
7: Semantisches Gedächtnis
8: Episodisches Gedächtnis
Aufgabe Abb. 5: Kurzzeitgedächtnis

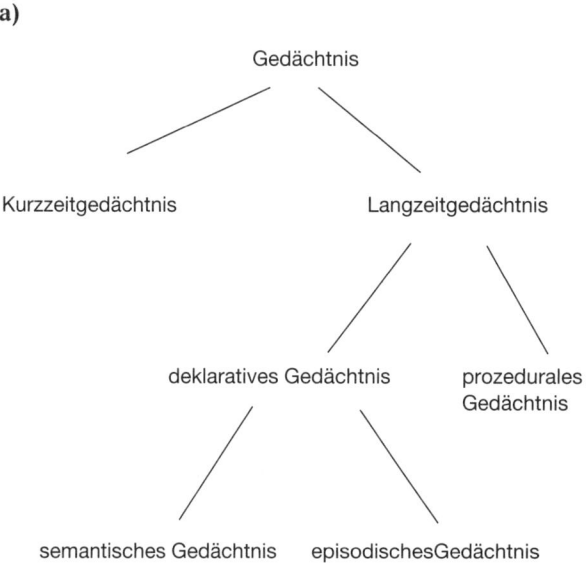

Präsentation und Erläuterung: Individuelle Lösung.

14.2 Erfahrungen verändern neuronale Verbindungen

1

Individuelle Lösung, z. B.

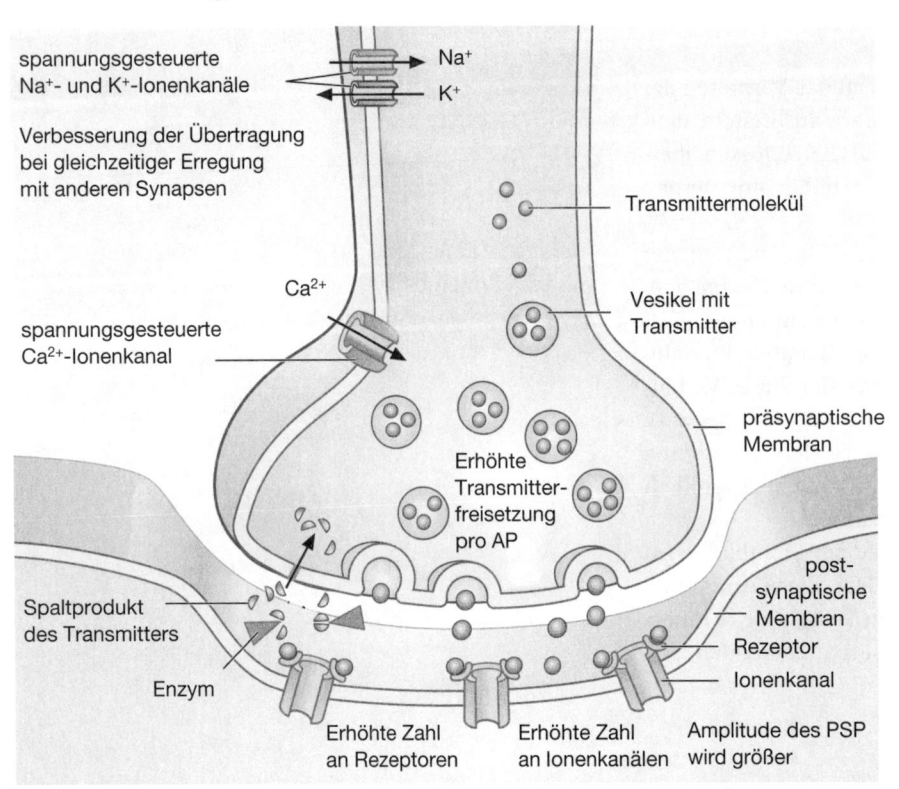

- spannungsgesteuerte Na$^+$- und K$^+$-Ionenkanäle → Na$^+$, K$^+$
- Verbesserung der Übertragung bei gleichzeitiger Erregung mit anderen Synapsen
- Ca^{2+}
- spannungsgesteuerte Ca^{2+}-Ionenkanal
- Transmittermolekül
- Vesikel mit Transmitter
- präsynaptische Membran
- Erhöhte Transmitterfreisetzung pro AP
- Spaltprodukt des Transmitters
- Enzym
- Erhöhte Zahl an Rezeptoren
- Erhöhte Zahl an Ionenkanälen
- Amplitude des PSP wird größer
- postsynaptische Membran
- Rezeptor
- Ionenkanal
- Rezeptoren für Signaltransduktion, ⇒ Produktion von Proteinen, die die Membraneigenschaften verändern ⇒ Regelung der Proteinbiosynthese

2

Versuch a: Zunächst wird das Potenzial an der Messstelle gemessen, während die Synapsen aktiv sind, die beim Anblick einer Rose Signale übertragen. Anschließend werden wiederholt die Synapsen gekoppelt aktiviert, die beim Anblick der Rose und die beim Duft der Rose aktiv sind. Wird daraufhin erneut das Potenzial gemessen, während die Synapsen aktiv sind, die beim Anblick der Rose Signale übertragen, so ist der Wert erheblich höher.

Versuch b: Zunächst wird das Potenzial an der Messstelle gemessen, während die Synapsen aktiv sind, die beim Duft einer Rose Signale übertragen. Anschließend werden wiederholt die Synapsen gekoppelt aktiviert, die beim Anblick der Rose und die beim Duft der Rose aktiv sind. Wird daraufhin erneut das Potenzial gemessen, während die Synapsen aktiv sind, die beim Duft der Rose Signale übertragen, so ist der Wert erheblich größer.

Versuch c: Zunächst wird das Potenzial an der Messstelle gemessen, während die Synapsen aktiv sind, die beim Geruch einer Zwiebel Signale übertragen. Anschließend werden wiederholt die Synapsen gekoppelt aktiviert, die beim Anblick der Rose und die beim Duft der Rose aktiv sind. Wird daraufhin erneut das Potenzial gemessen, während die Synapsen aktiv sind, die beim Geruch der Zwiebel Signale übertragen, so ist der Wert gleich dem bei der ersten Messung.

Die Messungen zeigen, dass ein Potenzial in einer postsynaptischen Zelle nach einer Reizung spezieller Synapsen höher ausfällt als normal, wenn vorher diese Synapsen mit den Signalen anderer Synapsen gekoppelt aktiv waren. Die Synapsen, die gleichzeitig aktiv waren, beeinflussen sich also gegenseitig im Sinne einer Verstärkung. Die Beeinflussung gilt für beide beteiligten Synapsen (Versuche a und b). Die Beeinflussung beschränkt sich aber auf die gekoppelten Synapsen und wird nicht auf andere Synapsen an der Zelle übertragen, die nicht an der Kopplung beteiligt waren (Versuch c).

3

a) Individuelle Formulierung, z. B.: Das Langzeitgedächtnis ist von der Proteinbiosynthese abhängig.

b) Der Kontrollversuch zeigt, dass nach fünf Tagen Trainingspause die Lernkurve auf dem gleichen Niveau startete, bei dem sie am Trainingsende vor der Pause endete. Der Trainingserfolg wurde bei den Tieren also im Langzeitgedächtnis abgespeichert.

c) Die Ergebnisse von d) und e) zeigen, dass nach den fünf Tagen Trainingspause kein Lernerfolg zu verzeichnen war, wenn die Hemmung der Proteinbiosynthese direkt vor oder direkt nach dem ersten Training erfolgte. Die Trainingserfolge nach dem ersten Training wurden nicht ins Langzeitgedächtnis übernommen. Versuch c) zeigt einen teilweisen Lernerfolg nach den fünf Tagen Trainingspause. Die Lernkurve beginnt nach der Pause auf einem Stand, der im ersten Training nach 20 Minuten erreicht war, die Erfolge der letzten 20 Minuten wurden also vergessen. Wie Versuch b) zeigt, wird der Lernerfolg nicht beeinträchtigt, wenn Puromycin nach einer Stunde nach Beendigung der ersten Trainingsphase verabreicht wird. Eine Stunde Proteinbiosynthese genügt offenbar, um den Lernerfolg im Langzeitgedächtnis abzuspeichern. Ob aus c) geschlossen werden kann, dass nur 50 Minuten dafür benötigt werden (die letzten 20 Minuten des Trainings und die halbe Stunde der Trainingspause bis zur Verabreichung des Puromycins), müsste in weiteren Versuchen genauer untersucht werden. Mit Sicherheit kann man aus der Versuchsreihe schließen, dass die Proteinbiosynthese zum Abspeichern im Langzeitgedächtnis notwendig ist.

14.3 Alzheimer-Krankheit

1

Molekulare Ebene/Zellebene: Amyloid-Ablagerungen setzen sich an Kanalproteine für Calciumionen und öffnen sie dadurch dauerhaft, sodass Calciumionen in die Zelle einströmen. Dadurch wird die Weiterleitung von Aktionspotenzialen blockiert. Zusätzlich verkleben durch die hohe Calciumkonzentration in der Zelle Moleküle des Tau-Proteins. Dieses Protein hat eine wichtige Funktion für die Stabilität der Axone und den Stofftransport sowie die Energieversorgung in den Axonen. Bei seinem Ausfall verlieren die Axone ihre Stabilität und ihre Funktion, es kommt zum Zelltod der Neuronen.

Organ- und Organismusebene: Durch den Verlust von Neuronen kommt es zu Funktionsstörungen im Gehirn. Die Lernfähigkeit und Gedächtnisbildung wird bei fortschreitender Krankheit immer mehr eingeschränkt und es kommt schließlich zunehmend zu Orientierungsschwierigkeiten und Sprachstörungen. Die Urteilsfähigkeit und Entscheidungsfähigkeit nimmt immer mehr ab. Die Krankheit kann von erheblichen Persönlichkeitsveränderungen begleitet sein und zum völligen Verlust der Körperkontrolle führen.

2

Individuelle Lösung, darin z. B.: Es lässt sich die Genaktivität in kranken Hirnregionen mit der in gesunden Gehirnregionen vergleichen. Damit könnte es möglich werden, den Ursachen für die Erkrankung näher zu kommen. Auch könnte man durch den Vergleich möglicherweise Hinweise auf genetische Anlagen für die Krankheit erhalten um daraus vorbeugende Therapien zu entwickeln bzw. zum Einsatz zu bringen.

3

Die Alzheimer-Krankheit tritt meist erst im Alter auf. Bei einer drastischen Zunahme von alten Menschen, wie sie aus der Abb. 4b hervorgeht, ist daher auch eine entsprechende Zunahme von Krankheitsfällen zu erwarten. Die geschätzten Krankenzahlen korrelieren daher mit dem Altenquotienten.

15 Immunsystem

15.1 Das Erkennen und die Abwehr von Antigenen

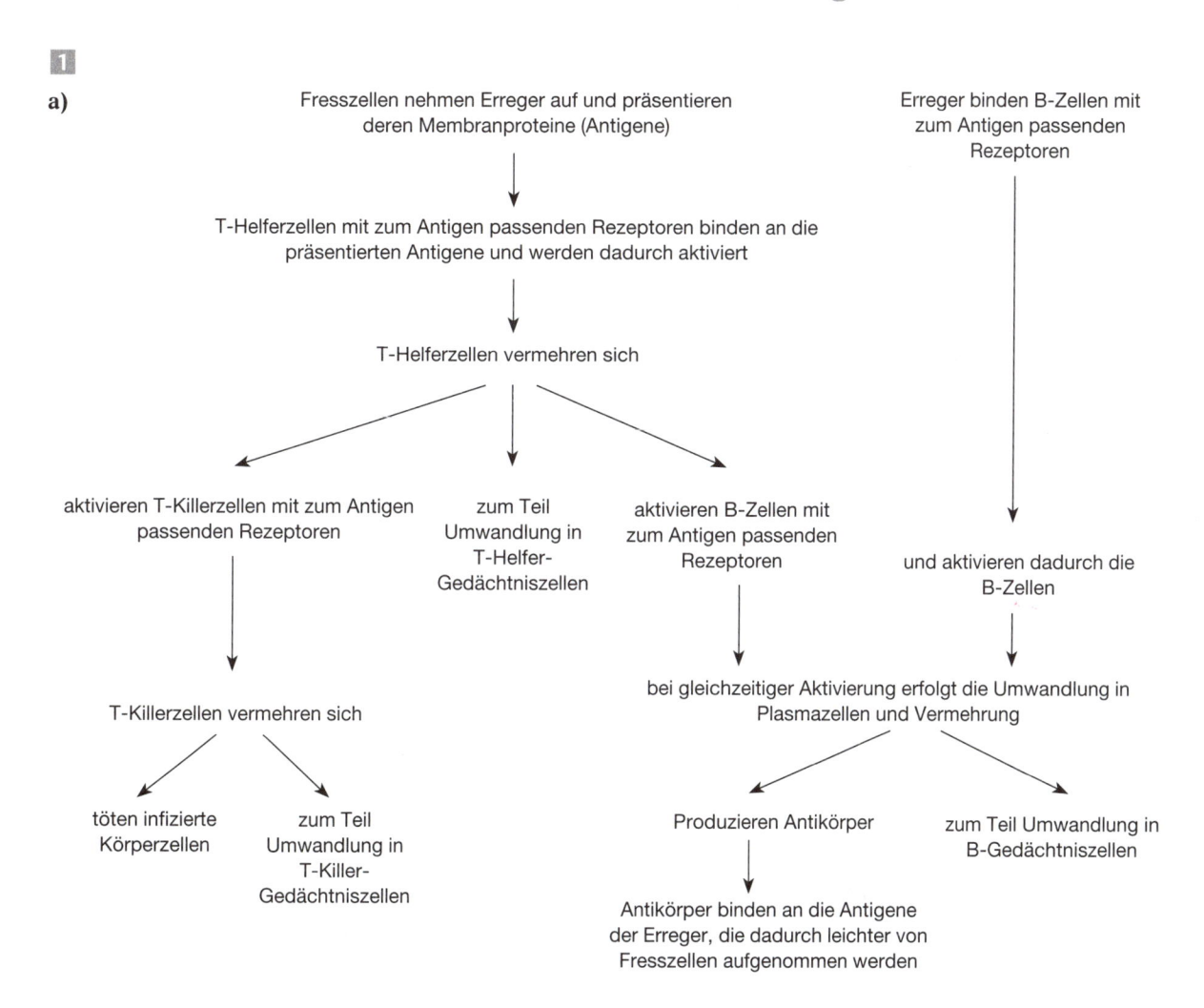

1
a)

```
Fresszellen nehmen Erreger auf und präsentieren          Erreger binden B-Zellen mit
     deren Membranproteine (Antigene)                      zum Antigen passenden
                     ↓                                            Rezeptoren
T-Helferzellen mit zum Antigen passenden Rezeptoren binden an die
       präsentierten Antigene und werden dadurch aktiviert
                     ↓
          T-Helferzellen vermehren sich
            ↙         ↓         ↘
aktivieren T-Killerzellen   zum Teil      aktivieren B-Zellen mit     und aktivieren dadurch die
  mit zum Antigen        Umwandlung in     zum Antigen passenden            B-Zellen
  passenden Rezeptoren    T-Helfer-          Rezeptoren
                         Gedächtniszellen
            ↓                                    ↓                             ↓
   T-Killerzellen vermehren sich          bei gleichzeitiger Aktivierung erfolgt die Umwandlung in
                                                 Plasmazellen und Vermehrung
       ↙         ↘                           ↙                                  ↘
   töten       zum Teil                Produzieren Antikörper          zum Teil Umwandlung in
 infizierte    Umwandlung in                   ↓                         B-Gedächtniszellen
 Körperzellen  T-Killer-           Antikörper binden an die Antigene
               Gedächtniszellen    der Erreger, die dadurch leichter von
                                   Fresszellen aufgenommen werden
```

Erläuterung individuell.
b) Individuelle Lösung, z. B.:
1: Erreger binden mit ihren Antikörpern an die Rezeptoren von B-Zellen, wenn die Rezeptoren nach dem Schlüssel-Schloss-Prinzip zu den Antigenen passen. Nur auf solche Weise aktivierte B-Zellen teilen sich.
2: Die Teilung erfolgt durch Zweiteilung, wobei zwei identische Tochterzellen entstehen.
3: Die Teilung dieser Zellen verläuft über mehrere Generationen, sodass eine große Anzahl dieser B-Zellen entsteht.
4: Die B-Zellen differenzieren zu Plasmazellen, die in großen Mengen Antikörper produzieren. Jeder Antikörper besitzt zwei Bindungsstellen, die in ihrer Struktur den Rezeptoren auf der Oberfläche der B-Stammzelle gleichen und die an die Antigene der Erreger passen.
5: Ein kleinerer Teil der B-Tochterzellen entwickelt sich zu langlebigen Gedächtniszellen, die bei einem erneuten Kontakt mit dem Antigen eine beschleunigte Immunreaktion ermöglichen.

2
Bei einem Erstkontakt mit einem Antigen läuft die in Aufgabe 1 beschriebene primäre Immunreaktion ab. Dabei dauert es geraume Zeit, bis genügend Antikörper zur Bekämpfung bereit gestellt werden können. Bei einer sekundären Immunreaktion werden aufgrund der Gedächtniszellen in viel kürzerer Zeit wesentlich mehr (Faktor 1 000 bis 10 000) Antikörper

hergestellt, die Bekämpfung des Erregers ist daher viel effektiver. Während bei der primären Immunreaktion das Maximum der Antikörperproduktion bei 5 Tagen liegt, wird die gleiche Menge an Antikörpern bei der sekundären Immunreaktion schon nach zwei Tagen erreicht, wobei die Menge rapide weiter steigt.

3

a) Im ersten Jahr ist der Impfstoff optimal auf den Erreger abgestimmt, alle Antigene des Virus werden vom Impfstoff bedient. Im zweiten Jahr werden zwar nur noch zwei Drittel der Antigene vom Impfstoff bekämpft, was aber noch für einen wirksamen Schutz ausreicht, da jeder Erreger beide Antigene trägt. Eine so rasche Veränderung durch Mutationen, dass der Erreger keines der Antikörper mehr trägt (und damit die Immunisierung ins Leere läuft) ist in der kurzen Grippeperiode eines Jahres nicht zu erwarten.

b) Im dritten Jahr trägt das Virus nur noch ein für den Impfstoff relevantes Antigen. Die Bekämpfung dürfte daher nicht mehr so effektiv sein. Zudem besteht die Gefahr, dass durch Mutation auch dieses Antigen und damit der Impfschutz wegfällt. Vermutlich werden die Fachleute daher im dritten Jahr für einen neuen Impfstoff plädieren.

15.2 Unterscheidung von Selbst und Fremd

1

a) Der variable Teil eines Antikörpers wird von verschiedenen Genabschnitten codiert, wobei auf der schweren Kette immer ein V-, ein D- und ein J-Abschnitt vorhanden ist und auf der leichten Kette ein V- und ein J-Abschnitt. Für die Synthese der schweren Kette werden nach dem Zufallsprinzip ein V-, ein D- und ein J-Genabschnitt kombiniert und in RNA transkribiert. Das primäre Transkript kann durch alternatives Spleißen noch verändert werden (siehe Text) und gelangt als mRNA zu den Ribosomen, wo die Kette synthetisiert wird. Der gleiche Vorgang läuft, ebenfalls nach dem Zufallsprinzip, bei der leichten Kette für die V- und J-Abschnitte ab und die Ketten werden gemäß Abb. 4 zu einem Antikörper zusammengebaut.

b) Da es 135 verschiedene V-Abschnitte, 27 D-Abschnitte und 15 J-Abschnitte auf der DNA gibt und diese beliebig (aber in der Reihenfolge V, D, J) kombiniert werden können, entsteht eine große Anzahl an unterschiedlichen Antikörpern. Aufgrund von alternativen Spleißvorgängen ist die Zahl der Möglichkeiten zusätzlich erhöht.

c) Die Variabilität ist enorm wichtig für die Funktion des Immunsystems, damit so viele körperfremde Strukturen, also Krankheitserreger, wie möglich erkannt und bekämpft werden können. Jede B-Zelle kann nur einen Antikörpertyp produzieren. Aufgrund der hohen Zahl an Möglichkeiten kann jede B-Zelle einen anderen Antikörpertyp herstellen. Dadurch ist bei der Vielzahl an B-Zellen gewährleistet, dass praktisch für jedes Antigen eine passende B-Zelle zur Verfügung steht und somit ein passender Antikörper gebildet werden kann.

d) Da die Reihenfolge der Abschnitte fest steht, ergibt sich folgende Rechnung:
Schwere Kette: V*D*J, leichte Kette: V*J.
Da jede schwere Kette mit jeder leichten Kette kombiniert werden kann also: V*D*J*V*J= 135*27*15*135*15= 110 716 875.
Es gibt also 110 716 875 verschiedene Möglichkeiten von Antikörpertypen, wobei Variationen durch alternative Spleißvorgänge nicht berücksichtigt sind.

2

a) Individuelle Lösung, z. B.: Wann wird das Unterscheiden von Selbst und Fremd bei der Ausbildung des Immunsystems erlernt?
Oder: Ist das Immunsystem bei der Geburt schon fertig ausgebildet?

b) Die Zellen von Stamm A werden von der neugeborenen Maus nicht als körperfremd erkannt, sondern, wie das weitere Experiment zeigt, vom Immunsystem als körpereigen erlernt. Die Unterscheidung zwischen Selbst und Fremd ist zu diesem Zeitpunkt also noch nicht vorhanden. Das Transplantationsergebnis nach 6 Wochen zeigt, dass jetzt das Hauttransplantat von Mäusestamm C als fremd erkannt wird und durch Immunreaktionen abgestoßen wird. Das Hauttransplantat vom Mäusestamm A hingegen heilt ein, es wird als körpereigen angesehen. Die Unterscheidung zwischen körpereigen und körperfremd wird also bei Mäusen innerhalb der ersten 6 Wochen nach der Geburt erlernt.

c) Individuelle Lösung.

15.3 Das HI-Virus und Aids

1

a) Das Virus wird zunächst in die Wirtszelle eingeschleust. Im Cytoplasma der Wirtszelle übersetzt das viruseigene Enzym Reverse Transkriptase das Virus-Genom, das als RNA vorliegt, in DNA. Diese DNA gelangt in den Zellkern und wird durch das Enzym Integrase in das Genom der Wirtszelle eingebaut. Bei der Transkription werden Virengene abgelesen und bei der Translation anschließend Virusproteine gebildet. Diese werden zu neuen Viren zusammengesetzt und aus der Zelle freigesetzt.

b)

Medikament	Wirkort	Wirkmechanismus
Bindungshemmer, Fusionshemmer	Zellmembran	Verhindert das Andocken und damit die Einschleusung des Virus.
Reverse-Transkriptase-Hemmer	Cytoplasma	Verhindert die Umschreibung von Viren-RNA in DNA.
Integrase-Hemmer	Zellkern	Verhindert den Einbau von Viren-DNA in das Genom der Wirtszelle.
Antisense-RNA	Cytoplasma	Verhindert die Proteinbiosynthese von Virenproteinen.
Protease-Hemmer	Cytoplasma/ Zellmembran	Verhindert den Zusammenbau und die Ausschleusung des Virus.

c) Individuelle Lösung, z. B.:

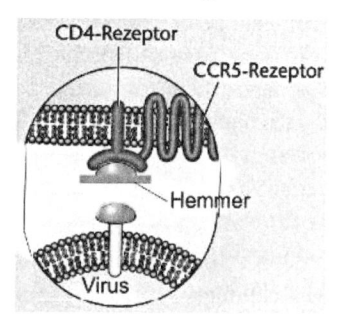

d) Ein sehr großes Problem bei der HIV-Bekämpfung ist die große Mutationsrate bei den Viren. Sie verursacht eine schnelle Resistenzbildung gegen Medikamente. Die Wahrscheinlichkeit, dass sich Resistenzen bilden, ist umso größer, je mehr Viren vorhanden sind. Ziel einer Behandlung muss es daher sein, die Zahl der Viren möglichst klein zu halten. Dies gelingt am besten mit Kombinationspräparaten in hoher Dosierung. Dafür müssen allerdings erhebliche Nebenwirkungen in Kauf genommen werden.

Behandlungen mit nur einem Wirkstoff und/oder zu geringen Dosierungen können die Zahl der Viren nicht genügend absenken. Die Wahrscheinlichkeit der Resistenzbildung ist deshalb erhöht. Ist ein Virus mit einer solchen Mutation vorhanden, so überlebt es den Medikamenteneinsatz und kann sich weiter vermehren, alle Nachkommen sind dann resistent. Bei einem Kombinationspräparat wäre das Virus immer noch anfällig für andere Wirkstoffe. Die Wahrscheinlichkeit, dass ein Virus gegen alle Wirkstoffe resistent ist, ist sehr gering. Kombinationspräparate senken das Resistenzrisiko also durch die Tatsache, dass einzelne Resistenzmutanten geringere Überlebenschancen haben und sie senken das Risiko dadurch, dass bei einer geringeren Virenzahl das Mutationsrisiko geringer ist.

2

Da der „Reverse-Transkriptase-Hemmer" bei dem Virus, das Hepatitis C hervorruft, wirkt, muss das Virus ein Retrovirus sein. Das Erbgut des Virus liegt als RNA vor und muss erst durch das Enzym Reverse Transkriptase in DNA umgeschrieben werden. Viren, deren Erbgut in Form von DNA vorliegt, benötigen dieses Enzym nicht. Bei ihnen wirkt daher der „Reverse-TranskriptaseHemmer" nicht.

3

a) Individuelle Lösung.
b) Individuelle Lösung, darin z. B.: eine dauerhafte Heilung würde ein Leben ohne Medikamente bedeuten. Da das Virus lange Zeit (bis ans Lebensende) in Form von integrierter DNA in infizierten Zellen existieren kann, könnte ohne Medikamente die Krankheit jederzeit wieder ausbrechen. Heilung ist daher dauerhaft so nicht möglich.

16 Individualentwicklung des Menschen

16.1 An den Grenzen des Lebens

1

Individuelle Lösung, darin z. B.: Es ist eine Frage der Definition, ob der Lebensbeginn bzw. das Lebensende als plötzliches Ereignis oder als Übergang angesehen wird. Rein biologisch sind die Übergänge fließend, für eine rechtliche Betrachtung müssen aber genau definierte Eckpunkte genannt werden (über die natürlich gestritten werden kann).

2

a) Individuelle Lösung.

b) Bei einem gesunden Menschen findet praktisch im gesamten Gehirn ein Stoffwechsel statt, der durch den Glucose-Umsatz nachgewiesen werden kann (linke Abbildung). Es werden abhängig von der Hirnregion ca. 2 mg bis 10 mg Glucose pro 100 g Hirngewebe pro Minute umgesetzt. Bei einem Hirntoten ist innerhalb der Schädelhöhle keinerlei Stoffwechsel nachweisbar, es existiert keine Gehirntätigkeit (mittlere Abbildung). Im Gegensatz dazu ist bei einem Wachkomapatienten die Hirntätigkeit gegenüber dem Gesunden zwar stark reduziert, sie ist aber im gesamten Gehirn nachweisbar (rechte Abbildung). Der Glucose-Umsatz liegt zwischen ca. 1 mg bis 4 mg Glucose pro 100 g Hirngewebe pro Minute.

3

Individuelle Lösung.

4

Individuelle Lösung.

16.2 Ethisches Bewerten: Die Präimplantationsdiagnostik

1

Individuelle Lösung, darin:

Schritt 1: Z. B.: Das Paar wünscht sich ein Kind. Bei einer Tochter wäre die Wahrscheinlichkeit hoch, dass das Kind im Verlauf seines Lebens an Brustkrebs erkrankt. Das könnte mit einer künstlichen Befruchtung in Zusammenhang mit einer PID ausgeschlossen werden: Die Embryonen mit einem positiven Befund, also mit einem mutierten BRCA1, würden nicht für den Transfer in die Gebärmutter ausgewählt, sondern wahrscheinlich verworfen werden. Das Dilemma des Paares besteht darin, dass sie sich einerseits ein möglichst gesundes Kind wünschen. Andererseits stehen sie vor allem der Embryonenselektion ablehnend gegenüber.

Schritt 2: Z. B.: a) Das Paar verzichtet auf eine künstliche Befruchtung mit PID und entscheidet sich dafür, auf natürlichem Weg ein Kind zu bekommen,

b) das Paar lässt eine künstliche Befruchtung mit PID durchführen,

c) das Paar verzichtet auf ein eigenes Kind, usw.

Schritt 3 und 4: Z. B.:

a) Argumente dafür: Das Paar vermeidet grundsätzlich eine Embryonenselektion und bleibt seiner ablehnenden Haltung gegenüber künstlicher Befruchtung und PID treu. (Ethische Werte: Menschenwürde aller Embryonen, Schutz des Lebens der zu verwerfenden Embryonen; deontologische Argumentation)

Argumente dagegen: Das Paar riskiert damit, dass eine Tochter mit dem mutierten Gen geboren wird, die im Lauf ihres Lebens mit einer hohen Wahrscheinlichkeit an Brustkrebs erkranken und sterben kann. (Ethische Werte: Gesundheit des Kindes, Schutz des Lebens des Kindes, Selbstbestimmung der Eltern, Sicherheit für Eltern und Kind; konsequenzialistische Argumentation)

b) Pro: Nach der künstlichen Befruchtung mit PID kann das Paar ohne Ängste das Kind erwarten und aufziehen. (Ethische Werte: Gesundheit des Kindes, Schutz des Lebens des Kindes, Selbstbestimmung der Eltern, Sicherheit für Eltern und Kind; konsequenzialistische Argumentation)

Contra: Das Paar muss gegen seine Überzeugung handeln und die Embryonenselektion, die ein Teil der künstlichen Befruchtung mit PID ist, akzeptieren. (Ethische Werte: Menschenwürde aller Embryonen, Schutz des Lebens der zu verwerfenden Embryonen; deontologische Argumentation)

c) Pro: Das Paar bleibt seiner ablehnenden Haltung gegenüber der künstlichen Befruchtung mit PID treu. (Ethische Werte: Menschenwürde aller Embryonen, Schutz des Lebens der zu verwerfenden Embryonen; deontologische Argumentation) Es riskiert nicht, ein Kind mit dem mutierten Gen zu bekommen, das später mit einer hohen Wahrscheinlichkeit an Brustkrebs erkranken und sterben kann. (Ethische Werte: Gesundheit des Kindes, Selbstbestimmung der Eltern, Sicherheit für Eltern; konsequenzialistische Argumentation)

Möglicherweise kommt eine Adoption für das Paar in Frage. (Ethische Werte: Hilfsbereitschaft gegenüber dem zu adoptierenden Kind; deontologische Argumentation)

Contra: Der starke Wunsch nach einem eigenen Kind bleibt unerfüllt. (Ethische Werte: Selbstbestimmung der Eltern; deontologische Argumentation)

Schritt 5: Individuell

Schritt 6: Z. B.: a) Das Paar bekommt möglicherweise ein Kind mit der Mutation. Die Folge wäre eine ständige Angst, ob die Krankheit ausbricht oder nicht. Falls ja, können angesichts des Leides des Kindes Vorwürfe entstehen.

b) Auf jeden Fall bekommen die Eltern ein Kind ohne die Mutation, aber sie machen sich möglicherweise Vorwürfe, weil sie ihre ursprüngliche Überzeugung verraten haben.

c) Das Paar hat ein „reines Gewissen", aber auch eine unerfüllte Sehnsucht nach einem eigenen Kind (etwas, was aus dem eigenen Ich entstanden ist und weiterlebt...). Im Falle einer Adoption könnten die Eltern bei Schwierigkeiten mit dem Kind die Entscheidung bereuen.

16.3 Embryonale und adulte Stammzellen

1

Embryonale Stammzellen	Adulte Stammzellen
Gewinnung aus der Blastocyste	Gewinnung aus Geweben eines Erwachsenen
Eigenschaft: Pluripotent	Eigenschaft: Multipotent Bei Reprogrammierung: Pluripotent
Gewinnung ist ethisch umstritten	Gewinnung ist unumstritten
Einsatz für alle Gewebetypen	Einsatz von multipotenten Stammzellen auf ein Gewebe begrenzt, bei pluripotenten Stammzellen noch wenig Erfahrung
Gefahr von Tumorbildung und Abstoßungsreaktionen	Wenn aus dem eigenen Gewebe gewonnen, keine Abstoßungsreaktionen und geringes Tumorrisiko

2

Einem Patienten mit Herzmuskelschäden wird eine Körperzelle entnommen und deren Zellkern isoliert. Dieser Zellkern wird in die Eizelle einer Spenderin verpflanzt, deren eigentlicher Kern entfernt wurde. Die so präparierte Zelle beginnt sich nach einer biochemischen Aktivierung zu teilen und entwickelt sich zu einer Blastocyste. Daraus gewinnt man embryonale Stammzellen, die sich unter bestimmten Wachstumsbedingungen zu Herzmuskelzellen entwickeln. Diese kultiviert man und injiziert sie in den kranken Herzmuskel. Dort bilden sie gesundes Herzmuskelgewebe.

Bewertung individuell, darunter Berücksichtigung z. B. folgender Überlegungen: Die Entnahme der Eizelle und ihre Entkernung ist ethisch nicht unumstritten. Gravierender ist die Tatsache, dass die Blastocyste nach der Kernimplantation eigentlich ein Zwilling des Patienten ist und sich zu einem ganzen Menschen fortentwickeln könnte. Dieser Embryo wird nach der Entnahme der Stammzellen abgetötet.

3

Einer Maus mit Sichelzellenanämie (Genotyp: aa) werden Hautzellen entnommen. Diese Hautzellen werden zu induzierten pluripotenten Stammzellen reprogrammiert und anschließend vermehrt. Bei diesen Stammzellen wird bei einem der beiden homologen Chromomen, die das Gen für die Sichelzellanämie tragen, ein Allel a durch ein gesundes Allel A (von einer gesunden Maus) ersetzt. Die so gewonnenen Stammzellen sind nun heterozygot. Man gewinnt aus ihnen unter geeigneten Bedingungen blutbildende Stammzellen, die in die kranke Maus übertragen werden und sich dort vermehren. Die so therapierte Maus ist heterozygot und zeigt nun nur noch leichte Krankheitserscheinungen.

4

Individuelle Lösung, darin z. B.:
A Deontologische Argumentation, z. B. Kirchenvertreter
B Deontologische Argumentation, z. B. Arzt
C Konsequenzialistische Argumentation, z. B. Forscher aus Biologie und Medizin
D Konsequenzialistische Argumentation, z. B. Arzt
E Deontologische Argumentation, z. B. Jurist

16.4 Biologische Aspekte des Alterns

1

a) Individuelle Lösung.

b) Die Befunde in Abb. 3 sprechen für die Abnutzungs- und Verschleißtheorie. Diese Theorie besagt, dass sich im Verlauf des Lebens kleine schädliche Ereignisse bei Molekülen, Zellorganellen, Zellen und Organen aufsummieren und zu Funktionsverlusten führen. Genau das passiert laut Abb. 3 in den Mitochondrien: Sauerstoff-Radikale beschädigen DNA, Proteine und Membranen. Diese Ereignisse summieren sich auf. Durch Schädigungen der Proteine der Atmungskette wird die Bildung schädlicher Radikale zusätzlich gesteigert. Außerdem kann der schädigende Effekt noch erhöht werden, wenn die Gene von Enzymen beschädigt werden, die für die Reparatur von DNA oder die Umsetzung der freien Radikale verantwortlich sind. Nach Abb. 3 handelt es sich beim Altern also nicht um ein festgelegtes Programm, sondern der Alterungsprozess ist individuell unterschiedlich.

c) Die Maus hat bei einer Stoffwechselrate von 34 J/g*h das geringste Höchstalter von 4 Jahren. Es folgt der Hund mit 7,2 J/g*h und einem Höchstalter von 20 Jahren. Der Elefant weist mit einer Stoffwechselrate von 1,4 J/g*h ein Höchstalter von 70 Jahren auf. Je niedriger die Stoffwechselrate, desto höher ist bei diesen drei Tierarten das Höchstalter.

Gemäß Abb. 3 können folgende Hypothesen entwickelt werden:

Tiere mit einer hohen Stoffwechselintensität besitzen in ihren Zellen mehr Mitochondrien als Tiere mit geringerer Stoffwechselintensität. Dadurch entstehen mehr Sauerstoff-Radikale pro Zelle, die mehr Schäden an der DNA, den Proteinen und Membranen anrichten. Auch die Schäden an den membrangebundenen Proteinen der Atmungskette sind häufiger, sodass wiederum zunehmend mehr freie Radikale entstehen. Die Wahrscheinlichkeit, dass Schäden an Genen auftreten, die für die DNA-Reparatur oder Radikal-Umsetzung codieren, ist ebenfalls höher. Dadurch werden diese Mechanismen, die dem Altern der Zelle entgegen wirken, schneller ineffizient. In der Folge altern Tiere mit einer hohen Stoffwechselrate schneller.

2

In Abb. 4 wird die Anzahl der Zellteilungen mit und ohne Kerntransplantationen untersucht. Eine Zelle wird nach 10 Zellteilungen entkernt und der Zellkern in eine entkernte Zelle verpflanzt, die bereits 30 Zellteilungen durchgemacht hatte. Die Zelle ist noch zu 40 weiteren Teilungen fähig, genauso wie die Kontrollzelle, die nach 10 Zellteilungen unbehandelt bleibt. In einem weiteren Versuch wird ein Kern einer Zelle nach 30 Zellteilungen entnommen und in eine entkernte Zelle eingepflanzt, die bereits 10 Teilungen hinter sich hat. Die Zelle ist noch zu 20 Teilungen fähig, ebenso wie die Kontrollzelle, die nach 30 Teilungen unbehandelt bleibt.

Dem Versuch lag vermutlich die Hypothese zugrunde, dass das Altern von Zellen genetisch festgelegt ist. Die genetische Theorie des Alterns sollte überprüft werden. Die Ergebnisse sprechen für eine genetische Programmierung des Alterns, da alle Zellkerne zu 50 Teilungen fähig waren. Es kommt bezüglich der möglichen Teilungen auf den Kern, also den Sitz des Erbguts, und nicht auf das Zellplasma an. Das Experiment stützt damit die genetische Theorie des Alterns.

Allerdings ist die Verschleißtheorie nicht ganz auszuschließen, da auch der Verschleiß die Teilungsfähigkeit begrenzen kann und die DNA in den Kernen eben nach 50 Teilungen so viele Defekte aufweist, dass die Teilung nicht mehr stattfinden kann, weil aufgrund beschädigter DNA-Abschnitte im Bereich der Reparaturenzyme eine DNA-Reparatur nicht mehr erfolgt.

3

Die Aufgabe bezieht sich auf das artspezifische Höchstalter von Säugetieren.

Wie bereits in Aufgabe 1c festgestellt wurde, weisen Tiere mit einer niedrigen Stoffwechselrate ein hohes Höchstalter auf. Außerdem zeigen kleine Tiere eine hohe Stoffwechselrate, große Tiere hingegen eine niedrigere. Dies spricht vor allem für die Abnutzungs- und Verschleißtheorie, da bei einem Tier mit hoher Stoffwechselrate die „Ressourcen" des Lebewesens schneller verbraucht werden. Für die genetische Theorie des Alterns spricht ein Vergleich zwischen Mensch und Elefant. Der Elefant hat zwar eine niedrigere Stoffwechselrate als der Mensch, dennoch wird der Mensch älter als der Elefant. Der Mensch kann seine Umweltbedingungen durch verschiedene Faktoren wie z. B. Ernährung oder Lebensweise positiv beeinflussen. Dadurch können positive Wechselwirkungen zwischen Umwelt und Genen entstehen, die das Lebensalter erhöhen.

Die artspezifischen Unterschiede im Höchstalter der hier gezeigten Säugetiere werden vorwiegend von der Abnutzungs- und Verschleißtheorie gestützt, aber auch die genetische Theorie des Alterns kann hier gestützt werden.

17 Stammesgeschichtliche Verwandtschaft und der Verlauf der Evolution

17.1 Ähnlichkeiten zwischen Lebewesen: Homologien und Analogien

1

Hai: Fisch
Schwertfisch: Fisch
Ichthyosaurier: Reptil
Pinguin: Vogel
Delfin: Säugetier

Alle fünf Tiere sind Meerestiere. Sie haben alle die gleichen Umweltbedingungen bezüglich der Lebensweise im Wasser. Die spindelförmige Form mit Flossen oder flossenartigen Extremitäten stellt einen Überlebensvorteil im Wasser dar, ist also eine Angepasstheit an das Leben im Wasser. Die Entwicklung zu dieser Angepasstheit erfolgte unabhängig voneinander, da die einzelnen Formen nicht direkt aufeinander zurückzuführen sind. Es liegt hier also Analogie vor.

2

a) Beim Knochenfisch bilden Articulare, Quadratum und Hyomandibulare in Verbindung mit dem Dentale das Kiefergelenk und den Unterkiefer. Beim Reptil besteht der Unterkiefer aus Dentale und Articulare, das mit dem Quadratum das eigentliche Gelenk bildet. Das Hyomandibulare sitzt am Quadratum seitlich nach hinten verschoben an, hat aber offenbar keine Funktion beim eigentlichen Gelenk mehr. Beim Säuger bildet das Dentale direkt mit dem Schädelknochen das Gelenk. Articulare, Quadratum und Hyomandibulare sind nicht mehr mit dem Dentale verbunden, sondern liegen getrennt davon weiter hinten am Schädel.

b) Es liegt aufgrund des Kriteriums der Kontinuität und des Kriteriums der Lage Homologie vor. Dabei ist das Reptil als Zwischenstufe zwischen Fisch und Säuger anzusehen. Es zeigt sich, dass eine kontinuierliche Entwicklung stattgefunden hat. Die Knochen Articulare, Quadratum und Hyomandibulare nehmen trotz ihrer Verschiebung im Schädel zueinander immer die gleiche Reihenfolge ein (Kriterium der Lage).

c) Während Articulare, Quadratum und Hyomandibulare beim Fisch eindeutig dem Unterkiefer mit dem Gelenk zuzuordnen sind, haben sie beim Säuger als Gehörknöchelchen eine andere Funktion erhalten und als Angepasstheit an diese neue Funktion auch ein anderes Aussehen (Größe, Form). Es liegt daher ein Fall von Divergenz vor, denn Divergenz beschreibt eine Änderung im Bau als Angepasstheit an eine neue Funktion.

3

Wenn die Ranken beider Pflanzen bei Bodenkontakt gleich reagieren, liegt Homologie nahe. Reagieren die Ranken bei Bodenkontakt unterschiedlich, handelt es sich um Konvergenz. Da Blätter sich nicht zu Wurzeln umwandeln können, sind die Ranken der Weinrebe umgewandelte Blätter. Die Ranken der Vanille sind umgewandelte Seitensprosse, da Sprosse Wurzeln ausbilden können. Es liegt in diesem Fall also Konvergenz vor.

17.2 Verwandtschaftsbelege durch molekularbiologische Homologien

1

a) Das Cytochrom c des Rhesusaffen unterscheidet sich von dem des Menschen/Schimpansen in nur einer Aminosäure (AS), der Rhesusaffe ist also von allen aufgeführten Organismen am engsten mit Mensch/Schimpanse verwandt. Die Taube zeigt im Vergleich zu Mensch/Schimpanse zehn Veränderungen in der AS-Sequenz bzw. neun Veränderungen im Vergleich zum Rhesusaffen. Der Verwandtschaftsgrad zu Mensch/Schimpanse nimmt ab. Dies setzt sich in der Reihenfolge Schnappschildkröte, Ochsenfrosch und Thunfisch fort.

b) Nach Stammbaum a müsste die Taube mit dem Menschen näher verwandt sein als der Rhesusaffe. Dies widerspricht den Daten der Abb. 1. In Stammbaum b haben Schnappschildkröte und Ochsenfrosch eine höhere Verwandtschaft als Taube und Schnappschildkröte. Dies widerspricht den AS-Sequenzen des Cytochroms. Abb. 1 zeigt mehr Gemeinsamkeiten zwischen Taube und Schnappschildkröte als zwischen Schnappschildkröte und Ochsenfrosch. Der Stammbaum c lässt sich hingegen am ehesten mit den AS-Sequenzen in Abb. 1 vereinbaren.

2

Jede Aminosäure wird durch Basentripletts in der DNA codiert. Dabei können verschiedene Tripletts zum Einbau der gleichen Aminosäure führen. Bei der Betrachtung der Code-Sonne fällt auf, dass z. B. eine Veränderung der dritten Base in einem Triplett häufig nicht zum Einbau einer anderen Aminosäure führt. Bei der Betrachtung der Aminosäuresequenz bleiben solche Mutationen in der DNA unbemerkt. Der direkte Vergleich der DNA zeigt daher im Gegensatz zur Aminosäuresequenzbetrachtung alle Mutationen im Laufe der Entwicklung und führt also zu einer höheren Genauigkeit.

3

a) Das Cytochrom c ist ein lebenswichtiges Protein für alle Organismen, die Atmung betreiben, da ohne Cytochrom c die Atmungskette nicht funktioniert. Da Atmung von den meisten Lebewesen betrieben wird und sich die Veränderungen in einem überschaubaren Rahmen halten, lassen sich so alle höheren Organismen miteinander vergleichen, wobei die Anzahl und Art der Veränderung (welche AS sind betroffen) Rückschlüsse auf Verwandtschaft zulassen und die Entwicklung aufzeigen.

b) Von der Verzweigungsstelle zwischen Schildkröte und Sonnenblume zeigt der Ast zur Schildkröte 41 Veränderungen, der zur Sonnenblume 35. Geht man davon aus, dass im Schnitt alle 20 Millionen Jahre eine AS ausgetauscht wird, liegt die Aufspaltung 700 bis 820 Millionen Jahre zurück.

4

Bei näher verwandten Organismen liegt die Aufspaltung in der Regel noch nicht lange zurück. Um die genauen Verwandtschaftsverhältnisse zu klären, braucht man also ein Protein, das im Schnitt in einer kurzen Zeit mutiert. Dies ist bei den Fibrinopeptiden der Fall. Sind Organismen nur sehr fern miteinander verwandt, liegt die Aufspaltung schon sehr lange zurück. Bei einem Protein mit hoher Mutationsrate lassen sich kaum gemeinsame Abschnitte über diesen langen Zeitraum mehr erkennen. Dafür sind Proteine mit sehr geringer Mutationsrate gut geeignet, weil sich die Veränderungen über die lange Zeit hinweg vergleichen lassen. Solche Proteine sind z. B. Histone.

17.3 Verwandtschaftsbelege aus der molekulargenetischen Entwicklungsbiologie

1

Bei der Taufliege ist eine Segmentierung schon im 1. Larvenstadium erkennbar. Die Segmentierung bleibt auch im Puppenstadium und im erwachsenen Insekt erhalten. Bei Frosch, Huhn, Maus und Fisch weisen die Embryonen Segmente auf. Diese Segmentierung ist äußerlich bei den erwachsenen Tieren nicht mehr erkennbar.

2

Das Protein weist in dem dargestellten Abschnitt bei Mensch und Maus keine Unterschiede auf. Vergleicht man den Proteinabschnitt von Maus und Zebrafisch, stellt man zwei Unterschiede fest, und zwar in den Positionen 22 und 60. Auch zwischen Zebrafisch und Taufliege bestehen zwei Unterschiede, nämlich in den Positionen 1 und 2. Insgesamt kann man sagen, dass die Aminosäure-Sequenz dieses Proteins sich im Laufe der Evolution kaum verändert hat. Dies könnte erklären, dass alle dargestellten Organismen zumindest in der Embryonalentwicklung die Ausbildung von Segmenten zeigen.

3

Offenbar wurde überall, wo das Entwicklungskontrollgen für die Augenentwicklung aktiviert worden war, ein Auge gebildet. Das entsprechende Entwicklungskontrollgen ist aber offensichtlich nicht für die neuronale Anbindung verantwortlich. Offensichtlich unterscheidet sich die AS-Sequenz des entsprechenden Entwicklungskontrollproteins von Taufliege und Maus kaum. Deshalb kann auch das Entwicklungskontrollgen der Maus verwendet werden, um das Phänomen hervorzurufen.

17.4 Die Endosymbiontentheorie

1

a)

Doppelmembran, innere Membran ähnelt der von Prokaryoten, die äußere der von Eukaryoten.	Die innere Membran ist die ursprüngliche Membran des Prokaryoten, die äußere ist die Membran des Eukaryoten, der den Prokaryoten umschlossen hat.
Vermehrung von Mitochondrien und Chloroplasten durch Teilung	Mitochondrien und Chloroplasten teilen sich noch selbstständig wie ihre Vorfahren, die aufgenommenen Prokaryoten.
Die Ribosomen von Chloroplasten und Mitochondrien sind leichter als die im Cytoplasma.	Mitochondrien und Chloroplasten haben ihre eigenen Ribosomen, die den Ribosomen von Prokaryoten gleichen. Sie haben sie von ihren Vorfahren weiter übernommen. Die schwereren Ribosomen der Eukaryoten sind in der ursprünglichen eukaryotischen Zelle weiterhin enthalten.
Mitochondrien und Chloroplasten besitzen eigene ringförmige DNA.	Mitochondrien und Chloroplasten haben von ihren Vorfahren DNA weiter übernommen, sie ähnelt noch der von Prokaryoten.
Das gegenüber Bakterien kleinere Genom von Mitochondrien und Chloroplasten und die im Cytoplasma synthetisierten Proteine der Organellen.	Der Befund deutet auf einen Genverlust der beiden Organellen im Laufe der Symbioseentwicklung hin.

b) Skizze zum Verlauf der Endosymbiose:

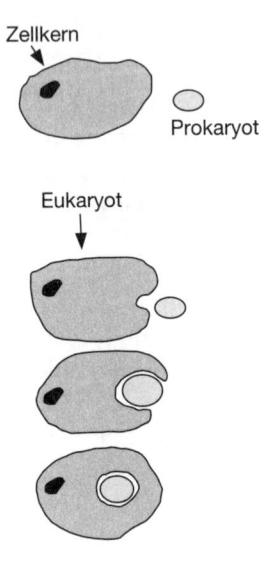

c) Eine schlüssige Hypothese wäre, dass ein Eukaryot eine eukaryotische Zelle aufgenommen und nicht verdaut hat, die bereits ein Cyanobakterium als Endosymbionten enthielt. Diese Zelle wurde im Laufe der Symbiose auf ihre äußere Membran oder wahrscheinlicher auf die „Vakuolenmembran" reduziert, während der Endosymbiont mit beiden Membranen erhalten blieb und sich zum Chloroplasten der Braunalge entwickelte. Dieser hat daher drei Membranen.

d) Antibiotika enthalten Wirkstoffe, die Prokaryoten angreifen, nicht jedoch Eukaryoten. Gelangen diese Wirkstoffe in die Mitochondrien, die ja ursprünglich aus Prokaryoten hervorgegangen sind, können sie geschädigt werden.

2

a) Die Arten 1 und 2 sind am engsten miteinander verwandt. Der Verwandtschaftsgrad beider Arten zu Art 3 ist größer, zu Art 4 noch größer. Der Verwandtschaftsgrad zwischen Art 3 und Art 4 ist schwierig zu beschreiben. Eigentlich wären beide Arten nur sehr entfernt miteinander verwandt, aufgrund des horizontalen Gentransfers ergeben sich aber zumindest in Teilbereichen des Genoms engere Verwandtschaftsbeziehungen.

b) Individuelle Lösung, z. B.:

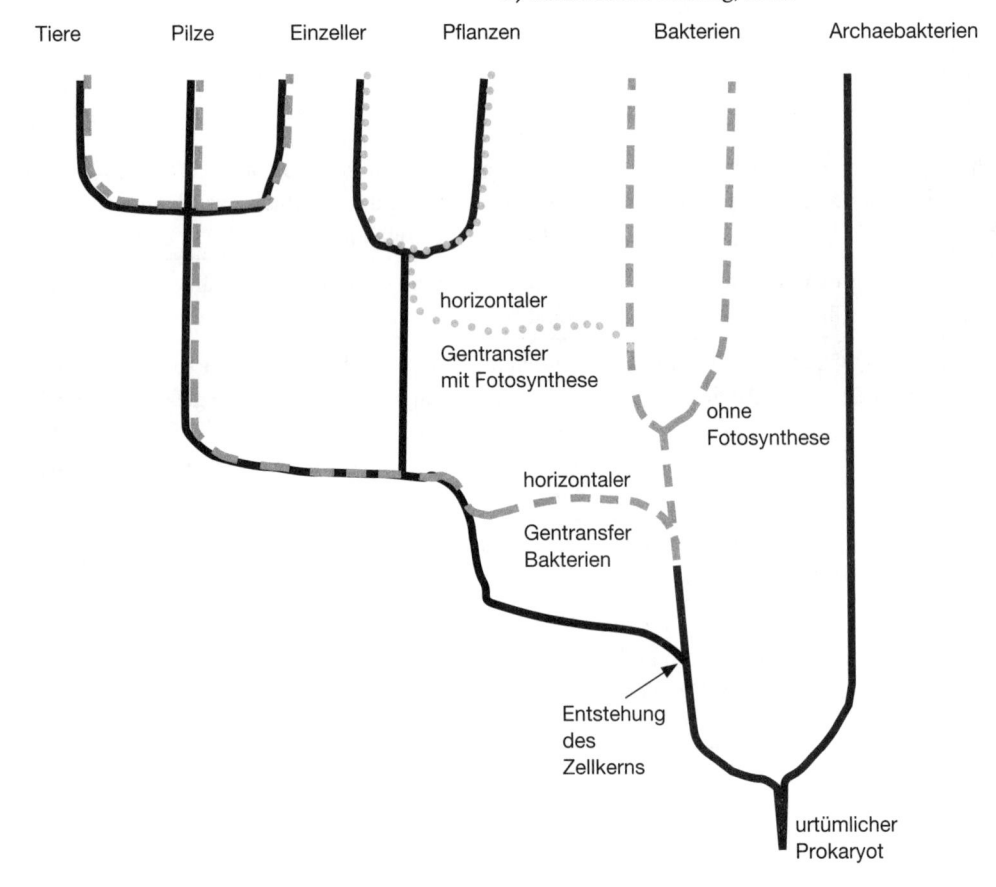

3

a)

Räuberisch lebende Hatena

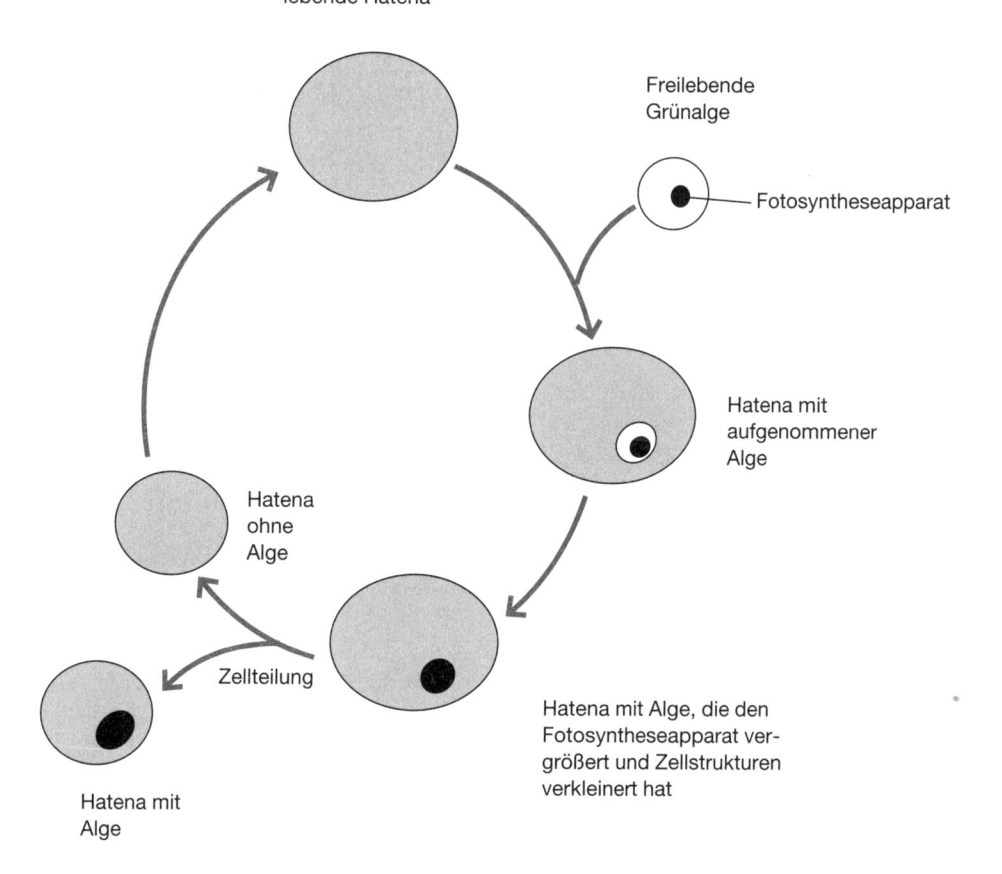

Freilebende Grünalge — Fotosyntheseapparat

Hatena mit aufgenommener Alge

Hatena ohne Alge

Zellteilung

Hatena mit Alge, die den Fotosyntheseapparat vergrößert und Zellstrukturen verkleinert hat

Hatena mit Alge

b) Gründe für eine Endosymbiose:
- Die aufgenommene Grünalge wird nicht verdaut, sondern lebt in Hatena weiter.
- Die Alge vergrößert unter dem Einfluss von Hatena den Fotosyntheseapparat und reduziert Zellstrukturen. Das lässt darauf schließen, dass Hatena Aufgaben für die Algenzelle übernimmt, die ursprünglich von der Algenzelle ausgeführt wurden.
- Hatena ernährt sich von den Fotosyntheseprodukten der Alge und gibt die räuberische Lebensweise auf.
- Bei der Zellteilung von Hatena entstehen Zellen, die die Alge enthalten und Zellen ohne Alge. Die Alge bleibt also als eigenständiger symbiontisch lebender Organismus erhalten, der zufällig in eine der Tochterzellen gelangt.
- Tochterzellen ohne Algen ernähren sich wieder räuberisch, bis sie auf Algen treffen, die sie aufnehmen und als Endosymbionten behalten.

c) Endosymbiose bedeutet, dass ein Partner der Symbiose in dem anderen lebt. Im Endstadium einer Endosymbiose ist die Symbiose obligatorisch, das heißt, alle Tochterzellen des Wirtes enthalten den Endosymbionten. Beide Partner existieren nicht ohne den anderen. Der Endosymbiont verliert in der Symbiose seine Eigenständigkeit teilweise, da der Wirt Teile seiner Zellaufgaben übernimmt.
Bei Hatena ist das Endstadium einer Endosymbiose noch nicht erreicht, da beide Partner auch ohne den anderen Partner vorkommen.

17.5 Evolution der Stoffwechseltypen

1

a)

	Zuord-nung	Begründung	Entstehung vor ... Milliarden Jahren
1	D	Die ersten Organismen waren heterotroph und betrieben Gärung.	3,9
2	A	Die Vermehrung der heterotrophen Organismen mit Gärung führte zur Nahrungskrise.	3,6
3	H	Die Fotosynthese machte Organismen autotroph und stellte einen Ausweg aus der Nahrungskrise dar.	3,4
4	G	Der durch die Fotosynthese gebildete Sauerstoff wurde für oxidative Abbauprozesse genutzt, ein Ausweg aus der Sauerstoffkrise.	2,7 bis 2,8
5	B	Durch Endosymbiose (Mitochondrien) nutzten Eukaryoten ebenfalls den durch Fotosynthese gebildeten Sauerstoff.	1,8 bis 2
6	F	Durch Endosymbiose (Chloroplasten) nutzten Eukaryoten die Fotosynthese.	1,8 bis 2
7	C	Die höhere Sauerstoffkonzentration ermöglichte die Bildung von Vielzellern.	1,4
8	E	Die hohe Sauerstoffkonzentration führte zu Ozon, Leben auf dem Land wurde möglich.	0,4 bis 0,5

b) Der durch die Cyanobakterien freigesetzte Sauerstoff ist für die übrigen Organismen giftig und führt zum Aussterben der meisten Arten. Cyanobakterien haben dadurch zunächst einen doppelten Vorteil: Zum einen sind sie durch die Fotosynthese unabhängig von organischen Stoffen, die sie durch die autotrophe Lebensweise selbst herstellen und zum anderen unterliegen sie weniger der Konkurrenz durch andere Bakterien in ihrem Lebensraum. Der gebildete Sauerstoff führt zu einer oxidierenden Atmosphäre, also zu völlig neuen Umweltbedingungen. Durch geeignete Mutationen entsteht ein neuer Stoffwechselweg zur effizienten Energiegewinnung: Die Atmung nutzt den Sauerstoff zur Oxidation von organischen Stoffen. Dieser Stoffwechseltyp ist zunächst nur bei Bakterien zu finden, später auch bei den sich entwickelnden Eukaryoten infolge der Endosymbiose. Fotosynthese und Atmung (Sauerstofffreisetzung und Sauerstoffverbrauch) führen zu einem relativ stabilen Gleichgewicht der Gase in der Atmosphäre und damit zu stabilen Umweltbedingungen für die Organismen.

18 Die Evolution der biologischen Vielfalt

18.1 Die Evolutionstheorien von Lamarck und Darwin

1

a)

Lamarck	Darwin
Lebewesen haben einen inneren Drang zur Vollkommenheit und Höherentwicklung. Veränderungen in der Umwelt führen zu einem stärkeren Gebrauch oder Nichtgebrauch von Organen. Häufig gebrauchte Organe werden gestärkt und verbessert, nicht gebrauchte Organe verkümmern.	Lebewesen haben mehr Nachkommen als zur Erhalt der Population notwendig. Die Populationsgröße bleibt dennoch mit gewissen Schwankungen konstant. Es überlebt daher nur ein Teil der Nachkommen.
Der unterschiedliche Gebrauch von Organen führt zu einer Veränderung des Lebewesens.	Die Lebewesen einer Population unterscheiden sich von Geburt an.
Die Veränderung dieser (erworbenen) Eigenschaften ist erblich.	Diese Unterschiede sind größtenteils erblich.
Die Lebewesen in der nächsten Generation weisen eine bessere Angepasstheit an die Umweltbedingungen auf.	Es überleben statistisch bevorzugt die Lebewesen mit den besten Angepasstheiten an die Umwelt, die anderen sterben bei begrenzten Ressourcen. Es findet also eine Selektion statt. Die Lebewesen in der nächsten Generation weisen dann eine bessere Angepasstheit an die Umweltbedingungen auf.

b)

Lamarck	Darwin
Die Giraffen fraßen die Blätter der Bäume. Als durch diesen Fraß die unteren Blätter knapp wurden, reckten die Giraffen die Hälse. Dadurch verlängerten sich die Hälse etwas. Diese Veränderung im Körperbau wurde an die Nachkommen vererbt, die wiederum ihre Hälse reckten, um an höhere Blätter zu gelangen. Dies führte zu einer weiteren Streckung der Hälse. Der Vorgang wiederholte sich, bis die heutige Gestalt der Giraffen erreicht war.	Die Giraffen fraßen die Blätter der Bäume. Als durch diesen Fraß die unteren Blätter knapp wurden, konnten nur diejenigen Giraffen fressen, deren Hälse etwas länger waren als die der Artgenossen. Die anderen Giraffen starben infolge von Nahrungsmangel. Die Nachkommen der Überlebenden besaßen wieder unterschiedliche Halslängen. Einige hatten längere Hälse als ihre Eltern. Von den Tieren dieser Generation konnten wiederum nur diejenigen mit den längsten Hälsen bei Nahrungsmangel überleben. So wurden die Tiere mit langen Hälsen heraus selektiert, es entstanden Tiere mit immer längeren Hälsen.

c) Individuelle Lösung, darunter z. B.:

Lamarck	Darwin
Im Lebensraum einer Art kommt es in einem Teilbereich zu Umweltveränderungen. Die dort lebenden Tiere verändern sich durch Gebrauch oder Nichtgebrauch von Organen. Im Laufe von Generationen haben sie ihre Gestalt dermaßen verändert, dass sie eine neue Art bilden.	Nach einer Umweltveränderung haben z. B. die Tiere mittlerer Größe die schlechtesten Überlebenschancen. Von der Art gibt es dann nach einiger Zeit nur noch große und kleine Tiere, die sich untereinander nicht mehr paaren. Aus der Ursprungsart sind zwei verschiedene Arten entstanden.

d) Individuelle Lösung, darin Argumente wie z. B.: Durch Training gewonnene Körpereigenschaften werden nicht vererbt; durch Gebrauch lässt sich ein Organ nicht immer verändern; wenig gebrauchte Körperteile degenerieren nicht unbedingt; falls eine Degeneration erfolgt, ist dieser Effekt nicht vererbbar; …

2

Modell nach Lamarck: Die Veränderung im Modell (hier die Größe) findet jeweils während der Lebensdauer einer Generation statt. Die nächste Generation hat schon von Anfang an die gleichen Eigenschaften wie die vorherige Generation am Ende ihres Lebens. Individuelle Unterschiede zwischen den Individuen einer Generation treten nicht auf, alle Individuen haben überlebende Nachkommen. Die Veränderungen treten innerhalb der Generationen und in der Gesamtentwicklung synchron auf. Das Modell entspricht somit nicht der Realität.

Modell nach Darwin: Bei diesem Modell kommt es bei einigen Individuen aufgrund der Selektion nicht zur erfolgreichen Fortpflanzung. In den einzelnen Generationen treten Unterschiede in den Eigenschaften der Individuen auf. Auch bei den Nachkommen eines Individuums treten Unterschiede auf. Die Gesamtentwicklung erfolgt, weil durch Selektion sich nur bestimmte Individuen (hier große Individuen) erfolgreich fortpflanzen können.

Das Modell entspricht weitgehend der Wirklichkeit, ist also viel aussagekräftiger.

3

Individuelle Lösung.

18.2 Die synthetische Evolutionstheorie

1

a) Die Allele C1 und C2 nehmen im Laufe der Selektion zu, C5 und C6 nehmen ab, wobei C6 sogar ganz aus dem Genpool verschwindet.

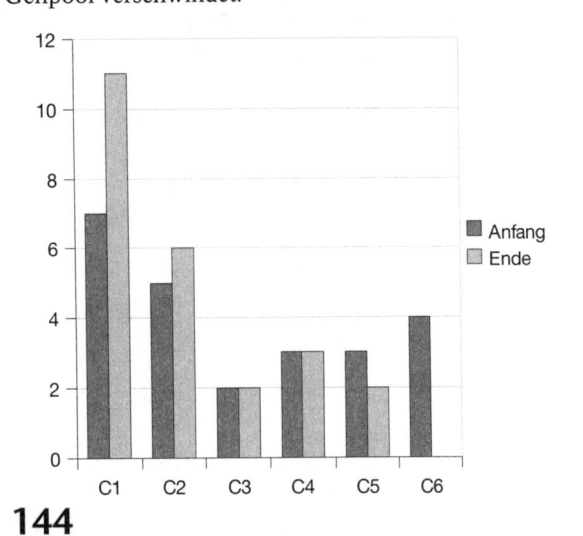

b) Individuelle Lösung, z. B.: Im Genpool der Ausgangspopulation finden sich alle Allele von C1 bis C6. Diese Genvariationen werden bei der Fortpflanzung immer wieder neu miteinander kombiniert. Man spricht hier von Rekombination. Es ist also eine große genetische Variabilität vorhanden, die zu einer Vielfalt an Phänotypen führt. An dieser Variabilität der Phänotypen greift die natürliche Selektion ein. Sie ist ein wichtiger Evolutionsfaktor. Die Schnecken mit phänotypisch hellem Gehäuse werden häufiger von den Drosseln gefressen als die Schnecken mit dunklerem Gehäuse. Schnecken mit dunklem Gehäuse haben daher einen höheren Fortpflanzungserfolg. Es kommt zu einem Anpassungsprozess, der zu mehr dunklen Gehäusetypen führt. Da helle Phänotypen im Genotyp mehr die Allele C5 und C6 enthalten, führt die Selektion zu einer geringeren Genfrequenz dieser Allele. Das Allel C6 verschwindet sogar ganz aus dieser Population.

2

a) Mutation: Durch Mutationen werden Gene verändert, es können dadurch in der Population Gene entstehen, die zu neuen Eigenschaften eines Individuums führen.
Rekombination: Durch Rekombination können diese neuen Gene in der Population verbreitet und mit anderen Genen kombiniert werden. Rekombination sorgt für eine große genetische Variabilität in der Population.
natürliche Selektion: Durch die Selektion wird die Genfrequenz bestimmter Allele in der Population verringert oder vergrößert, indem bestimmte Phänotypen einen geringen oder hohen Fortpflanzungserfolg haben.
Genfluss: Durch Genfluss können Gene über die Artgrenzen hinaus verbreitet werden und so zu neuen Genen in Populationen anderer Arten führen.

Gendrift: Bei der Gendrift besitzt die Tochterpopulation andere Genfrequenzen als die Mutterpopulation. Häufig stellt der Genpool nur einen Ausschnitt der Mutterpopulation dar.
b) Individuelle Lösung.

3

Durch die Seuche wurde der Genpool der Geparden vor 10 000 Jahren extrem verkleinert. Dadurch sank die Variabilität in der Population sehr stark. Bei einer erneuten Epidemie sind möglicherweise nicht genügend oder keine Individuen in der Population vorhanden, die dem Erreger aufgrund der genetischen Konstellation Widerstand bieten können und überleben.

18.3 Variabilität

1

In Timberline, in 3 050 m Höhe, wachsen nur vier der sechs Pflanzenklone. Nur die Klone C und D kommen zur Blüte, die bei D aber äußerst klein ausfällt. Der Pflanzenklon D ist an Höhe unter den verschiedenen Klonen am besten angepasst.
In Mather, in 1 400 m Höhe, wachsen alle Pflanzenklone und kommen auch zur Blüte. Dabei zeigt der Typ B die beste Angepasstheit an die dort vorherrschenden Bedingungen. Typ F, der in 3 050 m Höhe immerhin noch wachsen konnte, zeigt hier das schlechteste Wachstumsverhalten.
In Stanford, in 30 m Höhe, kommen alle Klontypen zur Blüte, dabei gedeiht Typ A am besten und Typ F am schlechtesten.
Offenbar unterscheiden sich die sechs Klone in ihrer Allelzusammensetzung, was zu den unterschiedlichen Wachstumsergebnissen in verschiedener Höhe führt. Die Unterschiede der einzelnen Klone in den verschiedenen Höhen fallen unter den Begriff der Modifikation.

2

Bei der Hauskatze liegen 73 % der Gene in verschiedenen Allelen vor. Dies bedeutet eine große genetische Variabilität, da die unterschiedlichen Allele in den verschiedensten Kombinationen vorliegen können. Die Wahrscheinlichkeit, dass bei einer Umweltveränderung oder einer Epidemie genetische Kombinationen vorliegen, die das Überleben sichern, ist damit hoch. Beim Löwen sind es 66 % und beim Puma noch 61 % der Gene, die in unterschiedlichen Allelen vorliegen. Die Variabilität ist gegenüber der Hauskatze geringer, aber noch relativ hoch. Beim Gepard beträgt der Wert nur 39 %. Dies bedeutet eine erheblich geringere genetische Variabilität gegenüber Hauskatze, Löwe und Puma. Die Gefahr des Aussterbens ist bei einer Epidemie oder bei Umweltveränderungen daher erheblich größer. Bei der Iriomote-Wildkatze liegt nur 1 % der Gene in verschiedenen Allelen vor. Dies bedeutet eine sehr geringe genetische Variabilität. Da nur wenige hundert Exemplare dieser Art existieren, ist diese Art extrem vom Aussterben bedroht.

3

a) In dem Experiment wurden jeweils zwei Pflanzen mit dem Genotyp Aa miteinander gekreuzt. In der 1. Tochtergeneration waren Pflanzen mit den Genotypen AA, Aa und aa vertreten. Bei Keimtemperaturen über 20 °C hatten alle Pflanzen den Phänotyp grün. Bei Keimtemperaturen unter 20 °C waren die Pflanzen mit den Genotypen AA und Aa grün, die Pflanzen mit aa blassgrün. In diesem Beispiel bezeichnet man die verschiedenen Genotypen AA, Aa und aa als genetische Variabilität. Die unterschiedlichen Phänotypen beim Genotyp aa (grün oder blassgrün) in Abhängigkeit von der Keimtemperatur als modifikatorische Variabilität.

b) Rezessive Genvarianten (Allele) sind im Genotyp der heterozygoten Organismen vorhanden, aber im Phänotyp, an dem die Selektion ja angreift, nicht erkennbar. Homozygot tritt ein solches Merkmal im Phänotyp zutage und kann bei möglichen Umweltveränderungen für das Überleben sorgen. Rezessive Genvarianten sind also gewissermaßen eine „Reserve" in der Population, die für den Erhalt der Art bei Umweltveränderungen oder Epidemien sorgen kann.

18.4 Selektionstypen und Selektionsfaktoren

1

(In der 1. Auflage ist ein Fehler in der Grafik, die Lösung bezieht sich auf die korrigierte Grafik.)
In den Diagrammen werden jeweils die Häufigkeiten der Allelkombinationen (AA, Aa und aa) in drei verschiedenen Populationen angegeben. Im 1. Jahr überwiegt in allen Populationen die Anzahl der heterozygoten Organismen, gefolgt vom homozygot rezessiven Genotyp. Im 2. Jahr zeigt sich bei Population 1 eine Abnahme der Heterozygoten, die Anzahl der homozygoten Genotypen steigt. Es handelt sich um eine aufspaltende Selektion. Bei Population 2 nimmt der Anteil an Heterozygoten zu, es liegt stabilisierende Selektion vor. Bei Population 3 steigt der Anteil der Homozygot-Rezessiven, es handelt sich um gerichtete Selektion.

2

An der sonnigen Mauer sind helle Farben bevorzugt zu finden (B bis D). Lediglich G tritt noch etwas gehäuft auf. Da die Färbungen A bis C im Versuchsfeld nicht oder nur geringfügig auftreten, scheint die Hypothese zuzutreffen, dass bei sonnigem Standort helle Farben, die das Sonnenlicht reflektieren, einen Überlebensvorteil darstellen. Dass B und C gehäuft vorkommen, deutet darauf hin, dass eine Bänderung unter diesen Bedingungen den Tarneffekt erhöht. Im Versuchsfeld hat eine Bänderung hingegen keinen oder nur einen geringen Vorteil. Bevorzugt sind die Färbungen D und G, beides unbebänderte Typen. Die Aussage, dunkle Typen dienten der Tarnung, ist so generell nicht aufrecht zu halten, da die Typen E, F und H generell nicht bevorzugt werden.

3

a) Die Anzahl der Individuen weist ein Maximum bei 12 bis 13 mm Schnabelbreite auf. Ein kleineres, aber breiteres Maximum tritt bei 15 bis 16 mm Schnabelbreite auf. Beide Maxima sind deutlich voneinander getrennt. Es herrscht ein Selektionsdruck bei Schnabelbreiten unter 12 mm und über 17 mm. Man könnte in beiden Fällen von stabilisierendem Selektionsdruck sprechen, doch tritt ein weiterer Selektionsdruck bei ca. 14 mm Schnabelbreite auf. Offenbar können Vögel mit dieser Schnabelbreite weder die weichen noch die harten Samen gut knacken.

b) Die Abb. 4 zeigt eine aufspaltende Selektion bezüglich der Schnabelbreite. Es haben sich zwei Schnabeltypen heraus kristallisiert, Schnabelbreiten von 12 bis 13 mm für weiche Samen, und Schnabelbreiten um 15 bis 16 mm für harte Samen.

18.5 Die Bedeutung von Präadaptationen für die Evolution

1

a) In Versuch 1 wird eine Bakterienkultur von *E. coli* verdünnt. Diese Verdünnung wird 24 Stunden bei 37 °C gehalten. Anschließend bringt man die verdünnte Kultur auf neun penicillinhaltige Nährböden aus. Es zeigt sich, dass in allen Nährböden Bakterienkulturen entstehen, dass also in der Verdünnung resistente Bakterien vorhanden waren, die sich auf den Nährböden vermehren und Kolonien bilden, während die nicht resistenten Bakterien durch das Penicillin absterben.

In Versuch 2 wird die Stammkultur verdünnt und auf neun Reagenzgläser aufgeteilt. Nach 24 Stunden bei 37 °C wird jede der Sekundärkulturen auf einen penicillinhaltigen Nährboden übertragen. In einigen Nährböden zeigen sich viele Kolonien, in anderen wenige und in drei Nährböden keine Kolonien. In den einzelnen Sekundärkulturen müssen also unterschiedlich viele resistente Bakterien vorhanden gewesen sein, in drei Kulturen sogar keine.

b) Die Versuche stützen die Hypothese 2. In Versuch 2 zeigt sich, dass sich in einigen Sekundärkulturen resistente Bakterien gebildet haben und in anderen nicht. Dies lässt sich am besten mit Mutationen erklären. Die Bakterien, die in den Nährböden überleben, sind präadaptiert. Sie verfügen also über Resistenzgene, bevor sie auf den penicillinhaltigen Nährboden ausgebracht werden. Die übrigen Bakterien werden durch das Antibiotikum heraus selektiert. In Versuch 1 sind ebenfalls resistente Bakterien in der Sekundärkultur entstanden. Sie haben sich im Kulturgefäß verteilt und so gelangen auf jeden Nährboden resistente Bakterien.

Die Hypothese 1 wird nicht gestützt, da nach dieser Hypothese unter dem Einfluss des Penicillins in jedem Nährboden des zweiten Versuchs resistente Bakterien zu erwarten gewesen wären.

c) Unter dem Einfluss des Penicillins wären in jedem Nährboden des zweiten Versuchs resistente Bakterien zu erwarten gewesen. Alle Bakterien hatten die gleichen Bedingungen, eine unterschiedliche Verteilung der resistenten Bakterien wäre also sehr unwahrscheinlich. Da Mutationen ungerichtet und spontan auftreten, können sie das Versuchsergebnis erklären.

d) Hypothese 1 entspricht dem Denken von Lamarck. Danach streben die Bakterien bei Auftreten von Penicillin die Resistenz an und passen ihren Stoffwechsel den neuen Gegebenheiten an.

Versuch 2 entspricht dem Denken von Darwin. Die Bakterien unterscheiden sich untereinander. Die Selektion durch Penicillin sorgt dafür, dass nur Bakterien mit Resistenzgenen auf den Nährböden überleben.

2

a) Die Antibiotika 3, 4, 5 und 6 töten die Bakterien ab. Dies verursacht die dunklen kreisförmigen Flecken auf dem Nährboden. Die Antibiotika 1 und 2 zeigen keine Wirkung, die Bakterien besaßen bei Ausbringen der Antibiotika schon Resistenzgene.

b) Individuelle Lösung.

18.6 Isolationsmechanismen

1

a)

Arten	Isolationsmechanismen
Fitis/Zilpzalp	Verhaltensbedingte Isolation
Grünspecht/Grauspecht	Verhaltensbedingte Isolation, ökologische Isolation
Pferd/Esel (Maultier)	Unfruchtbare Nachkommen
Löwe/Tiger (Liger)	Verhaltensbedingte Isolation, unfruchtbare männliche Nachkommen

b) Individuelle Lösung, darin z. B. kein oder kaum Genfluss zwischen artgleichen Populationen, da sie räumlich voneinander getrennt sind. Ein Genfluss zwischen artverschiedenen Populationen ist aufgrund der Artdefinition ausgeschlossen. Reproduktive Isolation bedeutet, dass beide Genpools voneinander getrennt sind. Die Evolution verläuft daher für die Genpools unabhängig voneinander, da in den verschiedenen Genpools unterschiedliche Mutationen zu erwarten sind.

2

a) Definition des Artbegriffs:
– Mitglieder einer Population, die sich untereinander fortpflanzen können.
– Die Nachkommen sind fruchtbar.
– Die Mitglieder der Population sind von anderen Populationen reproduktiv isoliert.

b)

Arten	Artkriterien
Fitis/Zilpzalp	Für jede Art sind alle Artkriterien erfüllt.
Grünspecht/Grauspecht	Für jede Art sind alle Artkriterien erfüllt.
Pferd/Esel (Maultier)	Pferd und Esel können sich untereinander fortpflanzen, die Nachkommen sind aber nicht fruchtbar. Daher liegt reproduktive Isolation vor.
Löwe/Tiger (Liger)	Löwe und Tiger können sich untereinander fortpflanzen, die männlichen Nachkommen sind aber nicht fruchtbar. Außerdem unterscheiden sich die Lebensräume und Verhaltensweisen. Daher liegt reproduktive Isolation vor.

18.7 Das Zusammenwirken der Evolutionsfaktoren im Prozess der Artbildung

1

a) Allopatrische Artbildung:

Urgoldhähnchen
↓
Aufspaltung durch Gletscher und Steppe infolge von Klimaveränderungen in zwei voneinander getrennte Populationen
↓
Veränderungen im Gefieder und im Gesang durch unterschiedliche Mutationen und unterschiedliche Selektionsfaktoren in den beiden Populationen => Veränderungen im Verhalten der Tiere
↓
Wegfall der trennenden Faktoren (Gletscher, Steppe) durch Klimaänderung
↓
Ausbreitung und damit Überlappung der beiden Populationen, aber kein Genfluss => reproduktive Isolation, es sind zwei Arten entstanden

b) Individuelle Lösung.

2

Die Situation von Rabenkrähe und Nebelkrähe entspricht der Ziffer 5 im Modell der Abb. 1. Die beiden Populationen wurden in der Eiszeit voneinander getrennt und entwickelten sich unterschiedlich weiter. Dies wird z. B. in der unterschiedlichen Färbung deutlich. Heute überlappen sich die Populationen wieder. Die Tatsache, dass in diesem Gebiet fruchtbare Nachkommen zwischen Rabenkrähe und Nebelkrähe auftreten, zeigt, dass noch keine reproduktive Isolation stattfindet. Streng genommen handelt es sich noch um die gleiche Art.

3

Weizen: Wurde durch Fehler in der Meiose der Chromosomensatz in Gameten verdoppelt, entstanden nach der Befruchtung Pflanzen mit einem gegenüber der Elterngeneration veränderten Chromosomensatz. Diese Pflanzen konnten sich nur noch untereinander fortpflanzen, da sie gegenüber der Elterngeneration und anderen „normalen" Pflanzen reproduktiv isoliert waren. Es entstand ein eigener Genpool dieser polyploiden Weizenpflanzen, der sich weiter fortentwickelte.

Apfelfruchtfliegen: Bei der Urform legten Weibchen ihre Eier auf eine bestimmte Pflanzenart. Die geschlüpften Tiere paarten sich bevorzugt mit solchen Individuen, deren Larven auf der gleichen Pflanze herangewachsen waren. Daraus entwickelte sich eine generelle Vorliebe, sich nur mit Individuen zu paaren, die auf dem gleichen Pflanzentyp aufgewachsen waren. Es entstanden so Populationen, die weitgehend aufgrund dieses Paarungsverhaltens reproduktiv isoliert waren. Diese Tochterpopulationen entwickelten sich genetisch weiter auseinander, bis ein Genfluss unter natürlichen Bedingungen nicht mehr stattfinden konnte.

18.8 Adaptive Radiation

1

Individuelle Lösung.

2

a) Individuen der Art A werden auf die erste Insel verschlagen (1) und vermehren sich dort. Diese neue Population ist von der Festlandpopulation abgeschnitten und entwickelt sich infolge von Mutationen und eventuell anderen Selektionsfaktoren zu Art B (2). Vertreter dieser neuen Art gelangen auf die zweite Insel und vermehren sich dort (3). Durch die gleichen Mechanismen entwickelt sich die neue Population zu Art C (4). Individuen der Art C gelingt es, auf der ersten Insel (5) und der dritten Insel (6) eine neue Population zu gründen. Auf der dritten Insel führen Mutationen und Selektion dazu, dass aus der Art C eine neue Art D entsteht (7). D gelingt es auf den anderen beiden Inseln Fuß zu fassen (8). Aus Art D entsteht auf der ersten Insel die Art E (9). Die adaptive Radiation kann erfolgen, weil auf den unbesiedelten Inseln freie ökologische Nischen vorhanden waren und die Umweltbedingungen zu einer Weiterentwicklung führten. Entscheidend ist dabei die zeitweise Trennung der einzelnen Populationen durch das Meer, so dass kein Genfluss stattfinden kann.

b) Bei molekularbiologischen Verwandtschaftsuntersuchungen wäre zu erwarten, dass die Arten D und E sowie C und D die größte Übereinstimmung aufweisen würden, weil seit deren Trennung am wenigsten Zeit vergangen ist und daher eine geringe Anzahl an Mutationen zu erwarten ist. Es folgen B und C und A und B. Die Unterschiede zwischen A und E sollten am größten sein.

3

Nach dem Aussterben der Dinosaurier und vieler Reptilien starben damit viele Fressfeinde der Säuger aus. Gleichzeitig sank der Konkurrenzdruck auf die vorhandenen Säuger. Es eröffneten sich damit für sie viele neue ökologische Nischen, deren Realisierung zu neuen Arten führte.

19 Evolution des Sozialverhaltens

19.1 Proximate und ultimate Erklärungsformen in der Biologie

1

Individuelle Lösung, z. B.:

	Proximate Erklärungsformen	Ultimate Erklärungsformen
A	Argumentation s. Abb. 1	Argumentation s. Abb. 1
B	– Ein flächiger Reiz an der Handinnenseite führt über einen einfachen Reflexbogen zu einer Kontraktion der Beugemuskeln in den Fingern. – Der Reflex ist bereits beim Embryo nachweisbar. Er verschwindet in den ersten fünf Monaten nach der Geburt.	Der Reflex diente bei unseren Vorfahren zum Festhalten am Fell, während der Säugling getragen wurde.
C	Den Eisbären fehlt das Pigment Melanin.	Das Fell dient der Tarnung.
D	Beim gleichzeitigen Ablauf der Reaktionen (Abb. 3) wird Wärme frei.	Der gleichzeitige Ablauf der Reaktionen (Abb. 3) setzt Wärme frei, sodass die Hummel die Flugmuskulatur vorwärmen kann.

2

a) Hypothese 1: Für die Hypothese spricht, dass nur der Anteil der Alttiere mit Jungen an den Hassreaktionen – deutlich über dem Anteil der entsprechenden Tiere an der Population liegt.

Hypothese 2: Träfe die Hypothese zu, müsste der Anteil an der Hassreaktion bei allen Tieren dem Anteil in der Population entsprechen, da alle Tiere davon einen Überlebensvorteil hätten.

Hypothese 3: In diesem Fall wäre zu erwarten, dass der Anteil an den Hassreaktionen bei den unverpaarten Alttieren besonders hoch wäre, da sie damit ihre Chancen auf Verpaarung steigern könnten. Dies trifft aber nicht zu.

b) Individuelle Lösung, z. B.: Hängt die Hassreaktion mit einem bestimmten Hormonspiegel zusammen?

19.2 Der adaptive Wert von Verhalten: Kosten-Nutzen-Analysen

1

A: Kosten: Energieaufwand für den Flug, dieser ist umso größer, je mehr Gewicht (an Nektar) getragen werden muss. Nutzen: Der Nektar ist die Grundlage der Ernährung für die einzelne Biene sowie für den ganzen Staat. Je mehr Nektar vorhanden ist, desto besser ist die Nahrungsgrundlage für das Bienenvolk.

B: Kosten: Herstellung von Mitochondrien (Material, Energieaufwand). Nutzen: Der Eintrag von mehr erlegten Bienen bedeutet eine bessere Nahrungsgrundlage für den Nachwuchs und somit eine bessere reproduktive Fitness.

C: Kosten: Energieaufwand beim Fliegen. Bei der Jagd im Flug muss mehr Energie aufgewendet werden als bei der Jagd von der Warte aus. Nutzen: Energiegewinnung durch die gefangene Beute. Sie übersteigt bei der Jagd im Flug den Mehraufwand an Energie.

D: Kosten: Die Nahrungssuche im Wasser ist energieaufwändiger als an Land (Wasserwiderstand …). Gleichzeitig ist der Energiegewinn gering. Die Ernährung durch Laub liefert aber nur wenig Natrium. Nutzen: Der Energiegewinn an Land ist durch die Ernährung durch Laub höher. Das Abgrasen von Wasserpflanzen liefert größere Mengen an Natrium.

E: Kosten: In der Kältestarre kann keine Energie durch Nahrungsaufnahme gewonnen werden. Nutzen: Durch die Herabsetzung des Stoffwechsels ist in der Kältestarre der Energieumsatz gedrosselt. Diese Einsparung überwiegt in der Kälte offenbar den „Verlust" durch den Verzicht auf die Nahrungsaufnahme.

2

a) Da es sich hier um ein Modell handelt, werden Außenfaktoren (Position im Nest, Schnabelöffnung usw.) bei der Berechnung nicht berücksichtigt. Jeder Jungvogel entspricht einer Kugel unterschiedlicher Farbe. Nach dem Ziehen werden die Kugeln wieder zurückgelegt. Mit welcher Wahrscheinlichkeit wird eine Kugel bestimmter Farbe nach fünf- bzw. zwölfmaligem Ziehen (Gelegegröße)?
Die Wahrscheinlichkeit jedes Mal gefüttert zu werden, beträgt bei fünf Jungvögeln 0,0064 % und bei zwölf Jungvögeln 0,0000335 %.
Fünf Jungvögel:

$$P(x=6) = \left(\frac{1}{5}\right)^6 = 0,000064 \ (0,0064 \%)$$

Zwölf Jungvögel:

$$P(x=6) = \left(\frac{1}{12}\right)^6 = 0,000000335 \ (0,0000335 \%)$$

Die Wahrscheinlichkeit mindestens einmal gefüttert zu werden, beträgt bei fünf Jungvögeln 73,8 % und bei zwölf Jungvögeln 40,7 %.
Fünf Jungvögel:

$$P(x \geq 1) = 1 - \left(\frac{4}{5}\right)^6 = 1 - 0,2621 = 0,7379 \ (73,8 \%)$$

Zwölf Jungvögel:

$$P(x \geq 1) = 1 - \left(\frac{11}{12}\right)^6 = 1 - 0,5932 = 0,4068 \ (40,7 \%)$$

Die Wahrscheinlichkeit nicht gefüttert zu werden, beträgt bei fünf Jungvögeln 26,2 % und bei zwölf Jungvögeln 59,3 %. (Gegenereignis zu „mindestens einmal gefüttert".)
Fünf Jungvögel:

$$P(x=0) = \left(\frac{4}{5}\right)^6 = 0,2621 \ (26,2 \%)$$

Zwölf Jungvögel:

$$P(x=0) = \left(\frac{11}{12}\right)^6 = 0,5932 \ (59,3 \%)$$

(x = Zahl der Fütterungen pro Stunde; P = Wahrscheinlichkeit; der Exponent ergibt sich aus der Zahl der Fütterungen pro Stunde)

b) Ein großes Nahrungsangebot in der Nähe des Nestes bedeutet, dass die Nahrungssuche schneller erfolgreich ist und die Anflugzeit geringer ist. Das Nest kann also viel häufiger zur Fütterung aufgesucht werden. Der Energieaufwand zur Fütterung ist pro Jungtier geringer. Die Gelegegröße könnte bei gleicher Versorgung der Jungtiere daher steigen, sodass die reproduktive Fitness zu nähme.

c) Abb. 3a zeigt, dass die mittlere Masse der Jungtiere beim Ausfliegen mit zunehmender Zahl der Jungtiere im Nest von 19,6 g bei einem Jungtier auf 17,6 g bei 13 Jungtieren sinkt. In Abb. 3b wird die steigende Überlebensrate mit zunehmender Masse der Jungtiere deutlich. Abb. 3c zeigt, dass Gelegegrößen von 8 Jungtieren am häufigsten vorkommen, gefolgt von 9 und 7 Eiern pro Gelege. Je kleiner das Gelege ist, desto größer sind also die Überlebenschancen der Jungtiere. Allerdings ist die reproduktive Fitness bei sehr kleinen Gelegen aufgrund der geringen Anzahl der Jungtiere klein. Bei großen Gelegen führt die geringe Überlebensrate zu einer kleinen reproduktiven Fitness. Die Gelegegröße von 8 Eiern stellt dabei offenbar das Optimum für die reproduktive Fitness dar.

3

a) Die Zunahme der Körpermasse am 1. Tag beträgt etwa 0,12 g bei einer Reviergröße von 1 900 Blüten, am 2. Tag bei einer nahezu gleichen Reviergröße 0,19 g. Offenbar hat der Vogel am 2. Tag weniger Energie für die Verteidigung des Reviers aufwenden müssen. Am 3. Tag hat er das Revier auf etwa 3 300 Blüten ausgeweitet, die Zunahme der Körpermasse beträgt 0,26 g. Das nun größere Revier ist trotz der Ausweitung also günstiger für den Vogel. Am 4. Tag nimmt die Masse des Tieres um etwa 0,35 g zu, obwohl das Revier auf 2 800 Blüten verkleinert wurde. Der Vogel musste für das kleinere Revier weniger Energieaufwand betreiben, was zu einer günstigeren Kosten-Nutzen-Relation führte. Am 5. Tag verteidigte das Tier noch weniger Blüten, wobei die Körpermassenzunahme geringfügig kleiner ausfiel als am 4. Tag.

b) In dem Experiment sollte die optimale Reviergröße bestimmt werden. Sie liegt bei ca. 2 800 Blüten. Hier liegt die optimale Kosten-Nutzen-Relation für den Vogel vor. Dies wird durch die größte Körpermassen-Zunahme deutlich.

19.3 Evolutionsstabile Strategien und Fitnessmaximierung

1

„Jack": Kosten: – geringerer Paarungserfolg.
         Nutzen: – höhere Überlebenschance bis zur Geschlechtsreife

„Hakennase": Kosten: – geringere Überlebenschance bis zur Geschlechtsreife
            Nutzen: – höherer Paarungserfolg

2

a) Die reproduktive Fitness der Hakennasen sinkt mit zunehmendem Anteil der Hakennasen in der Population. Dies liegt in der zunehmenden Konkurrenz der Hakennasen untereinander, z. B. durch Drohen und durch Kämpfe. Diese Verhaltensweisen kosten Zeit und Energie, eventuell wird die Fitness durch Beschädigung im Kampf gemindert.
Die reproduktive Fitness der Jacks steigt mit zunehmendem Anteil der Hakennasen, da die Konkurrenz der Hakennasen untereinander die Wahrscheinlichkeit erhöht, Eier zu befruchten. Ein hoher Anteil von Hakennasen bedeutet, dass die Jacks nur in geringer Anzahl vorkommen. Deren Konkurrenz untereinander wird also geringer (z. B. Versteckmöglichkeiten in der Nähe der Weibchen zu besetzen). Dadurch steigt die reproduktive Fitness der einzelnen Jacks.

b) Die reproduktive Fitness von Hakennasen und Jacks ist gegenläufig. Je geringer der Anteil an Jacks in der Population ist, umso größer ist die reproduktive Fitness eines einzelnen Jacks (s. 2a). In der Grafik müssen also die entsprechenden Kurven gespiegelt werden:

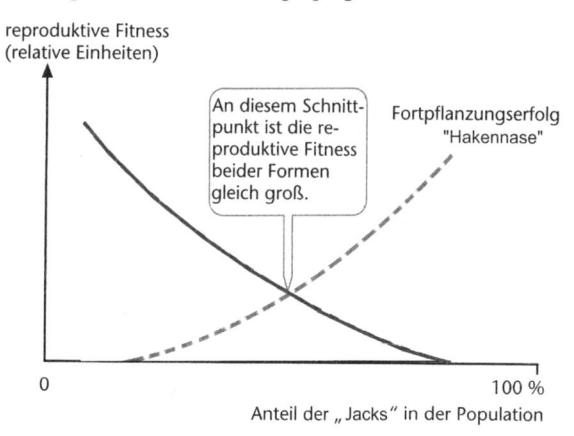

3

a) Kommentkämpfer: Hat geringes Risiko für Verletzungen, zeigt aber wenig Energieeinsatz und hat geringe Erfolgschancen im Kampf gegen Artgenossen.
Beschädigungskämpfer: Trägt ein hohes Verletzungsrisiko, hat aber auch die besten Gewinnchancen.
Einschüchterer: Etwas erhöhter Energieeinsatz, trägt aber nur geringes Verletzungsrisiko. Durch die Einschüchterung höhere Gewinnchancen.
Vergelter: Trägt ein hohes Verletzungsrisiko, Gewinnchancen geringer als beim Beschädigungskämpfer.
Sondierer: Mittlere Gewinnchancen, aber auch Verletzungsrisiko, das allerdings geringer ist als beim Beschädigungskämpfer oder beim Vergelter.

b) Individuelle Lösung, z. B. die Strategie des Einschüchterers, weil er relativ hohe Gewinnchancen mit einem geringen Verletzungsrisiko kombiniert.

c)

	gegen Kommentkämpfer	gegen Beschädigungskämpfer	gegen Einschüchterer	gegen Vergelter	gegen Sondierer
Kommentkämpfer	+1	0	0	+1	0
Beschädigungskämpfer	+2	–10	+2	–10	+2
Einschüchterer	+2	0	+1	0	+2
Vergelter	+1	–10	+2	+1	–10
Sondierer	+2	0	0	–10	–10

d) Individuelle Lösung. Im Rahmen dieser stark vereinfachenden modellhaften Darstellung handelt es sich bei den Strategien des „Kommentkämpfers" und/oder des „Einschüchterers" um evolutionsstabile Strategien. Denkbar wäre auch, dass eine weitere Strategie, wie zum Beispiel die des „Beschädigungskämpfers", innerhalb der Population nachzuweisen ist – allerdings mit einem wesentlich kleineren Anteil an der Gesamtpopulation.

e) Vorteile:
Mit Hilfe des Modells kann stark vereinfacht die Evolution von Verhaltensstrategien erklärt werden: Strategien, die sich wie die Strategien des „Beschädigungskämpfers", „Vergelters" und „Sondierers" negativ auf die reproduktive Fitness der Tiere auswirken, haben sich im Verlauf der Evolution in der Regel nicht in dem Maße durchsetzen können wie die beiden übrigen Strategien, sodass sie in heutigen Populationen nur selten oder gar nicht vorhanden sind. Es wird deutlich, was es heißt, dass eine evolutionsstabile Strategie die beste Antwort auf alle anderen Strategien innerhalb der Population darstellt und durch keine andere Strategie verdrängt werden kann. Zudem veranschaulicht das Modell verschiedene Konfliktstrategien und bietet einen Einstieg in die vergleichende Kosten-Nutzen-Analyse verschiedener Strategien.

Nachteile:
In der Natur sind Konflikte komplexer als in diesem Modell. Dem Modell fehlen konkrete Angaben über Kosten und Nutzen, die in die Auszahlungsmatrix einfließen müssten (z. B. Größe der Ressource, Konkurrenzdruck, Stärke des Gegners). Zudem sind einerseits die Kosten für Drohen oder ernsthafte Verletzung und andererseits der konkrete Nutzen eines Gewinns im Freiland nur näherungsweise zu bestimmen. Mischformen verschiedener Strategien bleiben unberücksichtigt, könnten in der Natur aber durchaus eine Rolle spielen. Schließlich bleibt völlig unberücksichtigt, dass ein Lebewesen im Verlauf seiner Lebensgeschichte unterschiedliche Strategien anwenden könnte.

19.4 Fortpflanzungsstrategien und Lebensgeschichte

1

	K-Strategen	r-Strategen
Reproduktionsrate	geringer	größer
Elterninvestment	größer	geringer
Körpergröße	größer	geringer
Individualentwicklung	langsamer	schneller
Lebensdauer	länger	kürzer
Eintritt der Geschlechtsreife	später	früher
Geburtenabstände	größer	kleiner
Sterblichkeit	geringer	größer
Schwankungen der Populationsgröße	kleiner	größer

2 Individuelle Lösung.

3 Individuelle Lösung.

4

a) Das Modell geht davon aus, dass Lebensdauer und Elterninvestment zusammenhängen. Bleibt die Population konstant, ist das System im „Gleichgewicht". Dann gilt: Je höher die Lebensdauer ist, desto größer ist auch das Elterninvestment.

b) Steigt das Elterninvestment bei gleichbleibender Population, reagiert das im Modell beschriebene System mit einer Zunahme der Lebensdauer.
Steigende Lebensdauer hat nach dem Modell ein größeres Elterninvestment zur Folge.

19.5 Sozialverhalten der Primaten

1

Gorilla	Gibbon	Orang-Utan	Schimpanse
1 Männchen hat mehrere Weibchen, die in der Gruppe leben und verteidigt werden => Polygynie	1 Männchen verteidigt 1 Weibchen, Junge werden gemeinsam aufgezogen => Monogamie, Seitensprünge beider Geschlechter kommen vor.	1 Männchen verteidigt mehrere Weibchen, die aber nicht in einer Gruppe leben => Polygynie	Mehrere Männchen, die meist miteinander verwandt sind, verteidigen eine Gruppe von Weibchen => Polygynandrie

2

Früchte als Hauptnahrung: Die Nahrung ist nicht gleichmäßig räumlich verteilt, sie muss daher mit größerem zeitlichen Aufwand aufgesucht werden. Nahrungsplätze werden daher verteidigt, es kommt zur Revierbildung. Ein Revier wird von einem Einzeltier oder von einer Gruppe beansprucht. In der offenen Landschaft sind die Gruppen zur Verteidigung größer. Mehrere Männchen verteidigen die Gruppe von Weibchen (=> Schimpansen => Polygynandrie).
Im geschlossen Regenwald liegt kein Selektionsdruck für Gruppenbildung vor. Daher leben die Tiere entweder einzeln, wobei das Revier eines Männchens mehrere Weibchenreviere umfasst (=> Orang-Utan => Polygynie), oder paarweise (=> Gibbon => Monogamie, wobei Seitensprünge nicht ausgeschlossen sind).
Blätter als Hauptnahrung: Die Nahrung ist praktisch überall vorhanden, es entfällt ein Selektionsdruck zur Revierbildung. Ein Männchen verteidigt mehrere Weibchen, die in seinem Harem leben (=> Polygynie => Gorilla).

3

a) Die Aussage „Die Schlüsselstrategie weiblicher Primaten ist eine Nahrungsstrategie" bedeutet, dass für die Weibchen die Nahrungsverteilung die wichtigste Größe für ihre Aktivität ist. Dies lässt sich mit der Aufzucht der Jungtiere begründen.
Die Aussage „Die Schlüsselstrategie männlicher Primaten ist eine Paarungsstrategie" sagt aus, dass die Aktivität der Männchen von der Verteilung der Weibchen bestimmt ist. Die Männchen sind „weibchenorientiert".
b) Das Experiment unterstützt die Aussagen zu den Schlüsselstrategien. Es zeigt, dass die Weibchen unabhängig von den Männchen ihre räumliche Aktivität beibehalten. Diese ist also nicht durch die Männchen, sondern durch die Nahrung bestimmt. Die Aktivität der Männchen orientiert sich nach der Beschreibung an der Verteilung der Weibchen.

20 Evolution des Menschen

20.1 Evolutionäre Geschichte des menschlichen Körpers

–

20.2 Molekularbiologische Verwandtschaftsanalyse von Menschen und Menschenaffen

1

a) Im Stammbaum a gehen von einem gemeinsamen Vorfahren zwei Linien weiter, wobei die eine zum Menschen führt und die andere zu den Affen. In dieser Gruppe sollten Schimpanse und Gorilla am engsten verwandt sein, davon abgesetzt der Orang-Utan und schließlich der Gibbon.
Im Stammbaum b zweigen von der Linie, die zum Menschen führt, zunächst Gibbon, dann Orang-Utan, Gorilla und schließlich Schimpanse ab.
Stammbaum c zeigt eine relativ enge Verwandtschaft zwischen Schimpanse und Gorilla, gefolgt vom Orang-Utan. Alle drei Menschenaffen entstammen einer Linie, die von der Menschenentwicklungslinie abzweigt. Der Gibbonvorfahre trennte sich schon früher von den übrigen Organismen.
Im Stammbaum d sind Mensch und Orang-Utan eng miteinander verwandt, ebenso Schimpanse und Gorilla, die aus einer Linie entstammen, die von der Entwicklung zum Menschen abzweigt. Die Gibbonlinie zweigte schon früher ab.
b) Abb. 2 zeigt die geringsten Unterschiede zwischen der Basensequenz von Mensch und Schimpanse und damit die größte Verwandtschaft zwischen diesen beiden Arten. Stammbaum d ist damit eindeutig widerlegt. Auch die Stammbäume a und c werden diesem Ergebnis nicht gerecht. In diesen beiden Fällen müsste die Verwandtschaft zwischen Schimpanse und Gorilla größer sein als die zwischen Mensch und Schimpanse. Die nächst größte Verwandtschaft besteht zwischen Gorilla und Schimpanse, gefolgt von Mensch und Gorilla. Alle weiteren Beziehungen weisen eine geringere Verwandtschaft auf. Einzig Stammbaum b wird diesen Daten gerecht.

2

a) Menschliches Serum wird einem Kaninchen verabreicht. Nach einigen Tagen wird dem Kaninchen Blut entnommen und daraus Serum gewonnen. Dieses Serum enthält Antikörper gegen menschliche Proteine. Es dient als Testserum für den folgenden Versuch, in dem diese Testlösung den Seren von Mensch, Schimpanse, Gorilla und Orang-Utan zugegeben wird. Die Antikörper des Testserums reagieren mit zu ihnen passenden Proteinen der verschiedenen Primatenseren und führen so zu einer Ausfällung, weil die Antikörper-Proteinkomplexe nicht löslich sind. Der Ausfällungsgrad beträgt beim Humanserum erwartungsgemäß 100 %, beim Schimpansen aber nur 85 %, beim Gorilla 64 % und beim Orang-Utan 42 %. Es gibt also beim Schimpansenserum weniger zu den Antikörpern passende Proteine als beim Menschen. Die geringste Proteinübereinstimmung besteht zwischen Mensch und Orang-Utan.

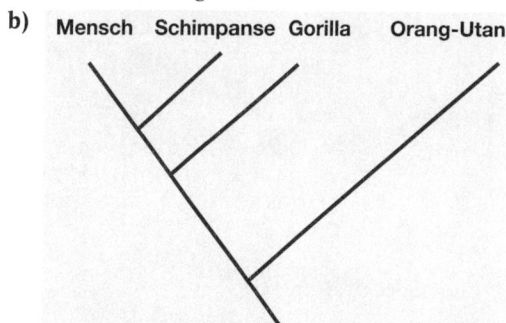

b) Mensch Schimpanse Gorilla Orang-Utan

c) Die DNA-Sequenzierung ist eine wesentlich genauere Methode. Im Präzipitintest kann nur die Summe der Proteine „gemessen" werden, nicht einmal einzelne Proteine. DNA-Unterschiede, die zu keinem AS-Austausch in einem Protein führen, werden prinzipiell nicht erfasst. Die DNA-Analyse zeigt hingegen alle Unterschiede auf, sie beruhen auf Mutationen, die seit der Trennung der Entwicklungslinien erfolgt sind.

3

Individuelle Lösung. Bemerkenswert ist dabei die Sonderstellung des Menschen, der sich nicht auf einem natürlichen Ast befindet, sondern auf einem künstlichen Konstrukt, das die natürlichen Äste überragt.

20.3 Der Stammbaum des Menschen

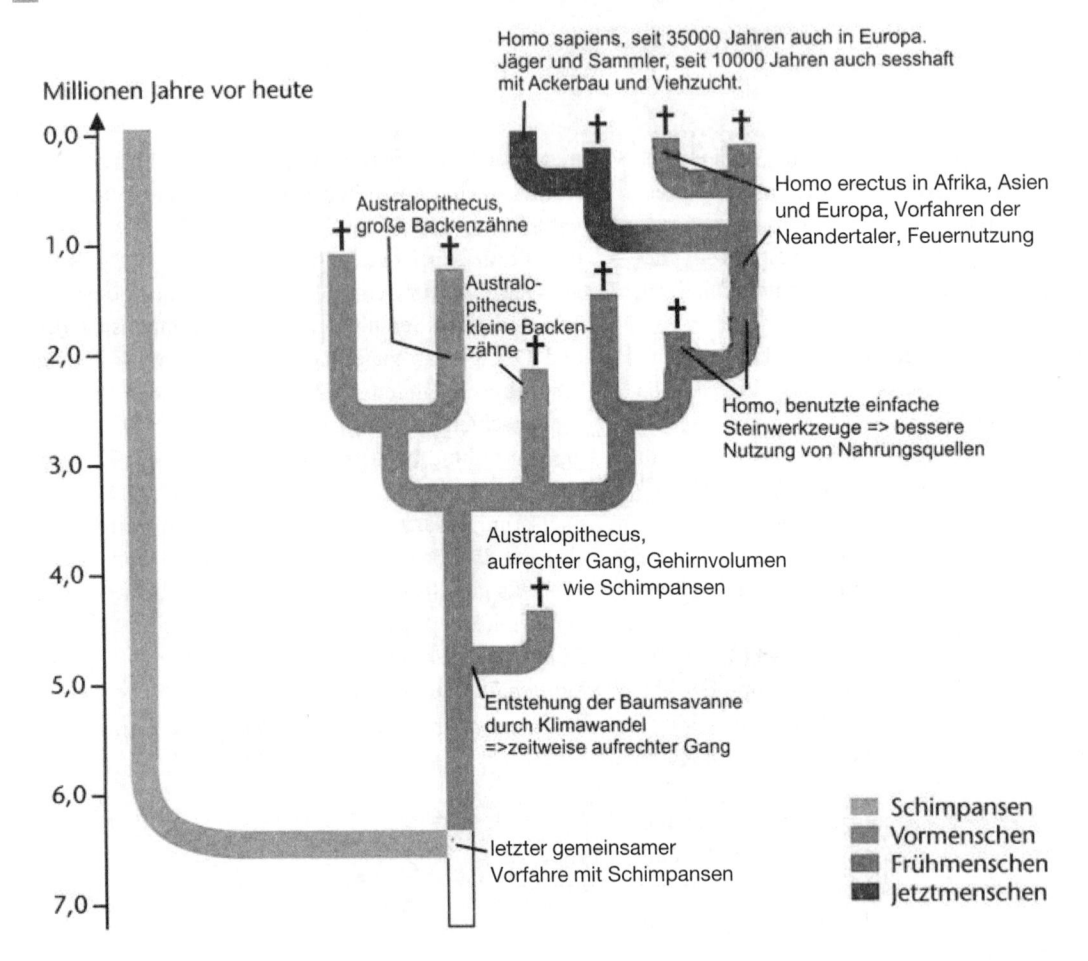

1

Vortrag: Individuelle Lösung.

2

Individuelle Lösung, darin z. B.:
1.: Sachlich nicht richtig, Affen und Menschen haben gemeinsame Vorfahren.
2.: Keine sachliche Darstellung, sondern eine Bewertung aus menschlicher Sicht, die wissenschaftlich nicht haltbar ist.
3.: Menschliche Interpretation der Evolution, die weder sachlich noch wissenschaftlich begründet ist.
4.: Interpretation der Evolution mit ultimaten Erklärungsformen, sprachlich nicht immer angemessen (z. B. das Dasein war hart ...; Dies zwang den Menschen in der Morgendämmerung...).

3

Individuelle Lösung.

20.4 Biologische Arbeitstechnik: PCR

1

Bei der PCR-Technik zur Untersuchung von aDNA muss die vorhandene DNA zusammen mit Nucleotiden, hitzebeständiger DNA-Polymerase und Primer-Molekülen gemischt werden. Durch Erhitzen werden die DNA-Stränge voneinander gemischt, weil bei dieser Temperatur die Wasserstoffbrücken zwischen den komplementären Basen gelöst werden. An die nun einsträngige DNA binden die Primer-Moleküle, die als Startpunkte für die DNA-Polymerase dienen. Dieses Enzym komplettiert die Einzelstränge mit den Nucleotiden wieder zu Doppelsträngen. Die DNA wurde somit verdoppelt. Dieser Vorgang wird solange wiederholt, bis genügend DNA für weitere Untersuchungen zur Verfügung steht.

Da bei aDNA meist nur sehr geringe Mengen an DNA vorhanden sind, ist die PCR-Technik die Voraussetzung für weitere Untersuchungen.

2

a) Hypothese 1 besagt, dass Vorfahren der Neandertaler zunächst die drei Kontinente Afrika, Europa und Asien besiedelten, bevor aus jeder dieser Populationen sich der moderne Mensch entwickelte. Diese Entwicklung hätte parallel stattgefunden.

Hypothese 2 besagt, dass die Vorfahren der Neandertaler die drei Kontinente besiedelten, in Asien und Europa der Neandertaler aber ausstarb (ohne Weiterentwicklung zum modernen Menschen). Nur in Afrika entstand aus dem Neandertaler (oder Vorfahren) der moderne Mensch, der – ausgehend von Afrika – auch Asien und Europa besiedelte.

b) Abb. 4 zeigt beim Vergleich der mtDNA von Menschen nur bis zu ca. 120 Unterschiede in der Basensequenz auf. Die Streubreite ist dabei relativ groß. Vergleicht man die mtDNA von Menschen mit der von Neandertalern, so zeigt sich ein wesentlich größerer Unterschied von etwas über 200 bei geringer Streubreite. Die Unterschiede zu den Schimpansen liegen bei geringer Streubreite bei knapp 1 500 Basen.

Die Untersuchungen stützen eindeutig die Hypothese 2. Demnach sind die Menschen verschiedener Kontinente enger miteinander verwandt als Mensch und Neandertaler. Bei Hypothese 1 wäre zu erwarten, dass die Unterschiede zwischen Menschen und Neandertalern nicht größer sein würden als zwischen den Menschen, die ja aus unterschiedlichen Linien hervorgegangen wären. Der Vergleich mit den Schimpansen dient im Versuch als Referenzwert, um deutlich zu machen, wie die Unterschiede zu bewerten sind.

20.5 Evolution des menschlichen Gehirns

1

Individuelle Lösung, darin z. B. Rolle der Kommunikation, Arbeitsteilung usw.

2

a) Das Gehirnvolumen nahm im Laufe der Zeit ständig von 385 ml des *Australopithecus afarensis* bis auf 1 350 ml des heutigen Menschen zu. Damit war eine starke Zunahme der benötigten Energie verbunden. In Prozent der vom gesamten Körper benötigten Energie stieg der Anteil von ca. 10,5 % auf 23 % an.

b) Kosten: Hoher Aufwand an Energie (23 % des gesamten Energiebedarfs) und hoher Aufwand für den Aufbau der Hirnmasse und der neuronalen Strukturen. Dafür sind viele Proteine notwendig.

Nutzen: Höhere kognitive Möglichkeiten, Wortsprache und umfangreiche Speicherung erlernter Informationen, Empathie und soziale Intelligenz ermöglichen die Besiedlung (fast) aller Lebensräume, dadurch ergibt sich eine hohe reproduktive Fitness für die Art.

3

a) Bei Huhn, Schimpanse und Mensch wird die Basensequenz für das HAR1-Gen bestimmt. Da es sich bei allen drei Arten um ein aktives Gen handelt, sind die festzustellenden Mutationen offenbar nicht schädlich für ihre Träger. Wenn man zwischen Mensch und Schimpanse deutliche Unterschiede in der Basensequenz vergleichbarer aktiver Gens feststellt, können Merkmalsunterschiede zwischen Mensch und Schimpanse (z. B. Hirnfurchung,

Ausbildung der Hirnrinde) damit zusammenhängen. Dabei gilt der Vergleich Huhn-Schimpanse als Kontrolle, denn wäre die durchschnittliche Mutationsrate beim HAR1-Gen zwischen Mensch und Schimpanse genauso groß wie zwischen Huhn und Schimpanse oder wären überhaupt keine Veränderungen in der Basensequenz zwischen Mensch und Schimpanse im Vergleich zur Sequenz von Huhn und Schimpanse nachzuweisen, könnten die veränderten Merkmale (starke Hirnfurchung) nicht mit diesem Gen erklärt werden. Daher müssen die Unterschiede in der Sequenz zwischen Schimpanse und Mensch für die veränderte Ausbildung der Großhirnrinde mitverantwortlich sein. (Es genügt, wenn man nur einen Basenstrang betrachtet, weil das Ergebnis des komplementären Strangs das gleiche Ergebnis liefert.)

b)

Huhn 1: TGAAATGGAGGAGAAATTACAGCAATTTATCAACTGAAATTATAGGTGTAGACACATGT
Schimpanse 1: TGAAATGGAGGAGAAATTACAGCAATTTATCAACTGAAATTATAGGTGTAGACACATGT
Unterschiedliche Basen

Huhn 2: CAGCAGTAGAAACAGTTTCTATCAAAATTAAAGTATTTAGAGATTTTCCTCAAATTTCA
Schimpanse 2: CAGCAGTGGAAATAGTTTCTATCAAAATTAAAGTATTTAGAGATTTTCCTCAAATTTCA
Unterschiedliche Basen • •

Schimpanse 1: TGAAATGGAGGAGAAATTACAGCAATTTATCAACTGAAATTATAGGTGTAGACACATGT
Mensch 1: TGAAACGGAGGAGACGTTACAGCAACGTGTCAGCTGAAATGATGGGCGTAGACGCACGT
Unterschiedliche Basen • •• •• • • • • • •

Schimpanse 2: CAGCAGTGGAAATAGTTTCTATCAAAATTAAAGTATTTAGAGATTTTCCTCAAATTTCA
Mensch 2: CAGCGGCGGAAATGGTTTCTATCAAAATGAAAGTGTTTAGAGATTTTCCTCAAGTTTCA
Unterschiedliche Basen • • • • • •

Vergleich Huhn/Schimpanse: 2 Unterschiede in der Basensequenz

Vergleich Schimpanse/Mensch: 17 Unterschiede in der Basensequenz

Aufgrund des Stammbaumes wären infolge der langen Zeit seit der Trennung wesentlich mehr Unterschiede zwischen der DNA von Huhn und Schimpanse zu erwarten als zwischen Schimpanse und Mensch. Die Untersuchungen zeigen, dass der umgekehrte Fall vorliegt. Da die Mutationsrate über die Zeit hinweg konstant sein sollte, muss man davon ausgehen, dass die Mutationen in diesem Gen während der Menschheitsentwicklung zu großen Überlebensvorteilen führten und sich daher rasch in den jeweiligen Populationen verbreitet haben. Währenddessen haben sich offenbar viele Mutationen im Laufe der Zeit seit der Trennung von Huhn und Schimpanse nicht durchgesetzt.

c) Wäre die Anzahl der Mutationen beim HAR 1-Gen in einer bestimmten Zeit konstant, müssten die Unterschiede zwischen Huhn und Schimpanse erheblich größer sein (ca. 50-mal) als zwischen Schimpanse und Mensch. Das Gegenteil ist der Fall. Die Aussage ist also so nicht allgemein gültig. Bei nah verwandten Arten wie Schimpanse und Mensch können vorteilhafte Mutationen in vergleichbaren aktiven Genen (z. B. HAR 1) zu einer Veränderung der Merkmalsausprägung bei einer der beiden Arten führen (z. B. Furchung der Großhirnrinde beim Menschen).

20.6 Lebensgeschichte und Elterninvestment

1

a) In der Reihenfolge Makake, Gibbon, Orang-Utan, Schimpanse, Mensch nimmt die Tragzeit zu, wobei der größte Sprung vom Makaken zum Gibbon zu verzeichnen ist. Auch die Kindheit nimmt zu, wobei hier der Orang-Utan eine längere Kindheit hat als der Schimpanse. Beim Menschen steigt die Zeit der Kindheit auf 6 Jahre an. Während das Erwachsenenalter bei den Affen von 20 Jahren auf 30 Jahre ansteigt, bleibt die jugendliche Phase bei 6 bis 7 Jahren relativ konstant. Beim Menschen sind die jugendliche und die erwachsene Phase gegenüber den Affen deutlich erhöht.

Der Mensch hebt sich daher durch eine verlängerte Kindheit, verlängerte jugendliche Phase und lange erwachsene Phase von den Affen ab.

b) Beim Menschen erfolgt in den ersten Lebensjahren ein enormes Wachstum des Gehirns, speziell der Großhirnrinde. Dies geht einher mit einem hohen Energiebedarf des Gehirns. Er fällt langsam von 60 % des Körpers bei der Geburt bis auf etwa 28 % im Alter von 17 Jahren. Mit der Gehirnentwicklung ist ein ausgeprägtes Lernvermögen verbunden, das sich in der Verschaltung der Neuronen niederschlägt. Dieses Netzwerk der Neuronen ist die Grundlage für die spätere Arbeitsweise des Gehirns, wenngleich auch im Alter noch neue Verschaltungen geknüpft werden können.

c) Der Mensch ist mit seiner geringen Nachkommenzahl und dem sehr hohen Elterninvestment sowie dem hohen Energiebedarf für das Gehirn eindeutig dem Modell der K-Strategen zuzuordnen.

2

Der Einfluss der Gene wird bei der Ausbildung des riesigen Netzwerks an Neuronen und ihren Synapsen bis etwa zum zweiten Lebensjahr deutlich. Der Einfluss der Umwelt erfolgt unter anderem durch Sinneseindrücke sowie Lernen und Erfahrungen. Diese Einflüsse sorgen für eine Auslese (Selektion) der Synapsen im späteren Leben, insbesondere bis zur Pubertät. Diejenigen Synapsen und Neuronen, die kaum oder gar nicht gebraucht werden (gelb in der Abb. 4) bilden sich zurück. Häufig gebrauchte synaptische Verbindungen und Neuronen (rot in der Abb. 4) werden stabilisiert und zeigen in ihren Übertragungseigenschaften dauerhafte Verbesserungen. Die Auslese von Synapsen und Neuronen durch Sinneseindrücke sowie Lernen und Erfahrungen ist also wesentlich für die (individuelle) Ausbildung der Verschaltungen in der Großhirnrinde.

(Hinweis: In der 2. Auflage von Bioskop S II wird die Abbildung dahingehend verbessert, dass neue synaptische Verknüpfungen und die Stabilisierung aktiver Neuronen und Synapsen einerseits und die Rückbildung inaktiver Synapsen und Neurone andererseits deutlich werden.)

20.7 Evolutionäre Trends in der Menschwerdung

1

a) Individuelle Lösung.
b) Individuelle Lösung.

2

a) Abb. 2 zeigt in der Tendenz eine Abnahme des Geschlechtsdimorphismus. Besonders stark ist der Sprung in diesem Trend vom Vormenschen zum Frühmenschen, während der Vergleich von Frühmensch und Jetztmensch nur geringe Unterschiede aufweist, die sogar, was Körpermasse und Eckzähne betrifft, gegenläufig sind. Das Schädelgewicht zeigt hingegen keinen Trend zur Reduktion des Geschlechtsdimorphismus.

b) Mit zunehmendem Elterninvestment wurde die Paarbindung zwischen Mann und Frau wichtiger, da die Nachkommen stärkere und länger andauernde Fürsorge benötigten. Durch dieses Zusammenbleiben der Geschlechtspartner nahm die ständige Konkurrenz zwischen den Männern um die Frauen ab. Ein ausgeprägter Geschlechtsdimorphismus (große Männchen) führte nicht zwangsläufig zu mehr Nachkommen für die Männer. Das Kosten/Nutzen-Verhältnis verschiebt sich zugunsten eines weniger ausgeprägten Geschlechtsdimorphismus.

3

Individuelle Lösung, darin z. B. weniger Kämpfe zwischen den Männern zur Zeit der Empfängnisbereitschaft einer Frau, ständigere Zuwendung zur Frau und damit bessere Paarbindung => bessere Voraussetzung für Elterninvestment …

20.8 Vergleich biologischer und kultureller Evolution

1

a) Individuelle Lösung, z. B.:

	Biologische Evolution	Kulturelle Evolution
Informationsspeicher	DNA	Gehirn
Weitergabe der Information	An die direkten Nachkommen (Ausnahme: Horizontaler Gentransfer)	An alle Individuen einer Gruppe/Population durch Lernen von anderen Individuen. Durch die Schrift auch über Generationen und an Individuen anderer Gruppen/Populationen.
Veränderung der Information	Durch Mutationen, betrifft meist nur ein Gen	Durch ständigen Austausch mit anderen Individuen, ständiges Lernen, sehr komplex
Geschwindigkeit der Evolution	Langsam	Schnell, durch die Entwicklung von Druck und neuen Medien zunehmend schneller

b) Nach dem darwinistischen Prinzip entstehen Veränderungen durch Zufall (Mutationen), die anschließend durch die Selektion wieder verschwinden oder aber begünstigt werden. Auch in der kulturellen Evolution findet dieser Mechanismus statt, z. B. wurden viele Erfindungen zufällig gemacht. Die Intention von Lernen als Grundlage der kulturellen Evolution entspringt aber eher einem Drang nach Verbesserung und erfüllt damit Lamarcks These vom Drang nach Vollkommenheit. Während bei Darwin erworbene Eigenschaften (Modifikationen) nicht vererbt werden, werden Lerninhalte – also erworbenes Wissen – an andere weiter gegeben. Auch dies entspricht mehr der Lamarckschen Denkweise. Die kulturelle Evolution folgt daher mehr den Thesen Lamarcks.

c) Durch die Wortsprache war es möglich, Informationen auszutauschen, die abstrakte Probleme betrafen. Damit konnten Erfahrungen weiter gegeben werden. Die Lernmöglichkeiten nahmen dadurch enorm zu. Durch die auf der Wortsprache basierende Schrift konnten außerhalb des Gehirns Speicher von Informationen angelegt werden, die jederzeit wieder abrufbar waren. Das verfügbare Wissen nahm dadurch enorm zu und konnte als Grundlage für neue Entwicklungen genutzt werden.

2

Da Schimpansen nicht über eine Wortsprache verfügen, konnten Informationen nur durch das Zuschauen durch andere Individuen verbreitet werden. „Termitenangeln": Individuelle Lösung, z. B.: Das „Termitenangeln" kann man sich so vorstellen, dass ein Schimpanse beobachtete, wie Termiten auf einem Zweig entlang liefen. Er ergriff den Zweig und leckte die Termiten ab. Legte er einen Zweig auf eine Termitenstraße oder stieß ihn in den Termitenbau, klammerten sich Termiten daran fest, die nun ebenfalls verspeist werden konnten. Andere Gruppenmitglieder beobachteten den „Erfinder" bei seiner Tätigkeit und ahmten ihn nach (Lernen durch Nachahmung). Mit der Zeit wurde die Technik durch Probieren immer mehr verfeinert (Dicke der Zweige, günstige Stellen zum Angeln…), wobei diese Verfeinerungen sich ebenfalls in der Gruppe verbreiteten. Die Technik wurde von den Müttern an ihre Jungen weiter gegeben, eine Tradition entstand.